KB145327

AI & UX

AI & UX

인공지능에 사용자 경험이 필요한 이유

개빈 루 · 로버트 슈마허 주니어 지음   송유미 옮김

에이콘

개빈 루 ^{Gavin Lew}

기업 현장에서의 실무와 학교에서의 후학 양성을 25년 이상 해오고 있다. 유저 센트릭^{User Centric}이라는 회사를 설립해 미국에서 가장 큰 UX 컨설팅 기업으로 성장시켰다. 회사를 매각한 후에도 모회사의 북미 UX 팀을 계속 이끌어 회사에서 가장 수익성이 높은 사업 부문 중 하나로 만들었다. 국내외 콘퍼런스에서 자주 활동하는 발표자이자 여러 특허들을 출원한 발명가이기도 하며, 디폴^{DePaul}과 노스웨스턴^{Northwestern} 대학의 겸임 교수다. 로욜라 대학교^{Loyola University}에서 실험 심리학 석사 학위를 받았으며 현재 북미, 유럽, 아시아 전역에서 활동하는 UX 컨설팅 기업 리사이트 글로벌^{ReSight Global} 산하 볼드 인사이트^{Bold Insight}의 매니징 파트너다.

로버트 슈마허 주니어^{Robert M. Schumacher Jr.}

학교, 에이전시, 기업 현장에서 30년 이상 활동한 경력을 갖고 있다. 유저 센트릭 설립 초반부터 2012년 GfK에 매각될 때까지 개빈과 함께 유저 센트릭을 운영했으며, 유저 센트릭에 있을 때 UX 에이전시들의 글로벌 연합체인 '사용자 경험 연합^{User Experience Alliance}' 결성을 도왔다. 또한 베이징에 UX 에이전시인 User Experience Ltd를 설립했다.

글로벌 UX 기업인 리사이트 글로벌 소속인 볼드 인사이트의 공동 창립자이자 공동 소유자, 매니징 파트너다. 『Handbook of Global User Research』(Morgan Kaufmann, 2009)의 편집자며, 미국 정부의 건강 기록에 관한 사용자 인터페이스 표준을 포함해 수십 권의 기술 관련 서적들과 여러 건의 특허들을 냈다. 또한 노스웨스턴 대학교의 겸임 교수이며, 일리노이 대학교(어바나–샴페인)에서 실험 심리학 박사 학위를 받았다.

- 리사이트 글로벌 https://resight.global/
- 볼드 인사이트 https://boldinsight.com/

감사의 글

멋진 사람들의 지원 없이는 이 책을 출간할 수 없었다. 5년 전쯤 동료인 댄 델라니[Dan Delaney]와 점심을 먹으면서 많은 토론을 했으며 이 책의 바탕이 되는 연구의 틀을 잡았다. 주제는 알고리듬보다 AI가 일반인들에게 미치는 영향에 초점을 맞췄다. 그 영향은 AI가 성공할 때만 관측할 수 있을 것이라는 걸 알고 있었기에 AI를 사용할 일반인들에게 더욱 적합한 제품을 디자인하는 것에 많은 공을 들였다. AI에 적용할 수 있는 요소들은 무엇이 있을까? 점심 시간마다 로버트와 개빈이 이에 대해 대화를 나눴는데, 이것이 이 책의 콘셉트가 됐다. 토론을 통해 사용자에게 제시하려고 한 의견과 역사 간 간극을 줄이고 독자에게 분명히 실재하는, 통찰력 있는 관점을 제공하고자 했다.

또한 컴퓨터 공학을 공부하고 있는 개빈 루의 장남인 이선 루[Ethan Lew]에게도 감사의 말을 전한다. 개빈이 책의 핵심 메시지 중 일부를 프레젠테이션하면 이선은 요점들이 기초적인 내용이라고 조언해줬다. 이후에 개빈은 (훗날 UX로 발전하게 된) 인지과학 창시자 중 한 명인 도널드 노먼[Don Norman]에게 프레젠테이션을 하게 됐다. 도널드는 "기초적이라는 것은 더 많은 사람에게 호소력이 있다는 것을 의미해요. 그러니 책을 써보세요."라고 조언했다. 이선과 도널드는 UX 원칙과 AI 개발이 함께 모여 더 나은 결과물을 도출해낼 때가 됐다는 믿음에 확신을 불어넣어줬다. 우리 모두는 AI를 더 성공적으로 만들 수 있다.

글이 명료하게 읽힐 수 있도록 수없이 원고를 읽고 다듬어준 개빈의 배우자 클로데트 루[Claudette Lew]에게도 진심으로 감사의 말을 전한다. 또 볼드 인사이트 팀에게도 빚을 졌다. 아이디어의 틀을 잡고 전체 흐름을 검토하며 책을 만들어나가면서 그들의 조언과 통찰력은 큰 도움이 됐다.

또한 초안을 쓸 때 도움을 준 JD 라바케어[JD Lavaccare]에게도 감사한다. 에이프레스 편집 팀도 많은 도움을 줬으며, 언어와 생각을 선명하고 명확해지도록 만들었다. 마지막으로 우리가 빈 종이를 앞에 두고 고민하는 동안 기다려준 가족에게도 많은 감사를 전한다. 최선을 다했다. 오류가 있다면 전적으로 우리의 탓이다.

송유미(song.yoomee@gmail.com)

디자인 방법론과 사회문화적 관점에서의 디자인 진화 방향에 관심이 많다. 항상 재미있는 디자인, 사회에 도움이 되는 디자인을 하며 살고 싶은 바람이 있다. 에이콘출판사에서 출간한 『인간 중심 UX 디자인』(2013), 『제대로 된 UX 디자인 방법론』(2015), 『사용자 경험 지도』(2019), 『디자인 협업』(2020)을 번역했다.

다량의 데이터가 예측, 자동화, 생성, 소통 등 다양한 기능과 접목되면서 인공지능 제품과 서비스의 범주가 점차 확장되고 있으며, UX 디자인의 대상도 유연해지면서 디자이너의 업무 영역도 달라지고 있다. 이미 누군가는 데이터에 대한 이해를 기반으로 가상 비서를 만들어본 경험이 있고, 누군가는 디지털 헬스케어 또는 비즈니스 자동화 솔루션을 구축하고 있을 것이다. 새로운 변화에 맞춰 디자이너에게 요구되는 능력이 다양화되고, 많은 기업에서는 직원들을 재교육해 데이터를 중심으로 사고하는 역량을 키우려고 노력하고 있다. 해커톤, 오픈스페이스, 디지털라이프데이 등 다양한 이름으로 DX 전담 조직을 꾸렸으며, 데이터 직군이 아닌 직무에서도 파이썬, R을 배우려는 분위기가 늘고 있다. 디자인 과정에서도 데이터 기반 리서치, 시각화, 사용자 행동/전환율/이탈률 분석 등 데이터를 적극적으로 이해하고 활용하려 한다.

이처럼 인공지능 기술이 전산업적으로 영향을 미치고 여러 영역에서 인공지능 기술을 활용하고 있지만, 모든 인공지능 솔루션이 성공한 것은 아니며 사용자들의 외면을 받는 경우도 적지 않다. 이 책의 저자인 개빈 루와 로버트 M. 슈마허 주니어는 인공지능의 성공은 사용자의 만족스러운 경험에 달려 있으며, 사용자가 AI 기술을 채택하는 데 사용자 경험이 중요한 역할을 한다고 말한다. 저자들은 UX 디자인 실무와 교육을 오랫동안 해온 베테랑 디자이너로서, 인공지능 기술 발전으로 인한 업계 변화를 소개하면서 우리가 인공지능을 어떻게 이해해야 할지, 어떤 부분을 고려하고 주의하면서 업무를 해야 하는지 조언한다. 그동안 인공지능 기술 서적은 많았지만 디자인 관점에서 인공지능을 소개한 서적은 찾아보기 어려워서 책을 읽는 내내 반가웠다. 이 책은 공학 백그라운드가 아닌 사람도, 디자인 백그라운드가 아닌 사람도 인공지능과 사용자 경험에 대해 이해할 수 있도록 쉽게 소개한다. UX를 공부하는 학생도 쉽게 읽을 수 있으며, 데이터를 기반으로 UX 업무를 해야 하는 디자이너들이나 인공지능 솔루션을 성공적으로 준비하고자 하는 기획자에게도 통찰을 줄 것으로 생각된다.

다만 이 책은 여느 UX 방법론 서적처럼, 인공지능 제품과 서비스를 만들기에 유용한 방법론을 세세하게 소개하지는 않는다. 인공지능 페르소나는 어떻게 설정해야 하며, 자연스러운 대화 시나리오는 어떻게 설계해야 하는지, 챗봇 기술이나 업무 자동화 솔루션은 어떤 정보 구조가 더욱 효율적인지 등의 구체적인 방법이나 노하우보다는 기술의 가능성을 제품으로 실현하는 데 도움이 되는 방향을 제시한다. 저자는 기술이 사용자 관점에서 사용자가 수용하도록 만들어져야 하고, 인공지능에 활용되는 데이터가 중요함을 이해해야 한다고 말한다. 쓰레기를 넣으면 쓰레기가 나온다는 것은 누구나 아는 사실이지만, 특히 인공지능을 학습시키는 데이터에 따라 어떤 결과물이 나올지 결정되기 때문에 이 부분도 중요하게 고려돼야 한다고 강조하는 것이다. 또한 저자들은 사용자가 보지 못하는 윤리적 측면도 미리 고민해서 기술이 올바르게 쓰일 수 있도록 고민하는 것도 우리의 몫이라고 말하며 우리가 간과하기 쉬운 이슈거리를 환기해준다. 이 책을 통해 많은 사람이 인공지능 경험에 대해 깊이 고민하고 더 나은 인공지능 제품과 서비스들을 디자인하게 되길 기대해본다.

덧붙이는 글.

인공지능이라고 하면 많은 사람이 알고리즘을 떠올린다. 단어들을 살펴보자면, 알고리즘^{algorism}은 컴퓨터가 사용되기 전부터 사용된, 숫자를 이용한 연산이란 의미의 단어이며, 알고리듬^{algorithm}은 컴퓨팅 분야에서 사용되는 용어로 문제 해결을 위한 단계적 연산을 의미하는 단어다. 많은 사람이 algorithm을 알고리즘으로 읽는 경향이 있으나 '알고리듬'이 정확한 발음이자 표현임을 밝힌다.

차례

CHAPTER 1   AI와 UX 소개

CHAPTER 2   AI와 UX : 병행하는 여정

이 책의 관점과 편견

과학기술 매거진 「파퓰러 메카닉스Popular Mechanics」의 광고에서 히스키트 컴퓨터[1]
가 판매됐던 통신 판매 시절부터 시작해, 기술이 기하급수적으로 발전해 삶 어
디에나 있는 존재로 자리잡는 걸 지켜봐왔다.

컴퓨팅 기술은 매우 빨리 발전했다. 그래서 사용자는 그저 입출력을 하는 존재로
간주되곤 했으며, 본인의 기술, 지식, 능력을 기반으로 시스템을 구축하기 보다
는 시스템에 적응해야 했다. 사용자 경험UX 전문가로서 하는 일들이 사람들의 삶
에서 중요할 것이라는 믿음은 모든 일의 큰 원동력이 됐다. 우리는 1990년대 아
메리테크[2]에서 함께 일하면서 UX 관점에서 제품을 더욱 성공적으로 만드는 프
로젝트에 참여했다. 당시 제품을 평가하면서 종종 멈춰 생각하곤 했다. "왜 이렇
게 제품을 디자인할까?"

간단히 말하자면 경험이 중요하다고 믿으며 사람들을 위해 세상을 좀 더 쉽게 만
들고 싶다. AI가 성공할 수 있는 방법에 관한 생각은 UX 관점에서 분명하고 당
당하다. AI가 성공하려면 UX에 중점을 둬야 한다!

UX는 여러 분야 특히 심리학에 기원을 두고 시작됐다. 저자들은 실험 심리학자
로 교육을 받았지만 그 과정에서 외에도 컴퓨터 과학과 AI 분야를 다뤘다. 당
시엔 사회적, 문화적으로 컴퓨팅 기술에 대한 경험이 제한적이었기 때문에 AI가
가져올 영광스러운 미래를 선언하는 듯 보이는 '엘리자[3]' 같은 컴퓨터 프로그램
에 유혹되기 쉬웠다. 컴퓨팅 기술들은 신비하고 마치 마법 같았다. 하지만 곧 눈
에 씌인 콩깍지가 떨어져 나가자 그 기술들이 코드에 불과하단 걸 깨달았다. 사

---

1   Heathkit Computer, 1970-80년대 만들어졌던 개인용 데스크톱 컴퓨터 초기 제품 - 옮긴이

2   Ameritech, 미국 통신시장을 100년 가까이 독점해오던 벨(Bell) 시스템 해체 후 만들어진 7개 벨 기업 중
하나. 일리노이주를 중심으로 한 '베이비 벨(Baby Bell)' 지역 통신 기업을 일컬음 - 옮긴이

3   Eliza, 초기 자연어 처리 컴퓨터 프로그램으로, MIT 인공지능 연구소 조지프 와이젠바움(Joseph
Weisenbaum)이 1960년대 개발 - 옮긴이

용자보다 더 똑똑하다고 여겼던 컴퓨팅 기술은 단순히 사용자를 속이는 영리한 코드였던 것이다. 그렇다고 컴퓨터 과학자들이 진실되지 않다는 말은 아니다. 과학자들은 이것이 진짜 사고하는 기계가 아니라는 사실을 이해했다. 그러나 이해하지 못한 사람들(기자들과 나머지 사람들)은 AI가 무엇을 할 수 있는지 제대로 알지 못한 채 지나쳐버린다. 과장의 대가로 AI는 신뢰를 잃는 것이다.

여러 사례에서 보듯, 이렇게 신뢰를 잃는 이유 중 하나는 AI가 대개 섬세하지 못하기 때문이다. 그렇게 생각한 이유는 이렇다: AI 엔진이 작동한다. 그러나 최종 사용자는 AI 도구로 어떤 이점을 얻는지에 대해선 관심이 많지 않다. 인간은 참을성이 없고 변덕스럽다. AI를 접하는 초반에 이점을 깨닫지 못하면, 그들 대부분은 AI의 탁월함을 평가하는 데 시간을 내거나 관심을 두지 않는다. 그리고 안타깝게도 이것은 현재의 모습이기도 하다. AI에 대한 나쁜 경험은 AI를 망친다. 사람들은 다시 돌아보지 않을 것이다. 더 최악인 점은 이 사용자들은 대개 AI 제품들 전체를 동일시해버릴 것이라는 점이다.

이렇게 AI에 실패했던 경험은 여태껏 봐왔던, 제품 디자인에 대한 형편없는 사용자 경험으로 인해 실패했던 사례들과 매우 유사한 양상을 보인다. 나쁜 경험은 잘못된 인식, 사용성 부족, 궁극적으로는 성공률 감소를 의미한다.

한편, 평소 강하게 의견을 내세우던 사람들이 AI를 사용했을 때 AI 기술이 그들의 전문 분야를 넘어서 의견을 개진하지 못하는 간극을 목격하곤 했다. AI가 성공하려면 디자인, 특히 UX가 중요하다. 다시 말해 사람들이 AI와 상호작용하는 방법이 중요하며, 이에 UX가 도움이 될 것으로 믿는다.

이 책에 대해

AI와 UX는 매우 광범위한 개념이다. 이 책에서는 AI와 UX 각각을 깊게 다루지는 않고, 요점과 관련 있는 것 중심으로 다룬다.

또한 모든 AI 애플리케이션을 하나의 범주로 묶지는 않는다. 이 책에서는 주로 사람들에게 직접적으로 영향을 미치는 AI 중심으로 설명하고, 사람들이 필요로 하지 않거나 사람들에게 정보를 전달하지 않는 금융 거래 알고리듬, 역학 모델링 또는 산업 자동화 배경에 기반한 AI에는 초점을 맞추지 않는다. 이 책에서는 일반적으로 사용되는 애플리케이션 안에서 경험하는 AI와 관련해 알아본다.

친구나 동료와 이야기하듯 대화 형식으로 책을 썼으며 때로는 대화 구조로 요점을 설명한다.

앞장에서는 AI와 UX의 역사를 설명하고 그 역사가 영향력 있는 몇몇 연구자의 삶과 어떻게 얽혀 발전했는지 소개한다. 이후 4장에서는 구체적인 문제를 살펴보고, 5장에서는 사용자 중심 디자인 모델을 통해 UX가 AI에 어떻게 도움이 될 수 있는지 설명한다.

CHAPTER 1

AI와 UX 소개

놀랍고도 기나긴 이야기

복잡하고 다루기 어려운 문제로 가득 찬 다량의 데이터를 다루는 분야를 찾아보다 보면, 인공지능$^{AI, Artificial Intelligence}$을 적극적으로 적용하려는 분야들을 살펴볼 수 있다. 세상에는 알렉사^{Alexa}, 시리^{Siri} 같은 가상 비서부터 페이스북^{Facebook}, 트위터^{Twitter}의 타임라인을 지원하는 알고리듬, 넷플릭스^{Netflix}, 스포티파이^{Spotify}의 미디어 소비 습관을 형성하는 추천 알고리듬에 이르기까지 소비자에게 직접적으로 영향을 미치는 다양한 AI 애플리케이션이 있다. MIT는 얼마 전 AI, 머신러닝, 데이터 과학을 다른 학문 분야와 결합시켜 새로운 대학으로 설립하기 위해 학교 프로그램을 재편하는 데 10억 달러 이상을 투자했다. 이 새로운 대학 프로그램은 기존 대학 건물에서 2019년 9월경 시작됐고, 2022년에는 완전히 새로운 건물로 옮겨질 예정이다. 한편 AI는 AI의 조짐을 기대하지 않는 영역에서도 등장하고 있다. 화장품 브랜드 '입생로랑$^{Yves Saint Laurent}$'은 새로운 향수 Y의 광고 캠페인에서 스탠포드 대학$^{Stanford University}$ 졸업생이자 머신 비전$^{machine vision}$ 연구원 모델을 선보였다. 광고는 AI를 트랜디하고 멋지게 표현한다. 심지어 파이썬^{Python} 코드들을 보여줄 뿐 아니라 향수 제품을 판매할 수 있는 빼어난 모습으로도 표현된다. AI는 이전에 보지 못했던 방식으로 진정 주류로서의 매력을 갖췄으며, 더 이상 괴짜 같은 기술로만 치부되지 않는다. AI는 이제 제품을 판매한다.

개빈: 존 로널드 로얼 톨킨^{J. R. R. Tolkien}의 『호빗^{The Hobbit}』이나 『다시 다녀온 이야기^{There and Back Again}』는 빌보 배긴스^{Bilbo Baggins}의 놀라운 여정을 들려줍니다. 집으로 돌아와 자신의 경험을 이야기해주는 방식을 취하는 이 소설들은 제게 공상과학과 판타지 소설의 문을 열어줬어요.

로버트: 저도 마찬가지예요. 나이가 들면서 공상과학 소설은 더욱 실현 가능한 일이 됐죠. 한때 판타지라고 불렸던 것들이 이제는 실제로 존재합니다. 인공지능을 보세요. 10년 전에 예상했던 것보다 훨씬 더 빠르게 발전했습니다. 그리고 '호빗' 이야기처럼 드래곤, 마법사, 엘프를 만나진 않지만 AI의 여정에도 위험과 함정이 있습니다.

개빈: AI의 이야기는 빌보처럼 우리가 배워야 할 교훈을 주는 여정이기도 합니다. 톨킨의 이야기는 미래가 당신을 어디로 이끌지 알려주기보다는, 과거를 통해 우리를 가르치고 정보를 제공해 개선할 수 있음을 잊지 않도록 만듭니다. '호빗'은 『반지의 제왕^{The Lord of the Rings}』으로 발전될, 더 커다란 이야기의 서곡이었습니다. 인공지능은 정말 멋진 미래가 될 수 있습니다. 하지만 제대로 발전시키려면 새로운 사고가 필요하지요. 이 책은 AI에 대한 UX 연구자들의 이야기입니다.

> **요점** | AI는 오랜 역사를 가지고 있다. 과거에 저지른 시행착오를 통해 배움으로써 미래에 성공하기 위한 오늘날의 AI 방향성을 수립할 수 있다.

AI는 기업의 최신 제품에 적용돼 마케팅 담당자에게 쓸모를 제공하는 데 그치기보다는 더 많은 유용한 무언가가 돼야 한다. 질문에 답할 수 있고, 우리의 삶을 편하게 만드는 엄청난 기회를 열 수 있는 기반은 AI가 가진 힘과 흥미로움일 것이다. 그러나 그 잠재력은 기술에 달려 있다. 기술이 제대로 작동하지 않으면, 그에 상응하는 수준으로 결과가 나타나기 때문이다.

과대평가로 인한 실패를 교훈 삼아야 한다

개빈: 최근 AI를 향한 관심과 흥분은 최고조로 오른 것 같습니다. 예를 들어, IBM 전 CEO인 버지니아 로메티^{Virginia Rometty}는 의료 분야가 AI로 인해 전성기를 맞이할 것이라고 말했지요.[1] AI는 뉴스 여기저기에 등장하고 있습니다.

로버트: AI가 과대평가된 환경을 생각하면 또 다른 황금기였던 17세기 네덜란드의 튤립 열풍이 떠오르는데요. 튤립 구근에 대한 투자는 당시 유행처럼 번져서 시장 가격이 가파르게 상승했습니다. 과대평가가 커지면서 구근 하나가 근로자 평균 연봉의 10배에 달하는 투기 거품까지 나타났죠.[2] 시장은 비정상적인 가격을 견디지 못했고 불가피하게 거품은 터져버렸습니다.

개빈: '튤립 마니아'와 마찬가지로 AI에 대한 과대평가가 (말도 안 되는 수준이라고 하긴 어렵지만) 높은 건 사실입니다. 그러나 놀랍게도 인공지능이 과대평가된 것이 이번이 처음은 아니라는 점입니다. 1950년대 후반 일어났던 AI 호황기는 그 후 10년 간 붕괴됐어요. 사실상 AI에 대한 모든 펀딩이 삭감됐고 투자가 재개되는 데 20년이란 긴 세월이 걸렸지요.

로버트: AI에 대한 자금 삭감은 10년에 걸쳐 이뤄졌어요. 그리고 AI 연구가 로봇 공학으로 이동하면서, 로봇에 대한 과대평가는 1980년대의 또 다른 추락으로 이어졌지요. AI는 그동안 길고도 깊은 굴곡을 겪었습니다. 과거의 교훈을 기억해서 새로운 AI 시대가 더욱 성공적인 미래를 열길 기대해봅니다.

> **요점**   AI 발전사에는 두 번 이상의 커다란 실패가 있었고, 그 실패는 의미가 있었다. 과거에 겪은 시행착오로부터 배워서 미래에 성공할 수 있는 AI 방향성을 설정할 수 있어야 한다.

1   Strickland, Eliza (2019). "How IBM Watson Overpromised and Underdelivered on AI Health Care.(IBM 왓슨은 인공지능 헬스케어에 대해 어떻게 지나친 약속을 했고, 어떻게 기대한 것보다 실망스런 결과물을 내놓았는가.)" IEEE Spectrum. Last updated April 2, 2019. Last accessed June 2, 2020. https://spectrum.ieee.org/biomedical/diagnostics/how-ibm-watson-overpromisedand-underdelivered-on-ai-health-care

2   Goldgar, Anne (2008). Tulipmania: money, honor, and knowledge in the Dutch Golden Age(튤립 마니아: 네덜란드 황금기의 돈, 명예, 지식). University of Chicago Press.

인공지능

'인공지능'이란 용어는 1955년 컴퓨터 과학자 존 매카시[John McCarthy], 마빈 민스키[Marvin Minsky], 나다니엘 로체스터[Nathaniel Rochester], 클로드 섀넌[Claude Shannon]이 처음으로 사용했다. 그들은 AI를 '인간이 행했던 지능적 행동 방식으로 기계도 행동하게 만드는 것'이라고 정의했다. 물론, AI의 정의는 '지능적인' 행동이 무엇을 의미하는지에 대한 주관적 정의에 따라 여전히 해석의 여지가 넓다. (말할 나위 없이, 지능적으로 행동하지 않는 사람들도 많다.) AI의 정의는 여전히 규정하기 어렵고 언제든 바뀔 수 있다.

'지능[intelligence]이란 무엇인가'라는 질문은 이 책의 범위를 넘어선 주제이며, 철학적 문제로 접근한 것이다. 우리는 전반적으로 인공지능을 정의한 원래의 버전을 따르도록 한다. 인공지능에 포함된 범위는 모두 인간이 지능을 발휘해야 하는 과업들을 자동화하는 공통점이 있다.

컴퓨터 과학자 로저 섕크[Roger Schank]가 제안한 또 다른 정의를 소개한다. 섕크는 1991년에 AI에 관해 다음의 4가지 정의를 제시했다.

- 인간의 지시 없이 아주 훌륭한 통찰력을 얻을 수 있는 기술
- 특정 분야에 대한 정보를 제공하고 적절한 행동 방향을 추정할 수 있는 추론 엔진[inference engine]
- 이전 기술로는 수행한 적 없는 일들을 수행하는 기술
- 학습할 수 있는 기계

이 정의를 '지능'을 정의하는 4가지 다른 방법으로 볼 수 있다. 섕크는 특히 네 번째 정의를 지지했으며, 학습을 지능의 필수 요소라고 여겼다. 이 책에선 섕크의 AI 정의를 사용하지 않는다. 정의를 사용하게 되면 과거의 AI 시스템과 심지어 현재의 AI 시스템을 재정의해야 하며, 이는 AI의 범주 바깥에 있는 주제로 의도한 바가 아니다. 머신러닝[machine learning, 기계 학습]은 종종 AI의 핵심 주제로 다뤄지고는 하지만 매우 좁은 분야다. 많은 AI 시스템이 스스로 학습하는 능력이 뛰어

나진 않더라도 대다수의 사람이 지능적이라고 생각하는 업무를 처리할 수 있다. 이 책에서는 학습 능력 여부와 상관없이 가능한 한 많은 AI 애플리케이션에 대해 이야기를 나눌 것이다. 따라서 여기서는 인공지능을 가장 광범위한 범주로 놓고 설명한다.

> **정의** | 인공지능(AI, Artificial Intelligence)의 의미를 명확하게 정의하기엔 논란의 여지가 있다. 이 책의 목적상 여기서는 인공지능은 지능적이라고 간주되는 방식으로 지식을 맞춰 사용하거나 경험을 통해 학습하는 것처럼 보이는 기술을 일컫는다.

다양한 기술을 AI 기술로 고려할 수 있어서 이 책에서는 AI의 정의로 광범위한 의미의 정의를 택했다. 오늘날 AI 애플리케이션은 이전에 상상했던 과업들 또는 엄청난 노력이 필요한 과업들을 수행할 수 있다. 구글 번역$^{Google\ Translate}$과 같은 기계 번역기는 여러 상황에 응용하기 적합한 품질로 순식간에 수백 개의 언어를 번역할 수 있다. 의료 AI와 비즈니스 AI는 방대한 양의 데이터를 분석해 전문가가 업무를 효율적으로 수행하는 데 도움이 되는 인사이트를 도출할 수 있다. 그리고 가상 비서$^{virtual\ assistant}$를 사용하면 가장 자연스러운 인터페이스인 음성으로 메시지를 보내고 제품을 주문하는 등의 업무를 수행할 수 있다.

인공지능이 나타난 것은 사용자 경험이 나타난 시기와 비슷하며 둘 다 컴퓨터 시대가 도래한 것과 맞물려 있다. 2장에서 더 자세히 살펴보겠지만 신경망, 인터넷 게이트웨이, 그래픽 사용자 인터페이스^{GUI} 등 AI와 컴퓨팅에서 가장 중요한 혁신 중 일부는 심리학자로 전향한 컴퓨터 과학자들의 노력으로 가능했다. UX는 심리학의 영향을 많이 받았다. 당시 많은 심리학자의 질문은 인간-컴퓨터 상호작용$^{HCI,\ Human\text{-}Computer\ Interaction}$과 유사한 주제에 초점을 맞춰져 있었다(그들의 연구 중 어떤 것은 특정 기술 분야의 출현보다 앞서기도 했다).

| 요점 | AI의 정의는 지능적인 과업들을 수행하기 위해 컴퓨터로 계산하는 방법을 사용하는 데 중점을 둔다. 여기서는 어떤 복잡한 과업이 '지능적'인지 아닌지 여부에 신경을 쓰지 않고, UX 중심적 접근 방식을 적용해 AI를 더욱 성공적으로 만드는 데 더 관심을 둔다. |

사용자 경험

도널드 노먼은 1993년 애플^{Apple}에서 근무하면서 '사용자 경험^{User Experience}'이라는 용어를 만들었다. 연구 기관 닐슨 노먼 그룹^{Nielsen Norman Group}의 비디오에서 노먼은 사용자 경험을 제품 구매와 사용 경험 전체를 통합하는 전체적인 개념으로 설명한다.[3] 그리고 1990년대 컴퓨터 구매 사례를 통해 컴퓨터 상자를 자동차로 실을 때의 어려움과 컴퓨터 설정 과정의 난해함을 보여준다. 이런 경험은 기기의 실제 기능과 별개의 것으로 보이지만, 기기의 기능에 대한 사용자의 전빈적 인식에 영향을 미칠 수 있음을 암시한다. 사용자 경험은 모든 경험 요소를 포괄하는 특성이 있다.

| 정의 | UX는 디자이너에게 새로운 기술을 단순히 한 제품이 아니라 제품을 사용하는 경험 전체로 보도록 요구한다. UX 디자이너들은 사회과학, 특히 심리학을 기반으로 한 모델을 사용해 사용자들이 자신의 세계에서 효과적이고 효율적으로 상호작용할 수 있도록 경험을 디자인해야 한다. |

---

3 NNgroup. "Don Norman: The term 'UX'(도널드 노먼: UX라는 용어)." YouTube video, 01:49. Posted July 2, 2016. Accessed June 2, 2020. www.youtube.com/watch?v=9BdtGjolN4E

UX 대 AI

"기술이 사람들을 위해 작동하지 않는다면 제대로 작동하지 않는 것이다."[4]

이 문구는 RBOC[Regional Bell Operating Company, 지역 통신 기업]였던 아메리테크[Ameritech]에서 사용한 오래된 마케팅 슬로건이다. 아메리테크는 1984년 벨 시스템 독점 기업이 해체된 후 만들어진 기업이다(AT&T가 장거리 전화 서비스를 제공하고, 다른 RBOC가 지역 내 전화 서비스를 제공했다). 많은 사람이 RBOC를 Pacific Bell[Pac Bell], SBC[Southwestern Bell], NYNEX, BellSouth, US West 등으로 알고 있다. 아메리테크의 슬로건은 아니 룬드[Arnie Lund] 지휘 아래 20명의 인간공학 엔지니어, 리서처로 구성된 소규모 팀이 해온 일들을 보여준다. 아니는 저자들의 멘토이자 그의 리더십 아래서 일을 배운 수십 명 연구원의 멘토였다. 아니와 일을 하는 동안 인적 요인[human factor]이 사용자 경험으로 진화하는 것을 지켜봤다.

이 팀의 역할은 사용자를 위해 제품을 제대로 '작동'시키는 것이었다. 물론 제품이 의도한 대로 작동해야 한다는 것은 다소 간단한 문제로 보인다. 여기서 제일 중요한 것은 제품들이 엔지니어를 위해 작동하는지가 중요한 것이 아니다. 제품을 직접 구입했거나 제품을 선물로 받은 사용자가 사용했을 때도 제대로 작동하는가이다. 구입한 제품들을 떠올려보자. 배터리가 내재돼 있거나 벽에 플러그를 꽂아서 사용하는 제품들 또는 인터넷에 연결해야 하는 제품들을 생각해보자. 그 제품들을 설정했던 경험이 매번 쉬웠다고 말할 수 있겠는가? 안타깝게도 몇 번 시도해보다가 고개를 젓게 만드는 제품, 누가 이렇게 사용하기 어렵게 만들었냐며 불평하게 되는 제품이 많았을 것이다. 아메리테크 슬로건은 리서치와 디자인이 단순히 신제품에 기술을 통합하는 데만 필요한 것이 아니라, 성공의 중요한 기준으로서 사람들의 경험을 변화시키는 데 리서치와 디자인이 중요하다는 점을 몇 마디로 요약한 것이다. 사용자 중심의 접근 방식은 1995년엔 표준이 아니었다. 당시 UX는 지금처럼 '최소한의 필수 요건'은 아니었지만, 이 슬로건은 아메리테크의 독특한 판매 포인트로 TV 방송 광고에 등장했다.

---

4 이상하게도, 아메리테크는 이 슬로건에 대한 상표권을 신청하지 않았다. 결국 이 슬로건에 대한 상표권은 2005년에 두 저자가 소유한 회사인 유저 센트릭(User Centric, Inc.)에서 등록했다.

개빈: 아니 룬드가 이끌었던 아메리테크의 인간공학 팀은 정말 놀라운 그룹이었고, 그들과 함께했던 시간은 매우 특별한 시간이었습니다. 저에게는 제품에 긍정적 변화를 주기위해 심리학, 리서치, 사용자 중심 디자인을 적용해본 첫 경험이었어요.

로버트: 애플^{Apple}이 다르게 생각하라는 만트라를 주창하기 전인데도, 그들은 제품을 유용하고 사용 가능하며 매력적으로 만들 자유를 허용하는, 멋진 사고방식이 가진 사람들이었습니다.

개빈: 제 기억으로 아메리테크는 수만 명의 직원이 있는 조직이었어요. 하지만 전체 TV 광고 캠페인은 매우 작은 팀의 작업을 기반으로 시작됐죠.

로버트: 그 광고는 아메리테크 테스트 타운^{Ameritech Test Town} 광고로 불렸습니다.[5] 아메리테크의 인간공학 팀이 자동차, 식당, 이발소 같은 일상적인 장소에서 사람들에게 새로운 기술을 테스트하는 방식을 보여주는 것이었는데요. 제품이 작동하는지 확인하기 위함이 아니라 사람들이 실제로 사용할 수 있는지를 보여줬습니다.

개빈: 광고는 기억에 남을 만큼 인상적이었고 전통적인 시청자 선호도에서 높은 점수를 받았던 것으로 기억합니다. 1990년대 중반 중서부의 모든 사람이 그 광고를 알고 있었지요. 제가 기억하기로, 캠페인에는 광고 회상 수준을 측정하는 내용이 있었는데요. 하지만 응답자의 절반 정도만 광고가 아메리테크에 관한 것이라고 생각했고, 나머지 절반은 AT&T라고 잘못 답변했어요.

로버트: 맞습니다. 마케팅 담당자는 당황스러웠겠지만, 문제가 되지 않았습니다. 요점은 놀라운 신기술을 과시하는 것이 아니었으니까요. 겉만 번지르르한 최첨단 기능에 관한 것이 아니라, 진짜 메시지는 경험에 관한 것이었습니다. 기기를 구매한 사람이 기기를 사용할 수 없다면 어떨까요? 올해 88세이신 제 아버지는 여전히 컴퓨터에 대해 얼마나 좌절감을 느끼는지 격일로 저에게 연락해서 하소연하십니다.

---

5   광고는 아래 링크를 확인하세요. www.youtube.com/watch?v=lKUZPR52uCU Last accessed June 2, 2020

개빈: 이게 바로 좋은 UX를 만드는 핵심이었습니다. 하지만 솔직히 말하면 오늘날 사용자 경험이 그렇게 많이 발전한 것 같진 않습니다. 물론, 기술은 가속화됐지만 웹사이트에서 여행을 예약할 수 없거나 디지털 시계를 쉽게 프로그래밍할 수 없다면 어떨까요? 그 기기는 사용 가치가 거의 없을 것이기 때문에 디지털 애완 돌덩이가 될 뿐입니다. UX라는 개념이 나온 지 약 20년이 지났고 UX에 대한 사람들의 인식이 확실히 나아졌지만, 여전히 세상의 제품과 서비스로 인해 좌절감을 느끼고 있습니다.

로버트: 기기가 '스마트'해지면서, 어떤 사람들은 이러한 좌절감이 줄어들게 될 거라고 생각할지도 모르겠습니다. 사실 사용자 인터페이스가 백그라운드로 사라질 거라는 가설들은 많이 있습니다. 그 인터페이스들은 매우 직관적이기 때문에 점점 더 눈에 띄지 않는 기반 기술이 될 것입니다. 아직 이런 가설들을 완전히 납득할 순 없지만, 나중에 이 주제로 다시 이야기를 나누겠습니다. 지금은 AI가 약속하는 모든 것에 대해 살펴보려고 합니다. 아직 기술은 사람들이 AI를 어떻게 경험하는지에 대한 고려가 되지 못한 것으로 보입니다.

요점	제품 개발자들은 좋은 디자인이 중요하다는 점을 점점 더 인식하고 있다. 제품이 성공하려면 사람들이 상호작용하는 방식을 이해하는 것이 매우 중요하다.

아메리테크 '테스트 타운' 광고는 일상 생활에서의 미래 기술 풍경을 짧게 보여준다. 한 광고는 커피숍에서의 풍경이었는데, 고객들이 기기를 착용하고 있었고, 이 기기들 중 하나가 12:00라고 계속 깜박였기 때문에 사용자를 실망시켰다. (많은 사람에게 일어날 수 있는 상황!) 여기서 아메리테크가 보여주고자 했던 전제는 아메리테크에는 제품을 사용하기 쉽게 만드는 사람들이 있다는 점이었고, 제품은 그저 작동하게 만드는 게 아니라 '사람을 위해 작동하는' 제품이어야 한다는 점이었다.

이 광고들은 아메리테크의 새로운 제품과 서비스에서 기술의 유용성[utility]과 사용성[usability]을 개선하기 위해 사용 뒤편에서 수행되는 작업에 관한 관심을 불러일으켰다. UX 분야는 인간과 기술 간 연결고리를 이해하고 개선시켜 사용 경험이 만족, 그 이상이 될 수 있도록 만드는 데 중점을 둔다.

사용자 경험에 관해 생각할 때 그림 1-1처럼 상호작용interaction을 설명하는 형용사들과 부사들을 고려해보라. 제품이나 서비스를 디자인할 때 단순히 만족스럽기만을 원하진 않는다. 때로는 만족한다는 것은 '충분히 좋다'는 의미다. 하지만 그게 사용자들로부터 듣길 바라는 평가인가? 고객 만족customer satisfaction? 필자들은 제품의 성공에는 만족스러운 경험, 그 이상의 것이 필요하다고 주장한다. 제품의 사용자 경험에 초점을 맞춘다면 인터랙션 디자인은 훨씬 더 많은 일을 해야 한다. 여러분이 평소에 즐겨 사용하는 것을 생각해보라. 이때 떠오르는 단어는 중독적인addictive, 재미있는fun, 매력적인engaging, 직관적인intuitive 등이다. 이런 단어들이 사용자 경험을 훌륭하게 만드는 기술어descriptor다. 성공을 위해서는 만족 이상의 것을 추구해야 한다. 제품을 UX 형용사들과 연결시켜 개발해야 한다.

그림 1-1 상호작용을 설명하는 데 사용되는 형용사들과 부사들.
이 UX 관점의 형용사들과 부사들은 제품 경험에 대한 기준을 '만족' 그 이상의 수준으로 높인다.

UX 전문가인 필자들은 AI를 단순히 애플리케이션으로 볼 수밖에 없다. 하지만 AI가 무엇을 할 수 있는지에 대한 약속뿐만 아니라, 다른 면도 살펴봐야 한다. UX 프리즘을 통해 AI를 자세히 들여다보는 것이 유익할 것이다. 좋은 UX 경험은 AI의 성공과 향후 전파를 이끌어내는 데 필수다. UX는 우리의 전문 분야이며, 이 책의 주제는 인공지능 애플리케이션에 대한 사용자 인터페이스 디자인 및 개발 과정에 UX 원칙을 적용하는 것을 제안하는 것이다.

과거에 AI는 함수^{function}와 코드^{code}를 고려해 설계됐다. AI가 X라는 일을 수행할 수 있게 된다면 AI를 사용해 X를 수행한다는 건 어떤 걸까? 디자이너들과 개발자들은 마음을 사로잡는 AI 애플리케이션 세트에 대한 큰 꿈을 갖고 이를 달성하기 위해 착수했다. 하지만 그들은 이런 질문들을 너무 자주 무시하곤 한다: AI가 X를 할 수 있게 될 때, AI를 사용해 X를 하게 되면 어떤 모습일까? 즉 개발자는 AI 제품을 사용하는 경험이 어떤 모습일지 생각해야 한다. 심지어 제품이 아직 커다란 아이디어 수준인 초기 단계에서도 마찬가지다. 봇^{bot}이 음성을 텍스트로 변환해 특정 행동을 하도록 만들길 꿈꾸는 것은 좋다. 하지만 많은 사람이 붐비는 바에 있는 상황이고 치과 치료를 받은 사람이 음성 제어를 하는 경우라면, 봇이 얼마나 유용할까? 이 시점에서 AI 성공의 핵심 요소는 AI에 온갖 종류의 새로운 기능을 제공하는 것이 아니라 사용자 경험을 이해하고 개선하는 것이다. 대부분의 AI 애플리케이션에는 이미 유용한 기능들이 많이 있을 것이다. 하지만 사용자가 사용할 수 없거나 액세스하는 방법을 모른다면 기능에 어떤 이점이 있다고 할 수 있을까?

로버트: 제품 디자인에 많은 시간과 노력이 듭니다. 저는 나쁜 경험을 하면 디자이너들이 그것을 얼마나 제대로 만들려고 했을지 생각해봅니다. 그 제품을 만든 팀은 제대로 만들기 위해 무엇을 할 수 있었을까요? 성공과 실패 여부를 가르는 것은 대개 종이 한 장 차이입니다.

개빈: 자동차에 있는 음성 지원 통화 기능을 생각해보겠습니다. 자동차 제조사는 이 기능을 10년 동안 제공해오고 있어요. 하지만 이제 거의 모든 사람이 휴대폰을 갖고 있습니다. 얼마나 많은 사람이 차 안에서 음성 기능을 사용할까요? 오랜 격언 중에 "한 번 속으면 속인 사람이 잘못한 것이지만, 두 번 속았으면 내 잘못이다"라는 말이 있습니다. 이말은 인간과 인간의 상호작용에는 적용될 수 있겠지만, 인간과 AI의 상호작용에서는 다릅니다. "인간은 한 번 실패하면 다시 시도하지 않습니다."

로버트: 아이들의 축구 경기를 위해 카풀 차량을 운전하는 엄마를 상상해보세요. 그녀는 차에서 음성 통화를 사용하려고 합니다. 이때 엄마가 "이해할 수 없는 명령입니다."라는 피드백을 들으면 다시 시도할까요? 그녀는 주변의 소음(예: 놀고 있는 아이들)이 AI의 이해를 방해했을 수 있다는 사실을 알까요? 대부분은 그렇지 않습니다.

개빈: 이 논리를 주변의 모든 기술에 적용한다면, 좋은 사용자 경험을 만들어 내기 위한 이러한 니즈는 음성 통화를 넘어서는 뭔가를 만들어낼 것입니다. 예를 들어 BMW 540에서 제공하는 500여 가지의 기능 설계에 들어가는 노력을 생각해보세요. 이런 기능들을 구축하는 데에는 많은 시간과 비용이 듭니다. 하지만 실제로 얼마나 많은 사람이 사용하나요? 기능이 있다고 해서 유용하거나 사용할 수 있다는 의미는 아닙니다.

로버트: UX는 기능이 작동하는 방식, 그 이상의 것에 집중합니다. 가장 어렵고 힘든 단계는 사람들이 기능을 사용하기 시작하도록 돕는 일입니다. 기능을 사용하려고 했을 때 사람들이 예상할 수 있는 방식으로 움직여야 합니다. 이것이 좋은 디자인의 핵심 원칙입니다. AI는 만병통치약이 아닙니다. 사용자가 이 결과물^{output}과 상호작용하는 방식을 이해하는 것이 바로 경험입니다. 그리고 UX에 초점을 맞추는 것이 핵심입니다.

요점	새로운 기술이 내재된 제품이라고 해서 성공을 보장하진 않는다. 긍정적인 상호작용이 꼭 필요하다.

UX 프레임워크

성공을 위한 중요한 동기로 설명되는 UX 관점에서, AI 제품에 UX가 통합되는 방법은 이 책의 주제에 대한 토대를 마련할 UX 프레임워크를 소개함으로써 시작된다.

> **정의** UX 프레임워크는 AI 애플리케이션 디자인 과정에서 사용자 경험을 고려하는 필자들의 방법이다. 이 프레임워크는 기술이 아닌 사용자가 중심이 되는 전형적인 사용자 중심 디자인에 뿌리를 둔다.

AI-UX 원칙

UX 프레임워크를 AI에 어떻게 적용할 수 있는지 이해하기 위해 먼저 맥락^{context}, 상호작용^{interaction}, 신뢰^{trust}라는 세 가지 AI-UX 원칙을 살펴본다. 이 개념들은 AI용 UX 프레임워크를 구성하는 독립적인 차원의 개념들로 이후에 자세히 다룰 것이다. 여기서는 맛보기 정도로 알아보자.

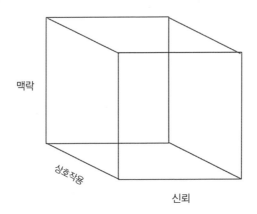

그림 1-2 AI 제품과 서비스를 디자인할 때 고려돼야 하는 AI-UX 원칙

| 요점 | 차세대 AI는 UX 프레임워크를 염두에 두고 디자인돼야 한다. 그렇지 않으면 수용되지 않을 위험이 있다. 좋은 UX는 AI 애플리케이션의 성장을 촉진시킬 것이다. |

맥락

최근 몇 년 동안, IBM은 의료 부문의 인수 비용에 40억 달러를 지출했고, 특히 새로운 의료 AI인 왓슨 헬스Watson Health[6]의 기능을 강화했다. 결과는 좋기도 했고, 나쁘기도 했다. 왓슨 헬스는 놀라운 가능성을 보여줬지만 결과적으로 정체됐다. 월스트리트 저널은 2018년[7] 왓슨 헬스의 실패를 혹독히 나무라는 기사를 발표했다. 이 기사는 '12명 이상의' 고객이 왓슨 헬스의 종양학(암 치료) 프로그램 사용을 줄이거나 완전히 중단했으며, 왓슨 헬스는 환자를 돕는 도구로서의 효과가 입증되지 않았다고 단언했다.

2017년 인도와 한국에서는 왓슨 헬스의 암 치료 계획 능력이 의사가 권장하는 치료 계획의 수준과 일치하는지 테스트됐다. 인도에서 폐암, 결장암, 직장암 환자를 대상으로 테스트했을 때는 81%에서 96% 범위의 일치율을 보였다. 하지만 한국에서 위암 환자를 대상으로 테스트했을 때는 고작 49%만 일치했다. 연구자들은 미국에서 학습된 왓슨의 제안이 한국 의사들이 사용하는 진단 가이드라인과 달랐던 불일치한 결과를 나무랐다.[8]

---

6   Agence France-Presse. "IBM Buys Truven Health Analytics for $2.6 Billion.(IBM은 26억 달러에 트루벤 헬스 애널리틱을 인수했다.)" IndustryWeek. Last updated February 16, 2016. Accessed June 2, 2020. www.industryweek.com/finance/ibm-buys-truven-health-analytics-26-billion

7   Hernandez, Daniela and Ted Greenwald. "IBM has a Watson dilemma.(IBM이 가진 왓슨 딜레마)" The Wall Street Journal. Last updated August 11, 2018. Accessed June 2, 2020. www.wsj.com/articles/ibm-bet-billions-that-watson-could-improve-cancer-treatment-it-hasntworked-1533961147

8   Ramsey, Lydia. "Here's how often IBM's Watson agrees with doctors on the best way to treat cancer.(암 치료 최적안에 대해 왓슨의 추천이 의사의 계획과 얼마나 일치하는지 빈도를 살펴봤다.)" Business Insider India. Last updated June 2, 2017. Accessed June 2, 2020. www.businessinsider.in/Heres-how-often-IBMs-Watson-agrees-withdoctors-on-the-best-way-to-treat-cancer/articleshow/58965531.cms

로버트: 왓슨은 미국 의료 분야의 데이터 세트를 사용해 암 치료법을 진단하고 추천하는 방법을 학습했습니다. 왓슨이 미국 의사가 권장하는 치료 계획을 추천했을 때 모두가 환호했지요. 그러나 한국 사례에 적용했을 때엔 표적을 놓쳤습니다. 성공의 기준에 대해 생각해볼까요? 미국 의사들이 하는 일을 모방하는 게 성공의 기준일까요?

개빈: 이게 이야기의 요점입니다! AI는 단순히 복제해서는 안 됩니다. AI가 차이를 발견했다는 사실은 주목할 만하지만 아마도 우리가 생각을 바꿔야 할 겁니다. AI는 차이를 발견했고, 이것이 주목해야 할 지점입니다. AI는 손을 들고 사실상 "미국 종양 전문의가 아닌 한국 종양 전문의는 무엇을 하고 있는가? 그리고 그들은 왜 그런 결정을 내리고 있는가?"하고 묻습니다. 하지만 사람들은 이렇게 생각하기보다는 이 결과에 대해 인간의 의사결정을 모방하지 못한다고 해석하기 때문에 왓슨은 실패했습니다.

로버트: 왓슨의 목표는 컴퓨터의 추천 결과가 인간의 추천 방식과 상관관계가 있는지 여부가 아니라, 건강을 개선하는 것이었습니다. AI가 기여한 것은 치료 방법의 차이를 알아보도록 한 것입니다. 결과를 개선하는 요인을 찾기 위해 차이점을 살펴보고 치료를 개선할 수 있습니다. 도움이 될 수 있는 차이인 것이죠.

> **요점**
>
> AI의 결과가 인간의 결과와 상관관계가 있는지 여부를 판단해 AI를 통제한다. 이 단계는 AI가 차이점을 식별할 수 있는 첫 번째 단계일 뿐이다. 이 인사이트가 더 많은 질문을 불러 일으킬 때 지식은 더욱 발전할 것이고, 궁극적인 목표인 더 나은 건강으로 이어진다. AI의 목표를 인간의 결과물을 복제하는 수준으로 제한한다면 AI에 몹쓸 짓을 하는 것이나 다를 바 없다.

왓슨이 미국 사례와 한국 사례 간 치료 계획에 차이가 있다는 것을 알려준 것에 박수를 보내야 한다. AI가 문제 전체를 해결할 필요는 없다. 이전에 알려지지 않았던 차이점을 찾는 것도 앞으로 나아가는 데 커다란 한걸음이 된다. AI는 우리에게 이 차이에 대해 주의를 줬으며 이제 이를 더 깊이 살펴보고 더 많은 생명을 구할 수 있을 것이다.

이 사례는 AI가 문제를 해결하도록 프로그래머 이상의 참여를 유도하는 좋은 예다. 팀과 함께 AI 제품을 디자인해보자. 제품 팀, 프로그래머, 종양학자, 심지어 마케터까지 불러와 문제를 살펴보자. 그리고 AI가 스스로 문제를 해결할 것이라고 가정하지 말자.

3장에서 왓슨 헬스 같은 AI 사례에 대해 더 많이 이야기하겠지만, 지금은 맥락에 대한 인식 없이 AI가 어떻게 정체될 수 있는지에 대해 한 가지 사례로 소개한 것으로 충분하다.

> **정의** | 맥락에는 AI가 과업을 수행하는 데 사용할 수 있는 외부 정보가 포함된다. 여기에는 사용자에 대한 정보와 이 정보를 요청하는 이유는 물론 외부 상황에 대한 정보도 포함된다.

> **요점** | AI 제품을 만드는 사람들은 결과물의 맥락(즉 결과물이 무엇을 의미하는지, 이것이 목표와 기대와 어떻게 다른지 등)을 이해해야 한다.

상호작용

개빈이 캘리포니아 샌디에고 대학에 재학 중이던 무렵, 개빈의 룸메이트는 컴퓨터 과학을 전공한 크레이그 니에스[Craig Nies]였다. 그는 1990년대 초반 신용카드 사기를 탐지하는, 선구적인 AI 알고리듬인 팰컨[Falcon] 개발을 돕고 있었다. 개빈은 이 책을 저작하는 동안 크레이그와 이야기를 나눴고 크레이그는 신경망으로 알려진 AI 유형을 사용해 의심스런 구매를 감지하는 방법을 설명해줬다. 팰컨 알고리듬은 지리적 위치, 상점 유형 같은 변수를 통합해 각 거래에 점수를 부여했다. 높은 점수를 받은 거래는 카드 소지자에게 전화를 걸어올 확률, 거래가 취소될 가능성을 의미했다.

이 알고리듬은 실제 사기 정황을 포함해 많은 상황에서 잘 작동했다. 그러나 사기성이 아닌 목적도 사기로 표시하는 오류 문제가 있었다. 특히 문제가 되는 사례 중 하나는 해외 여행이었다. 1990년대에는 모든 사람이 휴대폰을 갖고 있지 않았고, 당시 휴대폰은 국제 전화가 잘 되지 않았다. 휴대폰이 잘 작동하지 않거나 신용카드 회사에서 여러분에게 전화로 알려주지 않고 방치한다면, 해외 여행을 하는 동안에는 신용카드 사용에 문제가 생길 가능성이 높다. 그리고 이는 커다란 재앙을 초래할 수도 있다.

오늘날 이런 상황과 관련해 추가된 단계는 하나의 단계로만 이뤄져 있다. 신용카드 회사는 여전히 유사한 사기 탐지 메커니즘을 사용해 지리적 위치, 상점 유형 등의 요인에 따라 사기 가능성이 있는 구매 건을 식별한다. 그러나 이젠 스마트폰이 보편화된 덕분에 모바일 데이터, Wi-Fi 네트워크 통신 지역이 넓어진 것은 말할 것도 없고 신용카드 회사는 의심스러운 구매를 했는지 여부를 묻는 경고를 핸드폰으로 보낼 수 있다. 이러한 사용자와의 추가적인 상호작용은 세상을 변화시킨다.

> **정의** 상호작용은 AI가 응답할 수 있는 방식으로 사용자를 참여시키는 것을 가리킨다. 이러한 참여는 AI 인터페이스의 메시지, 문자 메시지, 스마트폰의 푸시 알림 등 다양한 형태로 나타날 수 있다.

AI 시스템은 구매가 사기일 가능성이 있다고 분석됐을 때, 즉시 거래를 취소하고 카드를 정지시키는 조치를 취하진 않는다. 대신 AI 알고리듬은 사용자에게 연락해 간편한 방식으로 사용자가 이런 조치를 취하는 데 반대하지 않는지 확인한다. 이 사용자 동의 요청은 간단하지는 않지만(예: 사용자의 휴대폰이 카드와 함께 도난 당했거나 배터리가 부족한 경우) 사용자에게 일일이 전화를 거는 이전 방법보다는 더 낫다. 이런 방식이 더 효과적인 상호작용이며 영향력이 크게 미치는 상황에서 필요하다.

> **요점** AI는 사용자를 대신해 영향력을 끼칠 수 있는 조치를 취하기 전에 사용자와 상호작용을 시도해야 한다. 의사소통이 핵심이다. 이것이 AI에서 필요한 경험이다. 우리는 상호작용 이 자체를 디자인해야 한다.

신뢰

기기의 상호작용을 신뢰의 관점에서 고민할 때, 처음으로 고객이 제품에 기대하는 점은 기기가 본래 해야 할 일을 하는 것이다. UX 관점에서의 신뢰는 이보다 더 나아가서 생각해야 한다. 예를 들어 아이폰iPhone이라는 제품에 익숙하다면 시리Siri의 신호음이 들렸을 때 보통 어떻게 반응하는가? 움찔할 수도 있을 것이다. 저자는 실수로 다시 화면을 누르기도 했다. 왜 시리는 많은 사람에게 본능적으로 부정적인 반응을 주는가? 결국 제품은 유용한 도구가 돼야 할 텐데 왜 우리는 제품을 신뢰하지 않는가?

> **정의** 신뢰는 사용자가 예상하지 못한 결과가 나오지 않고 사용자가 원하는 과업을 AI 시스템이 성공적으로 수행할 것이라고 느낄 때 나타난다. 예상치 못한 결과로는 사용자가 요청하지 않은 추가적인(불필요하거나 도움이 되지 않는) 과업을 수행하거나 사용자가 예상하지 못한 방식으로 사용자의 프라이버시를 침해하는 것이 포함된다. 신뢰는 끈끈한 특성이 있어서 사용자가 서비스를 신뢰하면 앞으로도 신뢰하고, 신뢰하지 않으면 계속해서 불신할 가능성이 높아진다.

시리는 음성 명령을 인식하는 많은 음성 비서voice assistant 서비스 중 하나다. 음성 비서는 음성을 인식하고 정보를 처리한다. 아이들이 탄 차량 안에서 음성 제어 기능을 사용하는 엄마 사례를 다시 떠올려보자. 음성 비서 기능이 나왔던 초반에는 AI 시스템이 동사+주어 형태를 취해 "[아빠]에게 전화해" 같은 간단한 문법 형태의 명령어를 인식했다. 그러나 기술이 계속 발전하면서 음성을 텍스트로 변환하는 기술의 정확도는 점점 더 높아졌다.

> **정의** 음성 비서 또는 가상 비서(virtual assistant)는 사용자가 자연어 인터페이스를 통해 애플리케이션과 상호작용할 수 있도록 돕는 AI 기반의 프로그램이다. 가상 비서에는 날씨 확인, 고양이 소리 내기, 농담하기, 노래 부르기 등 사용자를 위한 아주 다양한 과업을 수행할 수 있는 수만 개의 애플리케이션이 있다.

시리가 2011년 아이폰에 처음 탑재됐을 때(애플이 '베타' 버전이라고 불렀던 버전)[9] 초기 리뷰에선 환호와 찬사를 받았다. 음성 기반의 인터페이스였다. 불행히도 행운은 오래 가지 못했다. 사용자는 부정적 인상을 강하게 받았고 좌절감을 분출하기 시작했다. 예를 들어 시리는 사용성[usability]과 기능성[functionality]에 문제가 있었다. 시리는 뜻하지 않게 트리거가 될 수 있으며 음성 인식은 사용자가 예상한 것만큼 편리하지 않았다. 시리는 너무나 자주 사과하고 "미안합니다. 이해할 수 없습니다."라고 말했다. 그리고 심지어 사용자가 한 말을 제대로 인식하더라도 요청을 잘못 해석하는 경우가 많았다. 사용자는 설계된 것보다 매우 빠르게, 더 많은 일을 하기를 원했다. 요컨대 사용자들(고객들)은 원래 그렇게 가능성이 큰 애플리케이션을 마음 속에 품고 있었지만 현실은 그다지 대단치 않았던 것이다. 애플은 실패했다.[10]

신뢰는 긍정적 경험이 쌓이면서 형성된다

로버트: 어떤 제품이든, AI가 있든 없든, 최소한 사용할 수 있어야 하고 유용해야 합니다. 작동시키기 쉽고, 사용자가 요구하는 과업을 정확하게 수행해야 하며, 요청되지 않은 과업은 수행하지 않아야 합니다. 기준을 매우 낮게 잡은 것처럼 들릴 수 있지만, 이 최소 기준도 충족하지 못하는 부실한 디자인의 제품들이 시장엔 너무도 많습니다.

개빈: 거실 탁자에 있는 TV 리모컨의 수와 그 리모컨에 있는 버튼의 수를 떠올려보세요! 리모컨 디자인에 얼마나 많은 노력이 들었을까 의문을 갖게 됩니다. 리모컨 사용 경험을 떠올려보세요. 보통은 밤에 사용하고 있죠.

9   Tsukayama, Hayley. "Apple's Siri shows she's only a beta.(애플의 시리는 그것이 베타 버전일 뿐임을 보여주고 있다.)" The Washington Post. Last updated November 4, 2011. Accessed June 2, 2020. www.washingtonpost.com/business/technology/apples-siri-shows-shes-only-a-beta/2011/11/04/glQA6wdzlM_story.html

10   Kinsella, Brett. "How Siri Got Off Track - The Information.(시리는 어떻게 궤도에서 벗어났는가 - 인포메이션.)" Last updated March 14, 2018. Accessed August 14, 2019. https://voicebot.ai/2018/03/14/siri-got-offtrack-information/

로버트: 최악은 TV 설정을 제어하는 리모컨입니다. 불빛이 어둑한 방에서 실수로 리모컨의 버튼을 잘못 누르곤 했습니다. 어둠 속에서 더듬으면서 '뒤로가기(Back)' 버튼을 누르려 했을 때 메뉴 또는 설정 팝업 창이 얼마나 자주 나타났던가요?

개빈: 이런 디자인 문제는 AI로 전환되면 더욱 어려워집니다. TV 같은 화면 인터페이스와는 완전히 다른 시리를 사용할 때를 떠올려보세요. 모든 것이 음성으로 이뤄지기 때문에 대화를 잘 디자인하고 발전시켜야 합니다. 제대로 작동하지 않으면 사람들은 포기할 거에요.

로버트: 잘 작동하거나 좋은 경험으로 마치면 신뢰감이 형성됩니다. 시리의 음성 대화가 제대로 작동하지 않으면 다음에 어떤 일이 일어날까요? 특정 문구를 반복해서 응대하게 하시겠습니까? 사용자가 이걸 몇 번이나 시도할까요? 이런 경험은 불신의 감정을 심어줍니다.

개빈: 이 이야기는 사람들이 시리를 왜 사용하지 않게 됐는지 설명하기 때문에 중요합니다. 여러 번 실패하면 신뢰가 사라집니다. 그러면 사람들은 제품 사용을 중단하지요.

로버트: 그리고 음성 비서를 사용하면 불편했던 느낌이 다시 지속될 수 있습니다. 애플이 시리를 개선하고 "미안합니다. 아직 모르겠습니다"라고 했던 상호작용 부분을 해결했다고 합시다. 문제가 해결됐다는 걸 어떻게 알 수 있을까요?

개빈: 시리를 더 똑똑하게 만들기 위해 투입된 모든 노력은 소용이 없을 겁니다. 이로써 제품은 복구하기 어려울 정도로 하향길에 접어들게 됩니다.

요점	제품에 대한 사용자의 인식은 그 제품에 대한 경험의 총합이다. 우리가 기대한 만큼의 가치를 제품이 제공하는가? 그 경험의 정도에 따라 제품을 '신뢰'하려는 우리의 의지가 결정된다.

UX에서 신뢰의 역할

심리학과 경제학을 결합한 행동경제학behavioral economics 분야는 UX의 '신뢰' 기둥에 중요한 인사이트를 줬다. 노벨상 수상자이자 행동경제학의 비판적 인물인 대니얼 카너먼[Daniel Kahneman]은 뇌를 두 가지 시스템으로 나눠 설명한다.[11] '시스템 1' 은 뇌를 안내하는 열정[passion]의 시스템이다. 끊임없이 직관적 판단을 하게 만들 고 상황에 대한 감정적 반응을 제어한다. '시스템 2'는 이성[reason]의 시스템이다. 오랜 기간 분석한 후 판단을 고민한다. 카너먼은 이성적 사고가 항상 감정보다 우월하고, 일반적으로 잘못된 결정은 이성보다는 본능을 따를 때 하게 된다는 기 존의 통념을 뒤집길 원한다. 카너먼은 직감이 종종 효과적이라고 알려준다. 시 스템 1은 자동차를 운전하고 대부분의 사회적 관계를 유지하며 종종 지적 질문 에도 답할 수 있게 해준다.

카너먼 같은 행동경제학자들은 시스템 1에서 자주 사용하는 3가지 중요한 휴 리스틱[heuristic] 또는 멘탈 숏컷[mental shortcut]으로 감정[affect], 가용성[availability], 대표성 [representativeness]을 제안했다. 우리는 감정 휴리스틱[affect heuristic, 감정 편향]에 초점을 맞 추려 한다. 감정 휴리스틱은 사람 또는 사물에 대한 초반의 감정적 판단이 그 사 람이나 사물을 신뢰할지 여부를 결정한다고 설명한다.[12] 이게 시리를 침몰시킨 원인이다. 처음 선보인 가상 비서는 사용하기가 번거로웠고, 서비스 자체가 개 선된 후에도 시리와의 부정적인 감정, 정서가 고착화됐다.

2014년 아마존[Amazon]은 알렉사[Alexa] 가상 비서가 포함된 에코[Echo]를 출시했다. 이 기기는 특정 사용 시나리오를 염두에 두고 가상 비서 서비스를 제공했다. 이 기 기는 특히 가상 비서 사용에 적합한 기기였다. 아마존 에코[Amazon Echo]가 놓여진 가정에선 기술과 대화하는 것에 부끄러워할 가능성이 적다. 물론 이게 에코[Echo] 와 시리[Siri]의 유일한 차이는 아니었다. 에코[Echo]는 완전히 특정 용도로만 사용되 는 원통형의 기기 형태도 독특해서 다른 기기들과는 확연히 다르게 보인다.

아마존은 가상 비서인 알렉사가 처음부터 좋은 경험을 제공할 수 있도록 무던

---

11   Bhalla, Jag. "Kahneman's Mind-Clarifying Strangers: System 1 & System 2.(카너먼의 사고 원리 제안: 시스템 1과 시스템 2)" Big Think. Last updated March 7, 2014. Accessed June 2, 2020. https://bigthink. com/errors-welive-by/kahnemans-mind-clarifying-biases

12   "Affect heuristic(감정 휴리스틱)." Behavioral Economics. Accessed June 2, 2020. www. behavioraleconomics.com/resources/mini-encyclopedia-of-be/affect-heuristic/

히 노력했다. 그들은 앞서 몇 년 전 아마존의 파이어폰^{Fire Phone}의 실패에서 영감을 받았을 것이다. 파이어폰은 최소 기능 제품^{MVP: Minimum Viable Product}처럼 보였고 13 실패한 뒤 사라졌다. 하지만 에코는 달랐다. 에코를 구축하는 동안 아마존은 '오즈의 마법사 테스트^{Wizard of Oz test}' 등 다양한 평가를 했다. 테스트에서 사용자는 질문을 했고 옆방에 있는 프로그래머가 대답을 입력하면 알렉사의 음성으로 재생시켰다.¹⁴ 아마존은 테스트한 후 사용자로부터 가장 좋은 응답을 받은 목소리 속성^{vocal attribute}을 분석했다. 아마존은 신뢰를 얻을 수 있는 제품을 만들기 위해 시간과 노력을 들였다. 애플이 시리로 어떤 사용자들을 조사했는지는 정확히 알 수 없지만 그들이 무엇을 했든, 아마존만큼 성공적이진 못했다.

요점	신뢰는 사용자의 채택(adoption)에 매우 중요하며, 쉽게 잃을 수 있다. 개발자는 신뢰를 일으키는 경험을 디자인할 때 주의해야 한다.

UX 디자인의 니즈

디자인에 관한 UX 전망의 핵심은 심리학자 제임스 깁슨^{James Gibson}이 제안한 '어포던스^{affordance, 행동 유도성}'라는 개념이다. 어포던스는 사물^{object, 객체}과 지각자^{perceiver, 사람} 간에 일어나는 상호작용 지점으로, 지각자가 사물의 특징들을 이해할 수 있게 한다(사물이 지각자와 다른 에이전트들을 위해 할 수 있는 일이기도 함).¹⁵ 깁슨은 이러한 속성을 본래 우주에 존재하는 속성으로 본다.

---

13   '최소 기능 제품(MVP)'은 사용자에게 가치 있고 시장 점유율을 확보하는 데 필요한 기능만 있는 제품이다. 이 개념은 시장에서 제품을 성장시키고 개선하는 방법을 학습할 때도 사용된다.

14   Kim, Eugene. "The inside story of how Amazon created Echo, the next billion-dollar business no one saw coming(아마존이 10억 달러 규모의 차세대 비즈니스 에코를 어떻게 만들었는지에 대한 속 이야기)." Business Insider Australia. Last updated April 2, 2016. Accessed June 2, 2020. www.businessinsider.com.au/the-inside-story-of-howamazon-created-echo-2016-4

15   Gibson, James J. "The Theory of Affordances(어포던스 이론)." Semantic Scholar. Accessed June 2, 2020. From The Ecological Approach to Visual Perception(생태적 접근에서 시각적 인식으로). Houghton Mifflin (Boston): 1979. https://pdfs.semanticscholar.org/eab2/b1523b942ca7ae44e7495c496bc87628f9e1.pdf

특정 어포던스는 우리가 쉽게 발견할 수 있다. 아마도 물건을 사용하는 문화적 규범이나 사물의 디자인에 의해 알아채게 될 것이다. 문의 손잡이 부분이 납작한 판형이면 문은 밀 수 있고, 손으로 잡을 수 있는 핸들형이면 문은 당길 수 있다. 구글^{Google} 홈페이지는 하나의 텍스트 필드와 검색 버튼만 있고, 나머지는 공백으로 구성돼 있다. 이는 무엇이든 원하는 것을 검색할 수 있음을 나타낸다. 강력한 어포던스는 사용자에게 정보^{information}를 제공해야 하며, 이런 어포던스에 대한 인식은 제품 디자인에 통합돼 사용성^{usability}, 기능, 사용^{use}을 향상시킨다.

그러나 어떤 사물의 기능은 명확하지 않을 수 있다. 즉 해당 어포던스는 이를 알고 있는 사용자에게만 통용된다. 예를 들어, 어떤 기술 제품의 기능들은 사용자들에게 우연히 또는 온라인 기사의 입소문으로 노출된다('휴대폰으로 할 수 있는 10가지 숨겨진 기능' 같은 제목의 기사 등). 사용자가 어포던스에 의해 명확해진 특정 기능이 있다는 걸 알아채지 못한다면, 그 기능은 훨씬 덜 유용해진다. 그리고 기능의 수가 어포던스의 수를 넘어설 때마다 문제는 발생한다. 그러므로 디자이너는 사물의 능력을 사용자에게 능숙하게 전달할 수 있어야 한다. 다시 말해 디자이너는 사물의 어포던스를 전달하는 '기표$^{signifiers, 노먼이 제시한 또 다른 용어}$'를 만들어야 한다(예: 구글의 검색창).[16]

어포던스의 생성은 양면적이다. 사물에는 특정 속성이 있어야 하며 사용자는 해당 속성에 관한 가능한 기능을 인식해야 한다. 이러한 이유로 제품 사용자는 디자이너가 의도하지 않은 어포던스를 발견하기도 한다. 예를 들어, 페이스북^{Facebook}은 그룹 기능이 현실 세계의 친구, 동료, 동창 그룹을 연결하도록 의도했을 것이다. 하지만 많은 사용자가 현실 세계의 지인들 대신 비슷한 생각을 가진 낯선 사람들과 밈 컨텐츠를 공유하고 자기들끼리만 아는 농담을 나누는 데 사용했다.

페이스북은 젊은 사용자층을 잡아둘 이 기회를 환영하는 것처럼 보인다. 특히 밈

---

16   Norman, Don. "Signifiers, not affordances(기표, 어포던스가 아닌)." jnd.org. Last updated November 17, 2008. Accessed June 2, 2020. https://jnd.org/signifiers_not_affordances/

기반으로 활동하는 그룹에 유용한 스크리닝 기능을 출시하기도 했다.[17] 사용자가 페이스북의 그룹 기능에 대한 새로운 어포던스를 발견한 후 페이스북은 계획하지 않았던 유스케이스들을 반영해 제품을 업데이트했다. 이는 사용자들이 디자인을 구체화하는 데 적극적인 역할을 할 수 있음을 보여준다. 디자인은 사용자가 기능을 사용할 수 있는 다양한 방법을 인식하고 반영해야 한다.

항상 심미성만 고집하진 말자

개빈: 때로는 사용자의 요구가 디자이너의 열망과 충돌할 수 있습니다. 건축가 노먼 포스터Norman Foster가 2018년에 지은 애플Apple의 50억불 규모의 최첨단 본사를 생각해보세요. 건물은 '정밀한 레벨의 투명도와 순백을 만들어내도록' 설계된 둥근 유리를 사용했습니다.[18]

로버트: 문제는 사람들이 문이 어디서 끝나고, 벽이 시작됐는지 알기 어렵다는 것이었습니다. 그리고 건축물 준공 검사관조차 이런 위험에 대해 경고했습니다. 그러나 건축가에게 그것은 디자인에 관한 것이지 어포던스에 관한 것은 아니었지요.

개빈: 무슨 일이 있었을까요? 그 건물에서 일하는 사람들이 걸어가다가 그 유리에 굉장히 세게 부딪쳐서 첫 달에만 911에 세 번이나 신고를 했어요! 직원들은 너무 걱정스러워 더 많은 부상을 방지하기 위해 벽에 포스트잇도 붙였지요.

로버트: 하지만 건물의 디자인 심미성을 떨어뜨린다는 이유로 건물 디자이너는 포스트잇들을 제거했습니다.

개빈: 참 아이러니한 일이 애플에서 일어났어요. 본인들이 디자인한 장소에서 살지 않는 건축가들에 대해서도 이야기하게 됐죠. 이 일 이후 부상으로 인한 911 신고를 줄여보

17　Sung, Morgan. "The only good thing left on Facebook is private meme groups(페이스북에 남은, 유일하게 좋은 기능은 비공개 밈 그룹이다)." Mashable. Last updated August 9, 2018. Accessed June 2, 2020. https://mashable.com/article/weird-facebook-specific-meme-groups/

18　Gibbs, Samuel (2018). "Is Alexa always listening? New study examines accidental triggers of digital assistants.(알렉사는 항상 듣고 있는가? 새로운 연구는 디지털 비서의 우연한 트리거에 관해 연구다.)" The Guardian. Last updated March 5, 2018. Accessed June 2, 2020. www.theguardian.com/technology/2018/mar/05/apple-park-workers-hurt-glasswalls-norman-foster-steve-jobs

자는 목적으로 산만한 보행자들에게 더 나은 어포던스를 제공하기 위한 스티커가 제작됐고 애플에서 승인했다는 후문입니다.

> **요점** 때로는 디자인을 위한 디자인이 사용에 방해가 될 수 있다. 사용자가 실제로 참여하는 방식(이번 경우에는 걷는 행동)은 종종 심미성과 상충될 수 있다. 디자인은 단순히 눈으로 보는 대상에 머물지 말고 전체 사용자를 위해 작동해야 한다.

UX 중심부에 있는 사용자 중심의 디자인 정신은 형태form, 심미성 관점의 '디자인'이라는 용어로 고정관념처럼 굳은 개념과는 다르다. 형태와 심미성은 경험에서 명백히 중요한 구성 요소이지만 사용자에게 최상의 경험을 제공하려면 기능과 결합돼야 한다. UX 디자인은 형태와 기능이 둘 중 하나를 양보하지 않고도, 상호 보완할 수 있는 방식에 초점을 맞춘다.

이 디자인의 비전은 2015년 도널드 노먼Don Norman과 브루스 토냐치니Bruce Tognazzini가 공동 저술한 긴 글에 잘 표현돼 있으며, 그 글에서 그들은 스마트폰과 태블릿을 위한 애플 운영 체제의 디자인을 비판했다.[19] 아이디바이스iDevice 이전 시절에 애플에서 근무했던 노먼과 토냐치니는 애플이 한때 사용자 중심 디자인의 선두 주자였지만 그 이후로 나침반을 잃었다고 느꼈다. 그들은 iOS에 유용한 어포던스가 부족하다는 비판에 초점을 맞췄다. 예를 들어 실행을 취소할 수 있는 범용적 '뒤로 가기back' 버튼이 없는 점 등을 들어, 어포던스에 대한 많은 기표가 부족하다고 비판했다.

애플의 제스처 인터페이스는 인간의 습관에 의존한다. 인간은 세상과 상호작용하는 새로운 시스템을 학습하고 쓰도록 만들어졌으며 빠르게 익숙해져 본능적으로 행동하게 된다.[20] 이것은 스마트폰을 스와이프하고 손가락을 모아 확대/축소

19   Norman, Don and Tognazzini, Bruce. "How Apple Is Giving Design A Bad Name(애플이 디자인에 오명을 씌우는 방법)." Fast Company. Last updated November 10, 2015. Accessed June 2, 2020. www.fastcompany.com/3053406/how-apple-is-giving-design-a-bad-name

20   Bhalla, Jag. "Inheriting Second Natures(제2의 본성, 습관 습득하기)." Scientific American. Last updated April 25, 2013. Accessed June 2, 2020. https://blogs.scientificamerican.com/guest-blog/inheriting-second-natures/

하는 등 스마트폰과 태블릿을 사용할 수 있게 해주는 제스처들로 수행한 작업들이다. 그러나 애플은 온갖 종류의 다양한 제스처로 작동하는 제스처 인터페이스로 한발 더 나갔다. 이를 확인하려면 애플 스토어에 가서 세 손가락이나 손바닥으로 다양한 방향과 패턴으로 기기들을 스와이프해보면 된다. 기기는 예기치 않은 많은 기능을 수행할 것이다.

노먼과 토냐치니가 문제로 지적하는 부분은 대부분의 사용자는 이런 제스처 기능을 자연스럽게 발견할 방법이 없다는 점이다. 이런 기능이 존재한다는 것을 화면에 표시하지 않으며, OS를 실험해보거나 설명서를 읽으면서 이에 대해 알아보려는 사용자는 거의 없다. 이러한 기능은 모든 의도와 목적에서 대부분의 사용자에게 존재하지 않는 것이나 마찬가지다. 또한 다른 작업을 시도하는 과정에서 실수로 동작돼 혼동을 줄 수 있다. 이는 부정적인 상호작용으로 이어진다.

같은 경험들을 몇 번이고 반복하도록 유도하려면 경험에 대한 사용자의 인식이 중요하다. 일반적으로 사람들은 어떤 사물이 자신의 세계에 유익하고 즐거움을 준다고 여기면 해당 사물에 대한 참여engagement 패턴을 구축하는 경향이 있다.

UX는 제품과 상호작용하는 전체적인 경험을 설명한다

로버트: 해야만 하는 일이 있다면 아이패드iPad는 사용하지 않고 스마트폰도 사용하지 않을 거예요. 알렉사에게도 말하지 않을 겁니다. 컴퓨터를 켜서 마우스를 이동하고 클릭하면서 복잡한 업무를 수행할 겁니다. 더 빠른 프로세서 때문만은 아닙니다. 복잡한 업무를 할 때는 컴퓨터를 사용하는 것이 더 쉽기 때문입니다.

개빈: 노먼과 토냐치니가 말했었죠. 제록스Xerox와 애플이 최초의 포인트앤클릭point-and-click 그래픽 사용자 인터페이스GUI, Graphic User Interface를 고안할 때, 당시 UX라는 용어가 아직 제시되지 않았던 시절이었지만 그들은 UX 원칙을 염두에 뒀습니다.

로버트: 하지만 오늘날 터치 인터페이스를 사용하면 거꾸로 가는 것 같습니다. 멀티터치 상호작용을 가능하게 만드는 기술은 스티브 잡스Steve Jobs가 이야기했던 것처럼 '자연스러운 제스처natural gesture'처럼 보였습니다. 하지만 여러 방면에서 제스처 자체를 기능

보다 우선시했지요. 아이폰과 상호작용하기 위해 손가락으로 핀치^{pinch}, 스와이프^{swipe}하거나 플릭^{flick}하는 방법을 모르는 사람들은 거의 대부분 혐오감을 느꼈습니다. 제스처가 기능 자체보다 더 중요한 것 같았어요.

개빈: 2007년 아이폰이 미국에 출시될 당시, AT&T가 우연히 비용을 댔던 첫 번째 아이폰 광고는 아이폰 사용법에 관한 것이었습니다. 마치 애플이 사용자 매뉴얼을 보여주려고 광고를 만든 것처럼 보였죠. 이것은 경이롭고도 교묘한 속임수였습니다. 사람들에게 제품 사용 방법을 보여주기 위해 마케팅에 수억 달러를 지출한 당사자는 누군가요? 그리고 애플은 터치가 매우 간단하다고 주장했습니다. 하지만 무엇을 맨 처음으로 보여줬죠? 사용자 매뉴얼 광고, 제스처가 아니었던가요?

로버트: 이는 AI의 새로운 시대로 이동할 때 고려해야 할 중요한 사항입니다. 터치 인터페이스에서는 포인트앤클릭 인터페이스에서 노력한 만큼 기능을 극대화하지는 못한 듯합니다. 그리고 그 인터페이스를 고치려고 노력하는 동안 주의를 다른 곳으로 돌려야 할겁니다. AI는 가능한 모든 유형의 새로운 인터페이스를 가져올 거예요. 가상 비서 덕에 음성 인터페이스는 분명해졌고요. 이외에도 스마트 TV 앞에서 마이크로소프트 키넥트$^{Microsoft\ Kinect}$처럼 손을 드는 등 사용자의 움직임을 추적하는 카메라가 있는 제스처 인터페이스가 시도되고 있습니다. 또한 컴퓨터는 얼굴 표정을 읽고 감정도 감지하기 시작했는데, 심지어 사용자가 방에 있다는 것 자체도 AI는 하나의 데이터로 인식합니다. 계속 발전하다 보면 신경 인터페이스$^{neural\ interface,\ 뇌에서\ 컴퓨터로\ 뇌파를\ 직접\ 전달}$가 될 수도 있을 겁니다.

로버트: 신경 인터페이스는 먼 이야기입니다. 하지만 음성으로는 당신이 이야기하는 바를 이해해요. 음성 인터페이스는 사용자에게 어포던스를 전달할 기회가 더 적기 때문에 터치 인터페이스보다 사용성 측면에서 더 어려운 경우인데요. 시각적 기표가 없으면 UX가 훨씬 어려워집니다. 디자이너로서 화면 기반 인터페이스를 통해 시각적 어포던스를 제공할 수 있고, 사람들의 정보 인식 능력에 의존할 수 있습니다. 음성으로 하는 인터페이스는 자연어인데요. 자연어 인터페이스는 내가 물어볼 수 있는 문장과 질문이 무한대로 열려 있는 것으로 보입니다.

개빈: 이것들은 현재의 기술 수준에서 직면하고 있는 중요한 질문들이기도 해요. UX 디자이너들이 의사결정자가 있는 공간에 항상 함께 있는 것은 아니지만 의사결정자와 함께 있어야 하는 경우가 많기에 이 질문들 역시 계속 고민해야 합니다.

결론: 우리가 가고 있는 방향

다음 장에서는 AI와 UX(이후엔 인간–컴퓨터 상호작용^{HCI, Human-Computer Interaction} 또는 인적 요인^{human factor}으로도 일컬음) 분야에서 동시적이면서도 독립적인 개발 사례를 살펴보고, 과거로부터 교훈을 얻어 더 나은 디자인으로 나아가는 데 도움이 되는 역사적 순간을 알아본다. 또한 몇몇 심리학자들의 유산과 그들의 작업이 어떻게 UX와 AI를 형성했는지에 대해서도 논의한다. 3장에서는 오늘날 AI의 상황과 UX가 작동하거나 작동하지 않는 사례를 살펴보고 상호작용의 핵심 요소이자 인간–컴퓨터 상호작용의 기초가 되는 심리학적인 원리를 소개한다. 이후 장에서는 AI 성공을 위한 UX 프레임워크를 제안하고 그 근거를 공유하고자 하며 미래에 미칠 영향을 논의한다.

CHAPTER 2

AI와 UX: 병행하는 여정

이 장에서는 AI와 UX가 형성, 발전해온 과정에서 주요 이정표들을 살펴보고 그 과정에서 얻은 교훈을 볼 것이다. AI와 UX의 역사는 한 분야만으로도 깊이 있게 이야기를 나눌 수 있겠지만 두 분야 모두 고르게 소개할 것이다.

한 걸음 물러서서 AI와 UX가 각각 어떻게 시작됐는지 이 여정을 따라가다 보면 흥미로운 관점의 교훈과 인사이트를 얻게 된다. 이 두 분야의 융합을 통해 AI가 앞으로 더 많은 성공을 거둘 것이라고 믿는다.

UX는 심리학에 뿌리를 둔 비교적 현대적인 학문이다. 기술이 등장하면서 인간-컴퓨터 상호작용^{HCI} 분야로 알려졌다. HCI는 사람들이 기술을 사용하는 경험을 최적화하는 일이다. 이 일은 디자인에 관한 것이며, 제품 디자인에 대한 초기 시도는 사용자 경험을 긍정적으로 만들어 내기 위해 수정이 얼마든지 필요할 수 있다는 것을 인식해야 한다. (이 내용은 이 장의 후반부에서 자세히 설명한다.) 따라서 HCI는 대화형 프로세스를 강조한다. 상호작용의 모든 단계에서 컴퓨터와 인간은 한걸음 뒤로 물러나 서로 피드백을 주고받으며 각자가 긍정적으로 기여하고 상대방과 편안하게 작업할 수 있도록 하고, 또 그래야 한다. AI 컴퓨터는 현실 속 인간 개인 비서가 할 수 있는 것과 동일한 방식으로 사용자인 인간에 대해 학습할 수 있게 되면서, 이러한 유형의 상호작용에 많은 가능성을 열었다. 이는 단순히 작동하는 도구보다 훨씬 더 가치 있는, 더 좋게 보정된 AI 비서가 될 것이며 이 비서는 하인보다는 파트너에 가까운 존재가 될 것이다.

튜링 테스트, 이 테스트가 AI에 미치는 영향

AI가 어떻게 시작됐는지를 알아보려면 컴퓨터 과학자인 앨런 튜링Alan Turing의 작업부터 설명해야 한다. 1950년, 튜링은 컴퓨터가 지능적으로 작동한다고 할 수 있는지 여부를 결정하는 테스트를 제안했다. 지능형 컴퓨터가 사람으로 잘못 인식될 수 있을 거라고 생각했다. 그의 실험은 컴퓨터 지능을 테스트하는 여러 형태로 시도됐다. 가장 명확한 형태의 실험은 사용자가 상대방이 사람인지 컴퓨터인지 알 수 없는 상태에서 질문을 하고, 상대방은 익명으로 답변을 한다. 사용자는 이 답변을 듣고 사람이 대답한 것인지 컴퓨터가 대답한 것인지 결정해야 한다. 사용자가 50% 이상의 정확도로 응답자의 범주를 식별할 수 없는 경우 컴퓨터는 지능을 달성한 것으로 간주돼 '튜링 테스트'를 통과한 것으로 본다.

> **정의**
> 튜링 테스트는 사람들이 일련의 질문들을 한 후 컴퓨터가 응답하고 있는지 또는 인간이 응답하고 있는지를 사람들이 구별할 수 있는지 평가함으로써, 컴퓨터의 지능을 판단하는 방법이다.[1]

튜링 테스트는 AI를 정의하는 척도가 됐고, 특히 오늘날의 AI가 진정으로 '지능적'이라고 말할 수 없다고 믿는 AI 반대자들에게 기준점을 제시했다. 그러나 철학자 존 설John Searle 같은 일부 AI 반대자들은 튜링의 지능형 컴퓨터에 대한 정의가 인간을 모방하는 기계로 제한하기 때문에, 지능적으로 인간처럼 보이는 기계에 대한 튜링의 분류가 너무 지나친 것일 수 있다고 생각했다.[2] 설은 튜링 테스트에서 의도가 누락됐으며, AI의 정의가 프로그래밍 구문syntax을 넘어선다고 주장한다.[3]

---

1 Mifsud, Courtney (2017). "A brief history of artificial intelligence(인공지능의 간략한 역사)." Artificial Intelligence: The Future of Humankind. Time Inc. Books. pp 20-21

2 Searle, John (1980). "Minds, Brains and Programs(마음, 두뇌, 프로그램)," The Behavioral and Brain Sciences. 3, pp. 417-424

3 Günther, Marios (2012). "Could a machine think? Alan M. Turing vs. John R. Searle(기계는 생각할 수 있는가? 앨런 튜닝 vs. 존 설)." Universite Paris IV Unite de Formation et de Philosphie et Sociologie. January 2012. Accessed June 16, 2020. https://philarchive.org/archive/MARCAM-4

일론 머스크^{Elon Musk}는 설과 유사한 인텔리전스 관점을 취해[4], AI가 단순히 개별 요인을 고려하고 자체적으로 복잡한 변수를 고려할 능력이 없는 알고리듬에 과업을 위임할 뿐이므로, AI가 실제로는 전혀 지능적이지 않다고 주장한다.

필자들이 아는 한, 튜링 테스트를 통과한 컴퓨터는 없다. 최근 구글 듀플렉스^{Google Duplex}의 미용실 예약 시연 장면은 믿기지 않을 정도로 사람들이 나누는 전화 대화 패턴과 무척 비슷했다.[5] 구글 듀플렉스 시연은 자연어 대화의 예를 보여주기 때문에 매혹적이었다. 구글의 음성 AI가 인간인 접수 담당자에게 전화를 걸어 미용실 예약을 하는 장면과 인간 직원에게 전화로 식당 예약하는 장면으로 시작된다.[6] 흥미로운 점은 듀플렉스의 말하는 속도, 억양과 같이 컴퓨터 음성으로 디자인된 언어적 단서와 비언어적 단서가 인간에 의해 성공적으로 해석됐다는 것이다. 듀플렉스는 전화 반대편 상대방이 실은 기계라는 사실을 알아차리지 못한 듯 보이는 인간과 대화를 나눴다. 이 장면을 얻기 위해 구글이 실제로 얼마나 많이 반복해야 했는지는 불분명하다. 그러나 이 시연에서 기계는 (언어적 단서와 비언어적 단서를 통해) 사람과의 대화를 성공적으로 해낸 것으로 보이며, 사람은 전화한 것이 기계라는 사실을 알지 못하고 부정적인 반응을 보이지도 않는다.

4   Gergshorn, Dave. "Elon Musk and Mark Zuckerberg can't agree on what AI is, because no one knows what the term really means(AI의 진정한 의미를 누구도 모르기 때문에 일론 머스크와 마크 주커버그는 AI가 무엇을 의미하는지에 동의할 수 없다고 말한다)." Quartz. Last updated March 30, 2017. Accessed June, 16, 2020. https://qz.com/945102/elon-musk-and-mark-zuckerbergcant-agree-on-what-ai-is-because-nobody-knows-what-the-term-reallymeans/

5   Oppermann, Artem. "Did Google Duplex beat the Turing Test? Yes and No.(구글 듀플렉스가 튜링 테스트를 통과했습니까? 예/아니오.)" TowardsDataScience.com. May 20, 2018. Accessed June 16, 2020. https://towardsdatascience.com/did-google-duplex-beat-the-turing-test-yes-and-noa2b87d1c9f58. Accessed June 16, 2020.

6   Leviathan, Yaniv & Matias, Yossi (2018). "Google Duplex: An AI system for accomplishing real-world tasks over the phone(듀플렉스: 전화로 현실 세계의 과업들을 수행하는 AI 시스템)." May 8, 2018. Accessed June 16, 2020. https://ai.googleblog.com/2018/05/duplex-ai-system-for-natural-conversation.html. May 8, 2018. Accessed June 16, 2020

AI에는 분명 인간적 요소가 있다

로버트: 튜링 테스트가 리트머스 테스트처럼 AI의 존재 여부를 충분히 테스트하는지와는 별개로, AI를 정의하는 방법에 큰 영향을 미쳤다는 것을 부정할 수 없습니다.

개빈: 튜링 테스트는 AI의 미래에 관심을 가진 대중들의 관심을 끌었습니다. 그리고 튜링 테스트는 모방 게임으로서 내재된 단순성을 갖고 있으며 '컴퓨터가 인간을 속일 수 있는지' 묻습니다.

로버트: 예를 들어, 튜링 테스트를 사용하는 〈엑스 마키나^{Ex Machina}〉, 해리슨 포드^{Harrison Ford}가 맡은 주인공이 여성을 진짜 인간인지 리플리컨트^{replicant, 복제 인간}인지 테스트하는 〈블레이드 러너^{Blade Runner}〉처럼 인기 있는 공상과학 소설, 영화들은 튜링 테스트를 격상시키기도 했지요.

개빈: 컴퓨팅과 인텔리전스에 대한 인식에 튜링이 영향을 미친다는 점은 부인할 수 없습니다.

> **요점** | 인공지능의 짧은 역사를 통틀어 인공지능이 인간의 자질을 갖도록 만들고자 하는 열망은 계속 존재해왔다.

AI가 지속적으로 진화하면서 피해야 할 함정 중 하나는 AI를 인간과 병치하는 개념으로 발전시키는 것이다. 이는 인간의 의사결정을 보완하는 AI를 저평가해서 AI의 정의을 제한적으로 만들어버릴 수 있다. 간단히 말해 AI는 대화보다 더 많은 것을 할 수 있다. 게다가 튜링 테스트를 기반으로 지능을 단순하게 정의함으로써, AI 프로그램이 실제보다 더 지능적으로 보여진다.

AI에 대한 지능의 기여

컴퓨터 과학에서 널리 알려진 프로그램 중 하나인 '엘리자Eliza'는 MIT 교수 조셉 와이젠바움Joseph Weizenbaum이 1966년에 만들었다. 명칭은 조지 버나드 쇼George Bernard Shaw의 희곡인 피그말리온Pygmalion에서 따왔다. 극 중 캐릭터인 엘리자 둘리틀Eliza Doolittle은 웅변과 에티켓을 연구한다. 와이젠바움은 이 프로그램에서 인간 중심 치료를 연구하는 심리치료사가 환자에게 반응하는 방식과 유사한 상호작용을 모델링했다. 사람은 엘리자가 한 질문에 대한 답을 입력하기만 하면 된다.

사람과 대화하는 엘리자

엘리자: 문제를 말씀해주세요.

사람: 나는 우울합니다.

엘리자: 우울한 지 얼마나 됐나요?

사람: 제 딸이 집을 떠난 이후로요.

엘리자: 계속하세요.

사람: 나는 그 아이가 곤경에 빠지는 것을 원치 않습니다.

엘리자: 그녀가 곤경에 빠지는 것은 당신에게 무슨 의미인가요?

(이후 생략)

요점	사용자와 프로그램 간의 대화는 엘리자가 인간과 같은 지능을 구현하고 있다는 인상을 줬다. 대화가 자연스럽게 느껴졌기 때문에 컴퓨터는 지능적이어야 한다. 그러나 이 컴퓨터가 실제로 지능적일까? 아니면 이 컴퓨터 지능에 필요한 것은 인간을 속이는 일이었을 뿐일까?

엘리자는 성공적이었고 사람들은 엘리자에게 자기 삶에 대해 많은 이야기를 쏟아냈을 것이다. 그러나 당시에는 이런 모든 대화에서 데이터를 신중하게 분석할 수 있는 학습 알고리듬이 없었다. 1966년경이었기 때문에 타이핑된 내용 중 다수가 저장되지 않았다. 어떤 이들은 와이젠바움이 그의 프로그램을 통해 자연어를 풀었다고 말한다.

와이젠바움은 결국 자기가 만든 프로그램에 반대하는 십자군에 섰다.[7] 엘리자는 칼 로저스Carl Rogers[8]의 패러디에 가까웠다. 이 프로그램은 심리학을 몰랐고, 질문을 다시 하기 위한 의미론적 논리에 불과했다. 그러나 프로그램이 인간처럼 느껴졌기 때문에 지능적이라고 본 것이다. 대중의 상상력을 사로잡을 수 있는 AI의 예시다. 이러한 사례로 인해 AI는 과장되기 쉽다.

과대평가의 영향

엘리자를 시작으로, 사용자들로 인해 AI가 과대평가되는 현상이 발생했다. 이런 과대평가는 제작자, 투자자, 정부, 미디어, 시장 세력 등 다양한 이해관계자로부터 올 수 있다.

AI 역사: AI는 과대평가되고 제대로 전달되지 않았다

과거에는 인공지능이라고 하면 느껴지는 이미지에 문제가 있었다. 2006년 뉴욕 타임즈New York Times의 존 마코프John Markoff는 AI 성공에 대한 이야기를 하면서 AI를 "수십 년 동안 지나치게 약속하고 부족하게 전달하는 기술 분야"[9]라고 썼다.

---

7   Campbell-Kelly, Martin (2008). "Professor Joseph Weizenbaum: Creator of the 'Eliza' program(조셉 와이젠바움 교수, 엘리자 프로그램의 창조자)." The Independent. Independent News and Media. March 18, 2008. Accessed June 16, 2020. www.independent.co.uk/news/obituaries/professor-joseph-weizenbaum-creator-of-the-eliza-program-797162.html

8   미국 심리학자로 인간중심치료를 개발해 인본주의 심리학을 개척함 – 옮긴이

9   Markoff, John. "Behind Artificial Intelligence, a Squadron of Bright Real People(인공지능 뒤편에서 미래를 준비하는 사람들)" New York Times. October 14, 2005. Accessed June 16, 2020. www.nytimes.com/2005/10/14/technology/behind-artificial-intelligence-a-squadron-of-bright-realpeople.html

인공지능을 개발하려는 가장 오래된 시도 중 하나는 기계 번역^{machine translation}이었는데, 이는 2차 세계 대전 이후 클로드 섀넌^{Claude Shannon}과 노버트 위버^{Norbert Weaver}의 정보 이론에서 유래됐다. 이는 언어의 기초가 되는 보편적 원칙에 대한 이론이었고, 암호 해독에 상당한 진전을 이룬 것이었다.[10]

> **정의** | 기계 번역은 컴퓨터 프로그램을 통해 한 언어를 다른 언어로 번역하는 것이다.

기계 번역에서 가장 중요하게 회자되는 사례는 현재까지도 유명한(오명을 쓴) 조지타운^{Georgetown}–IBM 실험[11]이다. 조지타운 대학교^{Georgetown University}와 IBM 연구진이 개발한 이 프로그램은 1954년 공개 시연에서 많은 러시아어 문장을 영어로 성공적으로 번역했다. 이 실험은 주요 언론 보도를 탔는데, 냉전 상황에서 러시아 문서를 영어로 번역할 수 있는 기계는 미국 국방 관점에서 매우 매력적이었을 것이다. 예를 들어, '이중 언어를 사용하는 기계' 같은 여러 헤드라인은 기계의 기능을 크게 과장했다. 이 보도에는 막대한 투자도 소개돼 기계 번역의 미래 기능성에 대한 엄청난 예측으로 이어졌다.[12]

실험에 참여한 한 교수는 '크리스천 사이언스 모니터^{Christian Science Monitor}'에서 "여러 분야의 주요 기능 영역"에서 기계 번역이 3~5년 내에 준비를 마칠 수 있다고 언급했다.[13] 이 말은 과장이 너무 심했다. 현실은 매우 달랐는데 기계는 겨우 250개의 단어와 49개의 문장 정도만 번역할 수 있었다.

실제로 이 프로그램은 화학 분야의 전문적인 과학 문구들을 번역하는 것에 집중했지만 언론 보도는 실험에 포함된 '덜 구체적인' 일부 사례에 더 중점을 뒀다.

---

10   Hutchins, W. John. "The history of machine translation in a nutshell(간단히 소개하는 기계 번역의 역사)." Last updated November 2005. Accessed June 16, 2020. www.hutchinsweb.me.uk/Nutshell-2005.pdf

11   Hutchins, W. John. "The Georgetown–IBM Experiment Demonstrated in January 1954(1954년 1월에 시연된 조지타운–IBM 실험)." In Conference of the Association for Machine Translation in the Americas, pp. 102–114. Springer, Berlin, Heidelberg, 2004.

12   Hutchins, "Georgetown(조지타운)", p.103

13   Hutchins, "Georgetown(조지타운)", p.104

언어학자 W. 존 허친스^{W. John Hutchins}에 따르면[14], 이러한 몇 가지 덜 구체적인 사례조차 시스템이 분석하기 쉽게 만든 과학적 문장과 공통된 특징이 있다. 아마도 이렇게 반대되는 몇 가지 사례 때문에 조지타운-IBM 실험을 보도하는 사람들은 일련의 정적인 문장을 번역하는 일과 정책 문서나 신문처럼 복잡한 글을 번역하는 일의 차이가 어려운 도약이라는 것을 이해하지 못했다.

조지타운-IBM 번역기는 초기 테스트에서 지능적으로 보였을 수 있었지만 추가 분석을 통해 한계가 입증됐다. 첫 번째 이유는 이 프로그램은 엄격한 규칙의 시스템을 기반으로 했다. 영어에서 러시아어로 전체 변환을 인코딩하는 데 단 6개의 규칙만 사용됐다.[15] 이는 분명 번역 작업의 복잡성을 부적절하게 이해한 것이다. 게다가 언어는 규칙을 곧대로 따르지 않고 유동적으로 느슨하게 따른다. 이를 어떻게든 입증해 보이겠다고, 여러 언어에서 보여지는 수많은 불규칙 동사를 찾아보지는 말자. 핵심을 장황하게 설명하지 않겠다.[16] 프로그램은 좁은 말뭉치와 구체적인 단락들로 훈련됐고, 주요 기능은 과학적 문구들을 번역하는 것이었다. 이는 러시아 언어로 된 문서와 커뮤니케이션을 번역하기 위한 초기 단계일 뿐이다.

AI를 특징으로 하는 기계 번역에 대한, 이 초기 공개 테스트는 튜링 테스트를 통과한 것처럼 보였지만 그 성과는 그럴듯하게 속인 것이나 마찬가지였다.

---

14   Hutchins, "Georgetown(조지타운)", p.112

15   Hutchins, "Georgetown(조지타운)", pp.106-107

16   예를 들어, 'walk' 동사는 규칙적인 구조를 따른다(I walk, you walk, she walks, we walk, and they walk). 그러나 'be' 동사는 매우 불규칙하다(I am, you are, he is, we are, and they are). 많은 언어에서 빈도가 높은 동사의 구성과 사용법은 불규칙하다.

컴퓨팅의 힘으로 모든 것을 극복할 수 있다고 믿지 말라

개빈: 조지타운-IBM 실험은 특정 화학 문서를 번역하기 위한 시연으로 시작된 기계어 machine language 분야의 이니셔티브Initiative였습니다. 그리고 이로 인해 향후 10년 기계어 연구에 박차를 가하기 위한 투자가 일어났지요.

로버트: 지금 돌이켜보면 화학 분야에서 미미하게 작동하던 것을 전체 러시아어에 일반 화하려 했던 논리라고 주장할 수도 있겠습니다. 지나치게 단순해 보이기는 하지만, 당시 에는 화학 용어를 모아놓았던 이 자료가 사용할 수 있는 최상의 데이터 세트였을 수 있 습니다. 지난 70년 동안 언어학 분야는 크게 발전했고 언어의 골칫거리들은 훨씬 더 복 잡해졌습니다.

개빈: 컴퓨팅의 힘으로 패턴을 찾고 영어와 러시아어 간의 상호 번역을 해결할 것이라는 매력적인 주제는 너무나 흔합니다. 저는 연구진들이 연구의 한계를 분명히 알고 있다고 의심합니다. 하지만 앨런 그린스펀Alan Greenspan이 주식 시장과 관련된 과잉 현상을 설명 하면서 이야기했던, 지금도 유명한 '비이성적인 과열irrational exuberance'이라는 인용문처 럼 기대는 종종 괴멸로 이어지기도 합니다.

요점	컴퓨팅의 힘으로 모든 것을 극복할 수 있다고 믿어서는 안 된다. 한 분야(화학)에서는 가능성을 보여줬으나, 다른 영역까지 일반화될 순 없을 것이다.

이 프로그램을 공개적으로 발표한 조지타운과 IBM 연구원들은 아마도 기계 번 역기의 결함을 숨기기로 결정했을 것이다. 그들은 기계가 처리할 수 있는 과학적 문장만 번역해 결함을 숨겼다. 그리고 시연 중 기계가 번역한 몇몇 문장들은 엄 격하게 제한된 시스템의 규칙과 어휘에 적합하도록 선택됐을 가능성이 높다.[17]

지능의 척도로서 사용된 튜링 테스트의 약점은 언론인들과 투자자들이 조지타 운-IBM 실험에서 믿을 수 없을 정도로 인간과 비슷하게 만들어진 결과를 보고

---

17   Hutchins, "Georgetown(조지타운)", p.110

초반에 보였던 과대평가된 반응들에서 찾아볼 수 있다.[18] 언론인들은 러시아어 문장을 인간 번역가 수준의 정확도로 번역할 수 있는 기계를 보고서는 프로그램의 실제 수준을 훨씬 능가할 수 있을 것이라는 가능성을 발견했다고 생각했을 것이다.[19]

그러나 이들은 조지타운-IBM 기술의 제한적인 본질에 대해 무지하거나 알아채지 못했다(실험의 주최자들은 공개 전시를 위해 그들이 선택한 방향으로 실험을 밀어붙였을 것이다). 연구원들이 미리 선택한 문장이 아닌 다른 문장들로 기계를 테스트했다면 그다지 인상적이지는 않았을 것이다. 언론인들은 기술의 능력을 과시하는 기사를 썼다. 그러나 기술은 과장된 기사에 부합할 준비가 되지 않았다. 거의 60년이 지난 지금도, 기계 번역은 여전히 기껏해야 불완전한 것으로 간주된다.[20]

요점	과대평가되는 현상은 제품의 성공 또는 실패 판단 기준에 커다란 영향을 미칠 수 있다.

AI의 실패로 인해 AI 침체기가 시작됐다

이 비이성적인 과대평가의 가장 파괴적인 결과는 AI 연구에 대한 자금 지원 중단이었다. 앞에서 설명했듯, 조지타운-IBM 실험이 가져온 과장 효과와 감지된 성공은 기계 번역 연구에 막대한 관심과 투자를 크게 불러왔다.[21] 그러나 기계 번역의 문제를 극복하지 못하면서 연구는 부진해졌고, 1960년대 후반에는 훅

---

18 펀딩 기관에서 이 프로젝트에 수천만 달러를 지원했다.

19 Hutchins, "Georgetown(조지타운)", p.103

20 Will Machines Ever Master Translation?(기계가 언젠가는 번역을 제대로 하게 될까요?)" IEEE Spectrum. Last updated January 15, 2013. Accessed June 16, 2020. https://spectrum.ieee.org/podcast/robotics/artificial-intelligence/will-machines-ever-master-translation

21 Hutchins, "Georgetown(조지타운)", p.113

꺾였다. 특히 허친스[Hutchins]는 1966년에 발표한 ALPAC[Automatic Language Processing Advisory Committee, 자동 언어 처리 자문 위원회] 보고서에 자금 삭감을 제안했다.[22]

과학, 국가 안보 분야의 미국 정부 기관이 후원한 ALPAC 보고서는 기계 번역에 매우 비판적이었고, 이는 러시아어로 작성된 문서들을 번역하는 작업에는 기계 번역이 사람이 하는 번역보다 효율적이지 않고 비용이 많이 든다는 것을 시사한다.[23] 이 보고서는 컴퓨팅이 기껏해야 인간의 번역 작업, 언어학 연구에 활용되는 도구가 될 순 있지만, 이 자체만으로 번역가들을 대체할 순 없다고 설명했다.[24] 더불어 기계가 번역한 텍스트는 인간 번역가들의 추가 편집이 필요하다고 했으며, 이는 인간 번역가 대신 기계를 사용하려는 목적을 무산시키는 것처럼 보였다.[25] 이 보고서의 결론은 이후 수년 간 기계 번역에 대한 펀딩을 대폭 감소시키는 계기가 됐다.

이 보고서는 조지타운-IBM 실험을 기계 번역이 10년의 노력으로 개선되지 않았다는 증거로 사용됐으며, 조지타운-IBM 결과를 조지타운 기계 번역의 후속 버전과 직접 비교해 원래의 조지타운-IBM의 결과가 후속 버전보다 더 정확하다는 사실도 발견해냈다. 심지어 허친스는 최초의 조지타운-IBM 실험을 기계 번역 기술의 믿을 만한 테스트가 아니라 '관심과 펀딩을 이끌어내려는 구경거리'라고 정의했다.[26] 그럼에도 나중에 ALPAC는 조지타운-IBM에 대한 결과를 AI의 능력을 실제로 보여주는 것으로 판단했다. 기계 번역은 1950년대 후반, 1960년대 초에 개선됐을 수 있지만 당시의 능력이 아니라 과장된 이미지로 판단됐던 것이다.

기계 번역은 AI의 중요한 초기 징후 중 하나였기 때문에 이 보고서는 AI 분야에

---

22 Hutchins, John. "ALPAC: the (in)famous report(ALPAC: 유명한(오명을 쓴) 리포트)." Originally published in MT News International 14 (1996). Accessed June 16, 2020. www.hutchinsweb.me.uk/ALPAC-1996.pdf

23 Hutchins, "ALPAC," 2, 6.

24 Hutchins, "ALPAC," 6.

25 Hutchins, "ALPAC," 3.

26 Hutchins, 113.

전반적으로 영향을 미쳤다. ALPAC 보고서와 해당 도메인의 기계 번역 침체기는 연쇄 작용의 일부분이었으며, 이는 결국 첫 번째 AI 침체기로 이어졌다.[27]

정의	AI 침체기는 AI에 대한 연구와 투자가 크게 부진해지는 시기다. 이 기간 동안 AI 개발은 다루기 힘든 문제들로 부정적 평판을 받는다. 이로 인해 AI 연구에 대한 투자가 감소했고 문제는 더욱 커진다. 두 가지 유형의 AI 침체기가 생길 수 있다. 첫 번째는 도메인에 따라 다른 특성을 갖고 있어, AI의 특정 하위 분야만 영향을 받는다. 반면 두 번째는 일반적인 특성을 갖고 있어, AI 연구의 전체 분야가 영향을 받는다.

오늘날 AI를 담는 기술을 지칭하는 다양한 용어가 존재한다. 전문가 시스템, 머신러닝, 신경망, 딥러닝, 챗봇 등이 있다. 다수의 용어는 AI가 안 좋은 단어로 인식된 1970년대에 바뀐 것이었다. 1950년대 AI의 초기 개발 이후 이 분야는 규모는 작긴 했지만 지금과 크게 다르지 않았다. 그러나 이후 10~20년 동안 펀딩 기관(특히 미국과 영국 정부)은 이 분야를 실패로 규정하고 펀딩을 중단했다. 이게 최초의 일반적인 AI 침체기다.[28]

AI는 이 장기적인 자금 부족으로 큰 어려움을 겪었다. AI 연구원은 AI의 부정적인 평판들을 극복하고자 AI를 구체적으로 언급하지 않는 새로운 용어를 제시해 펀딩을 받아야 했다. 그래서 AI 침체기에 전문가 시스템 같은 새로운 용어들이 등장했던 것이다.

오늘날의 그럴싸한 AI 약속을 돌이켜보면, 또 다른 AI 침체기가 다시 시작될 거라고 생각하기 어려울 수 있다. AI를 향한 많은 노력과 투자가 있었지만, 과거에는 AI의 발전에 대해 침체적이고 비관적인 경향이 있었다.

AI가 또 다른 침체기에 접어든다면 그 원인은 AI 디자이너와 개발자가 성공적인

---

27   Bostrom, Nick. Superintelligence: Paths, Dangers, Strategies(초지능: 경로, 위험, 전략). New York: Oxford University Press, 2014. 8.

28   Schmelzer, Ron (2018). "Are we heading into another AI winter?(우리는 또 다른 AI 침체기로 향하고 있는가?)" Medium. Posted June 26, 2018. Accessed September 4, 2019. https://www.cognilytica.com/2018/06/19/are-we-heading-to-another-ai-winter/

디자인에서 UX가 하는 역할을 무시했기 때문일 것이다. 또 다른 원인은 일상 생활에 기술이 주입되는 속도다. 1950년대엔 많은 가정에 텔레비전이나 전화가 없었다. 지금은 애플리케이션에 대한 요구가 더 높아졌다. 사용자는 UX가 조악한 애플리케이션을 거부한다. 사용자 기대치가 더 높은 애플리케이션이 AI가 갈수록 더 많이 내장되면서 AI에 더 나은 UX가 필요한 것은 필연적이다.

첫 번째 AI 침체기는 ALPAC 보고서에 이어 기계어 작업과 관련된 자금 지원을 정부가 중단한 것과 관련이 있다. 이 투자 동결은 미국에서 1970년대까지 계속됐다. 펀딩에 대한 부정적인 경향은 1973년 라이트힐^{Lighthill} 보고서에서도 계속됐으며, 제임스 라이트힐 경^{Sir James Lighthill}은 ALPAC 보고서와 유사한 결과를 영국 의회에 보고했다. AI는 과장됐고 약속을 이행하지 않았다는 비판을 받았다.[29]

대부분의 AI 애플리케이션에는 이미 유용한 기능들이 많이 있을 것이다. 하지만 사용자가 사용할 수 없거나 액세스하는 방법을 모른다면 기능에 어떤 이점이 있다고 할 수 있을까?

29   Hendler, James. "Avoiding Another AI Winter(또 다른 AI 침체기를 피하기)." IEEE Intelligent Systems, 2008. Accessed May 15, 2019. www.researchgate.net/publication/3454567_Avoiding_Another_AI_Winter

로버트: 그렇다면, 조지타운–IBM 실험의 기본 이론과 기술에 결함이 있었던 걸까요? 아니면 실패를 초래한 과대평가 때문이었을까요?

개빈: 저는 둘 다라고 생각합니다. ALPAC 보고서도 사정을 봐주지 않았고, 이로 인해 기계 번역에 대한 연구가 붕괴돼버렸죠(도메인별 AI 침체기). 기계 번역에 대한 엄청난 과대 광고가 잘못된 것으로 판명됐고 그 결과 자금이 크게 삭감됐습니다.

로버트: '기계 번역' 또는 '인공지능'이라는 말이 들어가는 펀딩 요청은 사라졌어요. '원치 않는 것을 없애려다 소중한 것까지 잃는다'는 옛 격언처럼, 한 영역에서 심각한 오류가 발생하면 전체가 의심스러워 보이는 상황이에요. 이게 바로 과대평가의 위험입니다. 평가가 제품의 실제 성능과 일치하지 않으면 신뢰를 회복하기 어려울 수 있습니다.

개빈: 첫 AI 침체기는 약속–과장–실패–자금 동결이라는 초기 징후의 패턴을 만들어냈습니다. 이 주기는 현장에 중대한 결과를 가져왔지요. 그러나 과학자들은 똑똑합니다. 잿더미에서 AI는 다시 피어났어요. 하지만 이번에는 전문가 시스템 같은 새로운 용어를 사용하면서 로봇 공학의 발전을 이끌어냈습니다.

로버트: 맞습니다. AI는 새로운 이름으로 1980년대에 미국, 영국, 일본의 민간 기업들의 새로운 투자로 10억 달러 이상을 받았습니다.

개빈: 실제로 일본에서 AI가 발전하면서 일본과의 격차를 따라잡기 위해 미국과 영국의 국제 경쟁을 불러왔습니다. 주목할 만한 예로는 리서치 및 정보 기술에 관한 유럽 전략 프로그램the European Strategic Program on Research and Information Technology, 전략적 컴퓨팅 이니셔티브Strategic Computing Initiative, 미국의 마이크로일렉트로닉스와 컴퓨터 테크놀로지 코퍼레이션Microelectronics and Computer Technology Corporation 등이 있습니다. 불행히도 과대평가는 다시 나타났고, 이 기업들이 기대가 높았던 약속을 이행하지 못하면서 두 번째 AI 침체기[30]가 1993년에 발생했죠.

---

30   Hubbs, Christian (2019). "The dangers of government funded artificial intelligence(정부 지원 인공지능 프로젝트의 위험성)." Mises Institute. https://mises.org/wire/dangers-government-funded-artificial-intelligence. Posted March 30, 2019. Accessed August 26, 2019.

또 다른 AI 침체기는 이미 도래했다.

과거에서 배운 교훈은 이번은 다를 것이라는 희망으로 무시되곤 한다. '또 다른 AI 침체기가 일어날 것인가'의 여부는 질문 자체가 잘못됐다. 이미 눈앞에 일어난 일이기 때문이다.

애플의 음성 비서인 시리를 떠올려보자. 첫 시리는 원활하게 작동하지 않았다. '베타' 버전은 대대적인 축하 인사와 함께 소개됐다. 애플은 곧 '베타' 버전에서 손을 떼고 iOS의 후속 업데이트에서 보다 완전한 버전을 출시했다(원래 버전보다 훨씬 더 기능적이고 사용하기 쉬운 버전). 하지만 사용자들이 이 서비스에 적응할 가능성은 크게 낮았다. 시리 사용자들은 이미 특정한 인상을 받은 상태였으며 AI-UX 신뢰 원칙을 고려할 때 이러한 인상은 오래 지속되기 때문이다. (너무 일찍 출시된) 나쁜 애플이 전체를 망쳤다는 말이 너무 무례한 게 아니라고 생각한다.

시리가 코타나에게 어떤 영향을 미쳤는가

로버트: 애플은 이전 음성 비서들에 비해 놀라운 일들을 해냈습니다. 수년 전 초창기의 벨 회사에서 일하면서 음성 도우미를 테스트하곤 했는데요. 시리는 연구실에 있는 어떤 것보다 한 세대나 앞서 있었어요.

개빈: 시리는 메인 시장에 침투한 최초의 가상 비서였죠. 2016년 업계 연구원이었던 캐롤라이나 밀라네시^{Carolina Milanesi}는 아이폰 사용자의 98%가 시리를 최소 한 번 이상 사

용했을 거라고 했습니다.[31] 이는 제품의 대량 사용 측면에서 놀라운 성과죠.

로버트: 하지만 문제는 지속적으로 사용하는지의 여부였습니다. 98%의 응답자들에게 얼마나 많이 사용하느냐는 질문을 했을 때, 대부분(70%)은 '드물게' 또는 '가끔'이라고 답했습니다. 요컨대 거의 모든 사람이 사용해보려 시도했지만 대부분 중간에 사용을 중단했어요.

개빈: 애플은 사용자가 한 말을 이해하는 능력으로 시리를 과시했고, 시리는 대중의 관심을 사로잡았습니다. 하지만 시간이 가면서 대부분의 사용자는 "죄송합니다. 이해할 수 없습니다."하는 응답을 들으며 몹시 실망했으며 몇 번의 실패 후 사용하기를 포기했습니다.

로버트: 매일 사용하도록 설계된 제품(예: "시리야, 오늘 날씨는 어때?")은 시도해본 후 실제 사용을 포기하게 됩니다. 이 일은 단순히 부끄러운 일에서 그치지 않고 상업적 손실로 이어집니다. 고객이 무언가를 시도하고 포기하게 만드는 일은 시장에 상당히 나쁜 영향을 끼칩니다.

개빈: 지금도 실수로 눌러서 시리 프롬프트를 재생시키면 등골이 오싹해지곤 합니다. 이런 냉담한 느낌은 다른 음성 비서에게도 부정적인 영향을 미쳤습니다. 스스로에게 물어보세요. 코타나^{Cortana, 윈도우 OS에 있는 마이크로소프트의 음성 기능}를 사용해 본 적이 있습니까? 해봤나요? 한 번이라도요? 그리고 왜 그 기능을 시도하지 않았습니까?

로버트: 네, 한 번도 시도하지 않았어요. 제게 코타나는 또 다른 시리였어요. 사실 시리가 너무 변변치 않았기 때문에 얼마 후 안드로이드로 바꿨습니다.

개빈: 마이크로소프트 코타나의 디자인, 개발 팀과 이야기한 적이 있는데, 음성 비서 코타나가 시리와 얼마나 다른지(또는 더 나은지) 격렬하게 논쟁했어요. 그러나 결국 신뢰의 실패로, 시리를 사용했던 사람들은 이 기술을 코타나와 연관시키는 경향이 있었습니다.

로버트: 주변에 삼성 휴대폰에 탑재된 음성 비서 빅스비^{Bixby}를 사용해 본 사람이 있는지 물어보세요.

---

31 Milanesi, Carolina. "Voice Assistant Anyone? Yes please, but not in public!(음성 비서를 사용하는 사람? 네, 사용하세요. 하지만 공공장소에서는 하지 마세요!)" Creative Strategies. Last updated June 16, 2020. Accessed June 26, 2019. https://creativestrategies.com/voice-assistant-anyone-yes-please-but-not-in-public/

요점 | 신뢰(trust)와 같은 AI-UX 원칙을 지키지 않으면 사용자로 하여금 유사 제품을 사용해보려는 시도를 막을 만큼 그 영향은 강력할 수 있다. 애플 시리로 인한 침체기가 바로 도메인에 특화된 AI 침체기 사례다.

시리에 대한 이런 부정적인 감정은 시리와 유사한 것으로 인식되는 다른 가상 비서들에도 확대됐다. 다른 가상 비서들이 나왔을 때, 일부 사용자는 이미 가상 비서에 대한 이전 경험을 동일한 범주로 일반화하고 자신의 결론에 도달했다. 이로 인한 즉각적인 영향은 채택 가능성 자체를 줄이는 것이었다. 예를 들어 윈도우 PC 사용자의 22%만 코타나를 사용했다.[32]

궁극적으로, 코타나는 이번 AI 침체기로 시리보다 더 큰 타격을 입었을 가능성이 높다. 시리는 극복할 수 있었고 여전히 존재한다. 반면 코타나는 결국 더 좁은 범주의 서비스로 용도가 변경됐다. 2019년 마이크로소프트는 앞으로 코타나를 다양한 가상 비서, 운영 체제의 사용자가 마이크로소프트 365 생산성 제품군 구독자를 위한 정보에 액세스할 수 있는 '스킬[skill]' 또는 '앱[app]'으로 만들 계획이라고 발표했다.[33] 이는 코타나는 더 이상 시리와 동일하지 않음을 의미한다.

코타나는 시리와 달리 출시 당시, 특히 생산성 기능에 있어 매우 유능한 가상 비서였다. 특히 코타나의 '노트북' 기능은 인간 개인 비서들이 고객 특성을 적어 놓는 노트를 모델로 만든 것으로, 누구도 필적할 수 없는 수준의 개인화를 제공했다.[34] 코타나의 노트북은 사용자가 수집한 데이터의 일부를 삭제할 수 있는 기

---

32 Bacchus, Arif. "In the age of Alexa and Siri, Cortana's halo has gone dim(알렉사와 시리의 시대, 코타나의 후광이 어두워졌다." Digital Trends. Last updated February 16, 2019. Accessed June 16, 2020. www.digitaltrends.com/computing/cortana-is-dead/

33 Warren, Tom. "Microsoft No Longer Sees Cortana as an Alexa or Google Assistant Competitor.(마이크로소프트는 더 이상 코타나를 알렉사, 구글 어시스턴트의 경쟁자로 보지 않는다.)" The Verge. January 18, 2019. Accessed June 16, 2020. www.theverge.com/2019/1/18/18187992/microsoft-cortana-satya-nadella-alexa-google-assistantcompetitor

34 Beres, Damon. "Microsoft's Cortana Is Like Siri With A Human Personality.(마이크로소프트의 코타나는 인간의 특징을 지닌 시리다.)" HuffPost. June 29, 2015. Accessed June 16, 2020. www.huffpost.com/entry/microsofts-cortana-is-like-siri-with-a-human-personality_n_55b7be94e4b0a13f9d1a685a

능을 제공했다. 이 개인 정보 보호 기능은 다른 비서들이 제공하는 기능들을 능가하는 것이었다.[35]

하지만 이렇게 매우 다른 기능을 넣었음에도 코타나는 사용자의 관심을 쉽게 끌지 못했다. 많은 사람은 시리가 음성 비서를 대표한다고 생각해온 틀을 깨지 못했다.

또한 시리에겐 상호작용 방식도 문제가 됐다. 본인의 폰에 대고 이야기하는 방식은 사회적으로 받아들여지지 않았다. 2016년 크리에이티브 스트레터지Creative Strategies의 업계 조사에 따르면, 많은 사람은 시리를 정기적으로 사용하지 않는 주요 이유로 공공 장소에서 스마트폰과 대화하는 '부끄러움'을 꼽았다.[36] 음성 비서를 사용하기 가장 어려운 장소로 꼽힌 공공 장소는 스마트폰을 가장 일반적으로 사용하는 장소이기도 하다. 노트북 컴퓨터를 일반적으로 많이 사용하는 장소인 직장, 도서관, 강의실도 마찬가지다. 하지만 (매우 비과학적이지만) 최근 관찰한 바에 따르면 점점 더 많은 사람이 휴대폰에서 음성 인식 서비스를 사용하고 있다.

알렉사의 출현

로버트: 시리의 초기 MVPMinimum Viable Product, 최소 기능 제품 경험에서 비롯된 영향을 선뜻 떠올리지 못하는 이유는 이번 AI 침체기가 수십 년이 아닌 고작 2년 동안만 지속됐기 때문일 것입니다. 가상 비서는 아마존Amazon 알렉사Alexa의 등장으로 부활했습니다.

개빈: 하지만 대중이 다른 음성 비서를 시도하는 데 얼마나 걸렸는지 보세요. 알렉사는

35 Hachman, Mark. "Microsoft's Cortana guards user privacy with 'Notebook'.(마이크로소프트의 코타나는 '노트북'을 통해 사용자의 개인 정보를 보호한다.)" PC World. Last updated February 21, 2014. Accessed June 16, 2020. www.pcworld.com/article/2099943/microsofts-cortana-digital-assistant-guards-user-privacy-withnotebook.html

36 Reisinger, Don. "You're embarrassed to use Siri in public, aren't you?(당신은 공개적으로 시리를 사용하는 것이 부끄럽죠?)" Fortune. Last updated June 6, 2016. Access

완전히 새로운 폼팩터[37]를 갖고 있어서 가능했습니다. 마치 부엌 조리대에 검은 색 오벨리스크처럼 놓여 있었거든요. 이 제품은 사용 환경을 바꿨고, 제품이 배치된 곳에 알렉사를 호출할 수 있는 시각적 신호가 제공됐습니다.

로버트: 또한 아마존은 시리보다 더 많은 기능을 갖춘 알렉사를 출시할 수 있었는데요. 아마존이 아마존 파이어 폰^{Amazon Fire Phone}의 실패 경험에서 배우기로 결심했기 때문에 가능한 일이었습니다. 파이어폰에도 음성 비서 기능이 있었는데, 아마존의 제프 베조스^{Jeff Bezos}는 알렉사의 음성 비서를 MVP 버전으로 만들길 원치 않았어요. 그는 더 넓게 생각했습니다.

개빈: 제프 베조스는 하룻밤 사이에, '스타트렉에 있을 법한' 음성 명령에 응답하는 클라우드 기반 컴퓨터 구축을 위해 5천만 달러 상당의 투자와 200명의 인원 투입을 승인했습니다.[38]

요점	알렉사가 음성 비서로 등장하면서 유사 제품으로는 불가능했던 AI 침체기를 벗어났지만, 사용자가 이 서비스를 사용하게 만들기 위해선 완전히 다른 폼팩터가 필요했다. 그리고 제프 베조스는 사용자가 시도했을 때 사용자에게 MVP 버전이 아니라 훨씬 더 큰 경험을 제공하기로 결정했다.

'릭'과 UX의 기원

컴퓨팅 기술이 개발된 초반에, 컴퓨터는 더 빠른 계산을 통해 인간의 능력을 확장하는 수단으로 여겨졌다. 실제로 1930년대까지 '컴퓨터'는 계산 일을 하는 인

---

37   form factor, 제품의 물리적 외형 – 옮긴이

38   Bariso, Justin (2019). "Jeff Bezos Gave an Amazon Employee Extraordinary Advice After His Epic Fail. It's a Lesson in Emotional Intelligence. The story of how Amazon turned a spectacular failure into something brilliant.(제프 베조스는 그의 서사가 실패로 끝난 후 아마존 직원에게 특별한 조언을 했다. 감성 지능에 관한 교훈이었다. 이 이야기는 아마존이 어떻게 굉장한 실패를 찬란한 것으로 바꿨는지에 대한 이야기다.)" Inc. December 9, 2019. Accessed June 16, 2020. www.inc.com/justin-bariso/jeff-bezos-gave-an-amazon-employee-extraordinaryadvice-after-his-epic-fail-its-a-lesson-in-emotional-intelligence. html

간을 지칭하는 이름이었다.[39] 그러나 컴퓨터와 컴퓨팅을 전혀 다르게 본 사람들이 있었다. 컴퓨팅이 어떻게 진화할지 예견한 사람은 '릭Lick'이라고도 알려진 J.C.R. 리클라이더J.C.R. Licklider였다. 릭은 컴퓨터 과학자로 시작하지 않았다. 그는 실험 심리학자였고, 더 정확하게 말하면 소리의 지각을 연구하는 심리학자이자 학계의 높은 평가를 받는 심리 음향학자였다. 릭은 MIT 링컨 연구소Lincoln Labs에서 근무했으며, 1950년대에 공학 계열의 학생들에게 심리학을 소개하는 프로그램을 시작했다. 그는 미래의 HCIHuman-Computer Interaction 대학 프로그램의 선구자였다.

> **정의** | 인간-컴퓨터 상호작용은 사람들이 컴퓨터와 상호작용하는 방식을 이해하고, 심리적 원리를 컴퓨터 시스템 설계에 적용하는 연구를 하는 분야다.[40]

릭은 디지털 컴퓨터가 인간과 함께 사용돼 서로의 능력을 강화하고 확장할 수 있다는 강한 믿음을 갖고 있었고, 이 믿음으로 심리 음향학 분야에서 컴퓨터 과학으로 전환해 MIT 인간 공학 그룹human factors group의 수장이 됐다.[41] 릭의 가장 잘 알려진 논문, 「사람-컴퓨터 간 공생Man-Computer Symbiosis'」[42]에서 릭은 질문에 대답하고 시뮬레이션을 수행하며 결과를 그래픽 형태로 표시하는, 과거 경험에서 얻은 새로운 상황에 대한 솔루션을 추정하는 컴퓨터 비서computer assistant에 대해 설명했다.[43] (개념이 AI와 비슷하게 들린다. 그렇지 않은가?) 그는 또한 1963년에 현

39　Montecino, Virginia. "History of Computing(컴퓨팅의 역사)." George Mason University. Last updated November 2010. Accessed June 16, 2020. https://mason.gmu.edu/~montecin/computer-hist-web.html

40　Carroll, John M. & Kjeldskov, J. (2013). "The encyclopedia of human-computer interaction(인간-컴퓨터 상호작용 백과사전). 2nd Edition." Interaction Design Foundation. https://www.interaction-design.org/literature/book/the-encyclopedia-of-human-computer-interaction-2nd-ed/human-computer-interaction-brief-intro. Accessed August 26, 2019.

41　Hafner, Katie and Lyon, Matthew. Where Wizards Stay Up Late: The Origins of the Internet(마법사들이 늦게까지 머무르는 곳: 인터넷의 기원), 10-13, 28-47. New York: Simon & Schuster (1996).

42　Licklider, J. C. R., "Man-Computer Symbiosis(사람-컴퓨터 간 공생)," IRE Transactions on Human Factors in Electronics, vol. HFE-1, 4-11, March 1960.

43　"Joseph Licklider(조셉 릭라이더)." https://history-computer.com/Internet/Birth/Licklider.html. Retrieved July 10 million 30, 2019.

현대의 인터넷을 예고하는 아이디어인 '은하계 사이의 컴퓨터 네트워크'를 구상했다.[44]

결국 릭은 전문성을 인정받아 미국 방위고등연구계획국[ARPA, Defense Advanced Research Projects Agency]의 정보처리기술부[IPTO, Information Processing Techniques Office]의 책임자가 됐다. 그곳에서 릭은 컴퓨터 공학 분야의 새로운 커리어를 완전히 아우르게 된다. 그는 '사람-컴퓨터 간 공생' 논문에서 언급한 비전을 시작하기 위해 천만 달러 이상의 예산을 받았다. HCI와 AI가 얽혀 있는 분야에서, 릭은 처음에 AI와 인터넷 개척자인 마빈 민스키[Marvin Minsky], 더글러스 엥겔바트[Douglas Engelbart], 앨런 뉴얼[Allen Newell], 허버트 사이먼[Herb Simon], 존 매카시[John McCarthy]의 작업에 자금을 지원한 사람이었다.[45] 그는 이 펀딩 지원으로 오늘날의 수많은 컴퓨팅 관련 개념(마우스, 하이퍼 텍스트, 시간 공유 컴퓨터, 윈도우, 태블릿 등)을 탄생시켰다. 실험 심리학자에서 컴퓨터 과학자가 된 릭이 "인터넷계의 조니 애플시드[Johnny Appleseed]"로 알려질 것이라고 누가 예측할 수 있었을까?[46]

AI와 인간은 상호 보완적이다

개빈: 로버트, 당신은 릭의 열렬한 팬이죠.

로버트: 그럴 만한 이유가 있어요. 릭은 최초로 심리학의 원리들을 컴퓨터 과학에 융합시킨 사람이거든요. 그의 작업은 컴퓨터 과학, AI, UX의 토대가 됐고요. 릭은 사람들 간의 효율적인 협업을 위해 컴퓨터를 활용할 수 있고, 또 활용해야 한다는 UX에 필수적인 아

44 Licklider, J. C. R. (23 April 1963). "Topics for Discussion at the Forthcoming Meeting, Memorandum For: Members and Affiliates of the Intergalactic Computer Network.(차기 회의에서 논의할 주제, 은하계 간 컴퓨터 네트워크의 회원들과 협력사를 위한 제안서)" Washington, D.C.: Advanced Research Projects Agency, via KurzweilAI.net. Retrieved August 18, 2019.

45 "Joseph Licklider(조셉 릭라이더)." History-Computer, https://history-computer.com/Internet/Birth/Licklider.html. Accessed July 30, 2019.

46 Waldrop, M. Mitchell (2001). The Dream Machine: J. C. R. Licklider and the Revolution That Made Computing Personal(꿈의 기계: J.C.R. 리클라이더와 개인 컴퓨팅을 위한 혁명). New York: Viking Penguin. p.470

이디어를 제시했어요.

개빈: 여러분들도 기술에서 그 사실을 확실히 확인할 수 있을 겁니다. 컴퓨터는 커뮤니케이션과 협업이 이뤄지는 주된 공간이 됐고, 저는 지구 반대편에 있는 사람과 디지털 미팅을 하고 프로젝트에서 공동 작업을 할 수도 있게 됐으니까요. 우리에게는 당연해 보이지만 릭이 살던 시대는 말할 것도 없고, 불과 20년 전 세상과 비교할 수 없을 만큼 엄청난 차이입니다.

로버트: 우리는 이제 컴퓨터가 단순한 계산기가 아니라 사람들 사이의 주요 커뮤니케이션 매체인 세상에 있습니다. 그 비전은 커뮤니케이션을 용이하게 하는 디지털 기술의 잠재력을 본 릭과 릭 같은 사람들에게서 나왔습니다.

> **요점**   릭은 오늘날 AI가 지향하는, AI와 인간이 상호 보완적인 토대를 형성했다.

J.C.R. 리클라이더의 유산은 다른 사람들, 특히 로버트 테일러^{Robert Taylor}에게 이어졌다. 테일러는 인간-컴퓨터 간 공생에 대한 릭의 아이디어에 크게 영향을 받았으며, 심리학자에서 심리음향 학자, 컴퓨터 과학자에 이르기까지 릭과 유사한 DNA를 갖고 있었다. 릭과 테일러는 릭이 ARPA에서 IPTO를 운영하던 1962년경에 만났다. 그들은 1968년 「통신 기기로서의 컴퓨터^{The Computer as a Communication Device}」라는 논문을 공동 집필했으며[47], 컴퓨터를 사용해 인간의 커뮤니케이션을 향상시키는 공동의 비전을 설명했다.[48] 그들의 논문은 다음 문장으로 시작한다.

지금은 상당히 놀라운 주장일 수도 있지만 몇 년 안에, 사람들은 직접 대면하는 것보다 기계를 통해 더 효과적으로 소통할 수 있게 될 것이다.

---

47   J. C. R. Licklider; Robert Taylor (April 1968). "The Computer as a Communication Device(커뮤니케이션 기기로서의 컴퓨터)." Science and Technology

48   "Robert Taylor(로버트 테일러)." Internet Hall of Fame. Accessed July 9, 2019. www.internethalloffame.org/inductees/robert-taylor

릭과 테일러는 1968년에 당시에는 매우 이상해 보였을 미래 세상을 그렸다. 그들은 화상통화, 이메일, 문자 메시지, 소셜 미디어로 가득 찬 오늘날의 세상으로 빨리 감기를 했다. 이는 1960년대에 사람들이 컴퓨팅에 대해 어떻게 다르게 생각했는지, 당시 릭과 테일러가 얼마나 미래 지향적이었는지 보여준다. 이 논문은 인터넷과 오늘날 커뮤니케이션 방식에 대한 명확한 비전을 제시했다.

테일러는 결국 IPTO 책임자가 돼 릭의 뒤를 이었다. 그곳에서 그는 사용자가 원격으로 멀리 있는 컴퓨터에 저장된 정보에 액세스할 수 있는 네트워킹 서비스를 개발하기 시작했다.[49] 하지만 그는 진행하면서 그가 자금을 지원한 그룹들이 각각 고립된 커뮤니티로 서로 통신할 수 없다는 문제를 발견했다. 이러한 커뮤니티를 서로 연결시키려는 그의 비전은 아파넷[50]을 만들어냈고, 궁극적으로는 인터넷을 탄생시켰다.

테일러는 IPTO에서 근무한 후 결국 제록스 파크^{Xerox PARC}(팔로알토 연구소^{Palo Alto Research Center})로 향했고, 세상을 변화시키기 위해 새롭게 개발중인 컴퓨팅 기술 분야의 선구적인 실험실인 컴퓨터 과학 연구소^{Computer Science Lab}을 이끌었다. 이 장의 후반부에서는 제록스 파크에 대해 설명할 것이다. 먼저 AI의 세계로 돌아가 이 기간 동안 무슨 일이 있었는지 살펴보자.

전문가 시스템과 두 번째 AI 침체기

기계 번역에 부정적인 평가를 한 ALPAC 보고서로 인해 첫 번째 AI 침체기가 시작된 이후, 과학자들은 결국 새로운 AI 컨셉에 대한 연구를 채택하고 제안했다. 새로운 컨셉은 1970년대 후반과 1980년대에 나타난 전문가 시스템^{expert system}으로, 이 시스템은 규칙 기반의 시스템을 사용해 문제를 체계적으로 해결하는 또 다른 AI 유형이었다.[51]

---

49   Hafner, Lyon, Where Wizards Stay Up Late(마법사들이 늦게까지 머무는 곳)

50   ARPANET, 미국 국방부 고등 연구 계획국 주도로 만들어진 세계 최초 패킷 스위칭 네트워크 - 옮긴이

51   Bostrom, Superintelligence(초지능), p.9

초기 AI 개척자 중 한 명인 에드워드 파이겐바움$^{Edward\ Feigenbaum}$에 따르면, 첫 번째 AI 침체기 이후 전문가 시스템은 수학과 통계 분야 그리고 정성적인 분야에도 컴퓨터 과학의 긍정적인 영향을 끼쳤다.[52] 1980년대에는 전문가 시스템이 기업 환경에 널리 사용되면서 인기가 급증했다. 전문가 시스템은 비즈니스 응용 프로그램에 사용됐고 전자 건강 기록 시스템$^{EHR,\ electronic\ health\ record\ system}$에 임상 의사결정 개념으로 등장했던 것이다.[53] 하지만 AI의 침체기가 시작되면서, 1980년대 후반과 1990년대 초반에는 그 인기가 급격히 떨어졌다.[54]

파이겐바움은 전문가 시스템의 두 가지 구성 요소를 설명했다. 첫 번째는 특정 분야의 전문가 수준의 형식적 지식$^{formal\ knowledge}$와 비형식적 지식$^{informal\ knowledge}$을 포함하는 if-then 규칙 세트인 '지식 기반$^{knowledge\ base}$'이고, 두 번째는 특정 상황에 적용하기 위해 지식 기반의 정보에 가중치를 부여하는 시스템인 '추론 엔진$^{inference\ engine}$'이다.[55] 많은 전문가 시스템이 머신러닝$^{machine\ learning,\ 기계\ 학습}$의 이점을 누리고 있으며, 이는 프로그래머의 입력 없이 규칙을 조정할 수 있음을 의미한다. 하지만 이렇게 새로운 환경에 적응할 수 있는 전문가 시스템조차도 대개 최소한 출발점으로 입력된 지식에 의존한다.

이 프로그래밍된 규칙에 대한 의존성은 전문가 시스템이 매우 구체적인 조사 분야에 적용될 때 문제를 야기한다. 1980년 파이겐바움은 컴퓨터에 전문 지식

---

52 Feigenbaum, Edward A. "Knowledge Engineering: The Applied Side of Artificial Intelligence(지식 공학: 인공지능의 적용 측면)." No. STAN-CS-80-812. Stanford Heuristics Programming Project, 1980. Accessed May 20, 2019.

Feigenbaum. "Knowledge Engineering(지식 공학)." 9.0.

53 How Can Artificial Intelligence (AI) Improve Clinician EHR Use?(인공지능(AI)는 EHR 임상 사용을 어떻게 개선할 수 있을까?) Jason, Christopher. December 2, 2019. https://ehrintelligence.com/news/how-can-artificialintelligence-ai-improve-clinician-ehr-use. Accessed May 22, 2020).

54 Bostrom, Superintelligence(초지능), p.9

55 Feigenbaum. "Knowledge Engineering(지식 공학)." 1.2.

을 프로그래밍하는 데 어려움을 겪었던 '지식 습득knowledge acquisition'의 '병목 현상bottleneck'을 인용하면서 이러한 문제[56]를 설명했다. 머신러닝은 전문 지식 텍스트를 지식 기반으로 직접 번역할 수가 없었고, 많은 분야의 전문가들은 전문가 시스템을 직접 프로그래밍하는 데 필요한 컴퓨터 과학 지식이 없었기 때문에, 프로그래머는 전문가와 AI 사이의 중재자 역할을 했다. 프로그래머가 전문 지식을 잘못 해석하거나 잘못 전달하면 결과적으로 잘못된 정보가 전문 시스템의 일부가 됐다. 이는 특히 전문가의 지식이 한 분야 내에서 광범위한 경험과 관련이 있어서 모든 지식이 언급되지 못하는 경우 더욱 문제가 됐다. 전문가가 이 언급되지 않은 지식을 제대로 표현하지 못한다면, 전문가 시스템에 프로그래밍하기 어려울 것이다. 실제로, 심리학자들은 전문가 시스템의 개발을 지원하기 위해, 전문가들로부터 '지식 유도knowledge elicitation' 문제를 해결하기 위해 노력했다.[57] 사람들(특히 전문가들)이 자신이 알고 있는 것에 대해 이야기하고 그 지식을 기계에 적합한 규칙 기반 형식으로 표현하려는 시도는 별로 좋지 않은 방법으로 판명됐다.

전문가 시스템 아키텍처의 이러한 한계는 결국 시스템을 쇠퇴시키는 원인이 됐다. 전문가 시스템의 실패는 수년간 AI 개발을 전반적으로 정체시켰다.

전문가 시스템이 1980년대에 중단된 이유를 정확히 말하긴 어렵다. 제한된 형태의 AI임에도 비합리적으로 높은 기대가 시스템의 중단에 확실히 역할을 했을 것이다. 그리고 이 전문가 시스템의 감지된 실패는 AI의 다른 영역들에 부정적인 영향을 미칠 것이다.

---

56   Feigenbaum, "Knowledge Engineering(지식 공학)," 10.4.

57   Hoffman, RR (Ed.). (1992). The psychology of expertise: Cognitive research and empirical AI(전문 지식의 심리학: 인지 연구와 경험적 AI). New York, NY, US: Springer-Verlag Publishing.

개빈: '규칙 기반rule-based' 시스템을 구축하는 데 무엇이 필요했을 지 생각해보세요. '뇌 brain'를 프로그래밍하는 컴퓨터 과학자가 필요했습니다. 그리고 도메인 지식을 기본적으로 데이터로 시스템에 포함시키려면 '정보information'를 입력해야 했습니다.

로버트: 목표가 기계 번역이었을 때 요소는 단어와 문장이었지요. 그러나 자율 로봇 autonomous robotics 같은 전문 시스템을 구축할 땐 자동화된 조립 라인에서 수행되는 것 같은 물리적 차원의 노력이 더 요구됩니다.

개빈: 엄청난 양의 지식은 복잡한 세상을 만듭니다. 프로그래머가 코딩하는 복잡한 세상 말이죠. 어떤 사람들은 지식을 얻고 트레이닝용 데이터 세트를 만들기 위해 노력하고, 또 어떤 사람들은 컴퓨터 비전을 연구했습니다. 또 다른 사람들은 물리적 동작을 완료할 수 있는 기계적 자유도를 가능하게 하는 로봇 기능을 연구했지요. 기계가 스스로 학습할 필요가 있었기 때문에, 인공지능에 대한 현재의 정의도 필요했습니다. 할 일이 너무 많았습니다.

로버트: AI의 침체기가 왔다가 사라졌습니다. 하지만 침체기가 암흑기는 아니었어요. 과학은 발전했습니다. 기술이 발전하면서 도전의 규모도 더욱 커졌습니다. 연구 주제의 이름을 변경하든 연구 초점을 변경하든, 많은 사람이 AI 실패를 통해 우리를 오늘날의 위치로 이끌었습니다.

> **요점** | AI 침체기가 펀딩 지원을 막았지만, AI의 도전은 기술과 과학을 발전시키고자 하는 위대한 사람들의 주목을 이끌어냈다.

물론, 실패는 스스로 일어나 먼지를 털어내고 계속 나아갈 때, 앞으로 나아갈 교훈을 제공한다. 실패는 다음번 도전에 더 잘 대비하는 데 도움이 된다. 우리는 AI가 지금 그러한 교차로에 있으며, 전문가 시스템의 AI 침체기로 이어진 실패에서 얻은 교훈이 현재의 문제를 극복하는 데 도움이 될 수 있다고 생각한다. 파이겐바움과 다른 전문가 시스템 지지자들과 동시대를 함께 했던 AI 학자 로저 생크[Roger Schank][58]는 1991년 전문가 시스템의 단점에 대해 의견을 이야기했다. 특히 생크는 벤처 투자가들의 격려를 받은 전문가 시스템이 추론 엔진에 지나치게 중점을 두고 수행됐다고 믿었다.[59]

생크는 벤처 투자가들이 돈이 된다는 조짐을 보고 자신들만의 일종의 전문가 시스템인 추론 기계 '셸[shell]' 개발을 장려했다고 설명한다. 그들은 일반적으로 통용되는 엔진을 특정 전문 지식으로 프로그래밍할 계획이 있는, 다양한 유형의 회사들에 판매할 수 있다. 이 접근 방식의 문제점은 추론 엔진이 전문가 시스템에서 실제로는 많은 작업을 수행하지 않는다는 점이다.[60] 그는 지식 기반으로 이미 제안된 값들 중에서 출력할 값을 선택하는 게 전부라고 말한다. 기계 번역과 마찬가지로 추론 엔진은 실제 기능에 맞지 않는 과대 광고를 하게 됐다.

이 추론 기계 '셸'은 프로그래머들의 학습 과정에서 발견되는 지능을 잃었다. 프로그래머들은 특정 분야의 전문 지식에 대해 지속적으로 배우고 지식 기반에 그 지식을 추가했다.[61] 작업을 해야 할 특정 영역이 없으면 전문 지식도 없는 것이기 때문에, 생크는 벤처 투자가들이 만들려고 했던 셸이 전혀 AI가 아니라고 주장한다. 즉 AI는 규칙의 엔진이 아니라 지식 기반 안에서 존재해야 한다는 것이다.

요점	실패는 치명적일 수 있지만 귀중한 교훈을 줄 수 있다.

---

58 Schank, Roger C. "Where's the AI?(AI는 어디에 있는가?)" AI Magazine 12/4 (1991): 38–49. Accessed May 21,2019. www.aaai.org/ojs/index.php/aimagazine/article/view/917/835

59 Schank, 40

60 Schank, 45

61 Schank, 45

제록스 파크, 인간 중심의 인사이트 신뢰하기

제록스^{Xerox}의 팔로알토 연구소$^{PARC, Palo Alto Research Center}$ 역사를 살펴보면 복사기로 유명한 회사가 역대 최고의 혁신을 이뤄냈다는 사실에 놀라게 된다. 20세기 말경의 수십 년간 제록스 파크$^{Xerox PARC}$는 세계 최고의 연구 시설이었다. 제록스 파크가 중요한 역할을 한 주요 혁신 사례로는 개인용 컴퓨터$^{personal computer}$, 그래픽 사용자 인터페이스$^{GUI, Graphical User Interface}$, 레이저 프린터, 컴퓨터 마우스, 객체 지향 프로그래밍$^{object-oriented programming, Smalltalk}$, 이더넷^{Ethernet}이 있다.[62] 특히 GUI와 마우스는 대부분의 사람들이 컴퓨팅을 훨씬 쉽게 이해할 수 있도록 해 복잡한 명령어들을 배우지 않고도 컴퓨터의 기능을 사용할 수 있게 됐다. 초기 시스템의 디자인은 컴퓨터가(소프트웨어와 하드웨어 모든 측면에서) 디자인되는 방식에 심리학적인 원리를 적용해서 더 쉽게 만들어졌다.

기술의 가장 위대한 업적에는 심리학적 뿌리가 있었다

로버트: 제록스 파크의 컴퓨터 과학 부문 책임자인 밥 테일러는 ARPA 네트워크, 더글러스 엥겔바트의 증강 연구 센터$^{Augmentation Research Center}$ 같은 근처의 기관들에서 뛰어난 인재들을 모집했습니다. 이 과학자들은 컴퓨터 마우스, 윈도우 기반 인터페이스, 네트워킹의 개념을 소개했지요.

개빈: 제록스 파크는 전 세계의 뛰어난 인재들을 매료시킨 COE$^{Center of Excellence, 우수성 센터}$가 있는 곳이었습니다. 이 COE는 오늘날 비즈니스 전략으로 사용되는 COE와는 달랐습니다. 그 대신, 제록스 파크는 코펜하겐에 있는 닐스 보어 연구소$^{Niels Bohr's institute}$가 1920년대 양자 물리학의 세계 센터였을 때의 위상 또는 전후 시대의 그리니치 빌리지$^{Greenwich Village}$가 추상 표현주의에서 영감을 받은 예술가들을 매료시킨 방식 또는 모타운 레코드$^{Motown Records}$가 소울 음악에 가장 창의적인 작가와 음악가를 매료시킨 방식으

---

62   Dennis, "Xerox PARC(제록스 파크)"

로 인식됐습니다.[63] 활기 넘치는 이미지였어요!

로버트: 제록스 파크는 진정한 지식 연구소였습니다. 재능과 혁신적이면서 새로운 아이디어의 놀라운 조합을 만들어냈지요. 하지만 그럼에도 이런 기관은 지속되지 못하고 일시적일 수 있습니다. 1980년대에는 제록스 파크 과학자들이 각 분야로 퍼져 나갔습니다. 오늘날 존재하는 기술의 대부분은 제록스 파크에 모인 인재들과 각 분야로의 궁극적인 분산을 통해 연구에서 상업화로 발전할 수 있었어요.

요점	제록스 파크는 인간-컴퓨터 상호작용을 심리학에 뿌리를 두고 발전시킨 곳이다.

구글의 전 회장이자 나중에 알파벳Alphabet의 회장이 된 에릭 슈미트Eric Schmidt는 "로버트 테일러는 오늘날 사무실과 가정에서 사용하는 거의 모든 것을 하나의 형태 또는 다른 형태로 발명했습니다."라고 (약간은 과장해서) 말했다. 테일러는 이런 형태가 제안되는 동안 제록스 파크를 이끌었다. 테일러에게 협업은 제품 성공에 매우 중요한 요소였다. 테일러와 제록스 파크의 팀원들은 그룹의 창의력을 기반으로 인사이트를 얻었으며, 테일러는 제록스 파크에서 종종 팀 작업의 그룹 구성 요소를 강조하곤 했다.[64]

릭과 테일러가 기초에 많은 노력을 쏟는 동안, 과학자 그룹은 컴퓨터와 상호작용하는 인간에게 적용된 심리학 원칙들이 있음을 인식하면서 그 기초를 세웠다. '사용자 중심' 프레임워크가 스탠포드Stanford와 제록스 파크에 등장하기 시작했다. 이 프레임워크는 결국 스튜어트 카드Stuart Card, 토마스 모란Thomas Moran, 앨

63　Kim-Pang, Alex Soojung (2000). "The Xerox PARC visit(제록스 파크 방문)." Making the Macintosh: Technology and Culture in Silicon Valley(매킨토시 만들기: 실리콘밸리의 기술과 문화). Created: July 14, 2000. Accessed August 28, 2019. https://web.stanford.edu/dept/SUL/sites/mac/parc.html.

64　Berlin, Leslie. "You've Never Heard of Tech Legend Bob Taylor, but he Invented Almost Everything(당신은 기술의 전설 밥(로버트) 테일러에 대해 들어 본 적이 없을 것이다. 하지만 그는 거의 모든 것을 발명했다.)." Wired. Last updated April 21, 2017. Accessed June 7, 2019. www.wired.com/2017/04/youve-never-heard-tech-legend-bob-taylor-invented-almosteverything/.〉

런 뉴얼^{Allen Newell}의 1983년 책 『인간-컴퓨터 상호작용의 심리학^{The Psychology of Human-Computer Interaction}』[65]에 명시됐다. 이 책은 (인터넷은 말할 것도 없고) 개인용 컴퓨팅이 널리 보급된 시기보다 앞서 출간됐지만, 컴퓨터 시스템과 상호작용하는 맥락에서 인간의 행동을 단호하고 엄격하게 설명하고 있다.

대화 상대로서의 컴퓨터를 제시하는 핵심 개념은 현재에도 유효하고, 릭의 1960년 당시의 비전을 다시금 설명한다.

> *사용자^{user}는 운영자^{operator}가 아니다. 사용자는 컴퓨터를 조작하지 않으며, 과업을 수행하기 위해 커뮤니케이션한다. 우리는 인간 행동의 새로운 영역을 만들고 있다. 기계 작동보다는 기계와의 커뮤니케이션을 한다.*
> *(기계와의 커뮤니케이션 강조)*[66]

인간-컴퓨터 상호작용의 심리학은 컴퓨터 소프트웨어와 하드웨어의 디자인 단계에서 심리학적 원리를 사용해 사용자의 기술, 지식, 능력, 편견과 더 잘 부합할 수 있어야 한다고 주장했다.[67] 컴퓨터는 궁극적으로 인간이 사용할 수 있는 도구이고, 사용자가 효과적으로 작업할 수 있도록 설계돼야 한다. 요컨대 근본적인 아이디어는 사람들이 어떻게 연결돼 있는지 이해하고 사용자에게 더 잘 맞춰질 수 있도록 기계(예: 컴퓨터)를 조정해야 한다는 것이다. 이 아이디어는 카드, 모란, 뉴얼로부터 비롯됐다.

앨런 뉴얼은 현존하는 가장 초기의 AI 시스템에 손을 댔다. 그는 컴퓨터를 인간의 문제 해결 과정의 디지털 표현으로 봤다.[68] 뉴얼의 주된 관심은 인간 마음의 구조를 결정하는 것이었고 그는 마음의 구조가 컴퓨터 시스템에 의해 가장 잘 모델링된다고 생각했다. 뉴얼은 복잡한 하드웨어와 소프트웨어 아키텍처로 컴퓨터

65   Card, Stuart K., Moran, Thomas P., and Newell, Allen. The Psychology of Human-Computer Interaction(인간-컴퓨터 상호작용의 심리학) vii-xi, 1-19. Hillsdale, NJ: Lawrence Erlbaum Associates(1983).

66   Card et al. Psychology, 7.

67   Card et al. Psychology, 11-12.

68   Piccinini, Gualtiero. "Allan Newell." University of Missouri-St. Louis. www.umsl.edu/~piccininig/Newell%205.htm. Accessed June 25, 2019.

를 구축해서, 인간 두뇌의 기능에 대한 포괄적인 이론을 만들려고 했다.

컴퓨터 과학에 대한 뉴얼의 공헌은 인간 인지 모델링을 연구하려는 그의 목표에 따른 부산물이었다. 그럼에도 불구하고 그는 AI의 가장 중요한 선구자 중 한 명이며, 그의 연구는 심리학적 원리에 기반을 두고 발전했다.

심리학과 컴퓨팅은 함께 가야 한다

로버트: 마음과 뇌를 모델링하려는 심리학자들과 컴퓨터가 생각하게 만들려는 컴퓨터 과학자들 사이에 중요한 대화가 있습니다.

개빈: 때로는 같은 사람들이 두 가지를 모두 하고 있는 듯 보이기도 합니다.

로버트: 맞습니다. 컴퓨터 과학자와 인지심리학자의 경계가 모호했습니다. 뉴얼 같은 사람들은 컴퓨터의 복잡한 구조를 뇌의 인지 구조를 이해하는 방법으로 보았습니다.

개빈: 이건 함께 어울려 추는 춤과 같습니다. 한편에는 뇌를 모방하기 위해 복잡한 프로그램과 하드웨어 시스템을 구축하는 컴퓨터 과학자들이 있고, 다른 한편에는 인간을 시스템에 통합하는 방법을 논의하려는 심리학자들이 있습니다. 간단한 예로 글자들이 화면에 녹색으로 비춰지는 오래된 '녹색 화면'의 CRT^{Cathode-Ray Tube, 브라운관 또는 음극선관} 모니터를 이야기해보겠습니다. 하나의 일화를 소개하자면, 하드웨어 기술자들은 심리학 연구자 때문에 머리카락을 쥐어뜯었다고 합니다. 왜냐하면 심리학 연구자들이 흰색 배경의 화면에 검은색 글자가 적혀 있는 경우 인간의 능력 관점에서 볼 때 모두 대문자로 표현하기 보다는 대소문자가 혼합된 서체가 더 낫다고 주장했기 때문입니다. 인간의 편의를 위해 필요한 하드웨어 기술은 CRT와는 크게 다르기 때문에 이는 논쟁을 불러왔습니다. 이 이야기를 통해서 한 방에서 컴퓨터 과학자와 심리학자가 어떻게 이 분야를 발전시켰는지 상상할 수 있지요.

로버트: 이런 어우러짐은 분야의 기반이 됐습니다. 컴퓨터와 두뇌는 같은 방식으로 작동하지 않지만, 앨런 뉴얼 같은 사람들은 양쪽 모두에서 인사이트를 얻으며 작업했습니다. 특히 컴퓨팅 측면에서는, 컴퓨터를 근본적으로 뇌와 같은 개념으로 개념화하면 많은 이점을 얻을 수 있었습니다.

개빈: 심리학과 컴퓨터 과학은 함께 밀접하게 연관돼 작동할 수 있습니다.

로버트: 이상적으로는 그럴 겁니다. 하지만 항상 그렇지는 않습니다. 예를 들어 오늘날 대부분의 기업은 자연어 처리를 수행하기 위해 컴퓨터 과학자를 고용하고 언어학자나 언어 심리학자들은 고용하려 하지 않습니다. 언어는 수학 문제 그 이상인데 말이죠.

요점	심리학과 컴퓨팅은 함께 가야 한다. 과거에는 심리학 배경을 가진 컴퓨터 과학자들이 새롭고 창의적인 인사이트를 제시했었다.

실패를 딛고 일어서다

AI 침체기는 AI 연구원 팀 멘지스^{Tim Menzies}가 제시한 AI '과장 곡선^{hype curve}'을 통해 이해할 수 있다.[69] 멘지스는 AI가 다른 기술들과 마찬가지로 기술 초기(1980년대 중반)에 '기대 거품의 정점^{peak of inflated expectations}'에 도달했다고 말한다. 이는 AI에 대한 유명세와 과잉된 낙관주의가 빠르게 상승한 결과였다. AI의 과대평가를 믿었던 사람들은 아직 갈 길이 멀다는 사실을 알아차리자 '환멸의 계곡^{trough of disillusionment}, AI 침체기'으로 들어섰다(그림 2-1 참고). 그러나 이 단계는 그리 오래 지속되지 않았다. 2003년 멘지스는 글을 쓰면서 AI가 최저점을 지나 성공을 향해 천천히 상승하고 있다고 느꼈다. 아직 최고점 또는 '수익성의 안정기^{plateau of profitability}'보다 낮은 수준이긴 했지만 말이다.

---

69 Menzies, Tim. "21st-Century AI: Proud, Not Smug(21세기 AI: 자랑스러운, 우쭐해하지 않는." IEEE 3 (2003): 18-24.

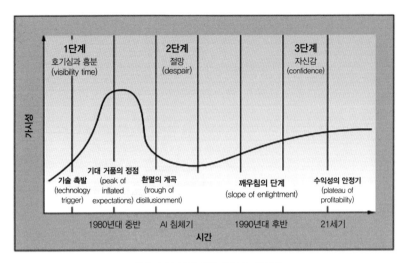

그림 2-1 신기술에 대한 과대 광고의 주기

1980년대 후반 무렵의 AI 침체기 이후 점진적으로 올라온 것은 교훈을 주는 부활의 이야기다. 이 부활의 핵심 요소 중 하나는 앞서 언급한 신경망이라고 불리는 AI였다. 신경망은 실제로는 적어도 1950년대로 거슬러 올라가는 기술이다.[70] 하지만 이 연구는 인공지능 침체기에 뒤이어 다른 이름으로 인공지능 연구를 계속하기 위한 수단이었으며 1990년대에 인기를 얻었다.[71] 여기에는 섕크가 1991년에 강조했던 지능의 속성에 대한 강조와 새로 발견된 초점이 포함됐다. 섕크는 "지능은 학습을 수반한다"[72]고 주장했으며, 이는 진정으로 AI가 지능적이려면 학습할 수 있어야 함을 의미한다. 전문가 시스템에는 가치 있는 기능이 많았지만 머신러닝은 거의 불가능했다. 반면 인공 신경망은 기계의 학습 능력 차원에서 더 많은 여지가 있었다.

70   https://towardsdatascience.com/a-concise-history-of-neural-networks-2070655d3fec(retrieved July 30, 2019).

71   Bostrom, Superintelligence(초지능), p.9

72   Schank, p.40

신경망Neural networks은 크게 지도supervised형과 비지도unsupervised형의 두 가지 유형으로 나뉜다. 지도형 신경망은 연구원에게 이미 올바른 결과값으로 확인된 관련 데이터 세트로 훈련된다. 데이터를 그룹핑하라는 요청을 받으면 훈련된 데이터에서 학습해온 기준에 따라 그룹핑하는 것이다. 비지도형 신경망에는 데이터를 그룹핑하는 방법이나 올바른 그룹핑이 어떤 모습인지에 대한 지침이 제공되지 않는다. 데이터를 그룹핑하라는 요청을 받으면 자체적으로 그룹핑을 수행해야 한다.

신경망은 심리학적 원리에 중요한 기반을 두고 있다. 데이비드 루멜하트David Rumelhart의 작업은 이런 관계를 잘 보여준다. UX 선구지 돈 노먼Don Norman과 긴밀히 협력한 루멜하트는 수학적 심리학자였으며 캘리포니아 샌디에고 대학의 교수로서의 작업물은 뉴얼의 작업과 비슷했다. 루멜하트는 컴퓨터 아키텍처에서 인간 인지를 모델링하는 데 중점을 뒀으며, 그의 작업은 신경망의 발전에 중요했다. 특히 역전파back propagation는 기계가 많은(예를 들어, 수천 개의) 자극stimulus과 반응response의 인스턴스instance와 비인스턴스non-instance에 노출될 경우 '학습learn'할 수 있게 했다.[74]

파이겐바움은 "AI 분야는… 잘 탐구된 개념들과 방법들을 재창조하고 재명명하

73　Hardesty, Larry (2017). "Explained: Neural networks. Ballyhooed artificial-intelligence technique known as 'deep learning' revives 70-year-old idea.(신경망에 대한 설명. '딥러닝'이라고 알려진 발리후드 인공지능 기술은 70년된 아이디어를 되살려낸다.)" MIT News. https://news.mit.edu/2017/explained-neural-networks-deep-learning-0414 Posted April 14, 2017. Accessed. August 28, 2019.

74　Remembering David E. Rumelhart(데이비드 E. 루멜하트를 기억하며)(1942–2011). Association for Psychological Science. Accessed July 8, 2019. www.psychologicalscience.org/observer/david-rumelhart.

는 개개인들에게 보상하는 경향이 있다"고 말했다.[75] 신경망은 분명 전문가 시스템과 같은 종류의 문제를 해결하기 위한 것이었다. 그것들은 컴퓨터 기술의 능력을 흔히 있는 정량적 문제보다는 정성적 문제에 적용하는 것을 목표로 한다. (인간은 질적 추론에 매우 능숙하다. 컴퓨터는 이런 측면엔 전혀 능숙하지 않다.) 지도형 신경망은 특히 전문가 시스템의 이름만 바뀐 버전으로 비난 받을 수 있다. 그것들이 의존하는 훈련 데이터는 지식 기반으로 생각될 수 있고, 뉴런에서 영감을 받은 구조는 추론 엔진으로 여겨질 수 있기 때문이다.

AI의 컴백이 새로운 이름 때문이라는 것은 어느 정도는 사실이다. 기술에 대한 재명명은 기술이 시장에서 다시 채택되는 데 도움이 됐다. 결국 사용자(개인, 기업 또는 정부)가 예를 들어 '전문가 시스템'이 자신에게 적합하지 않다고 결정했다면 이후에 '전문가 시스템'이란 걸 오랫동안 시도하고 싶지 않을 것이다. AI가 그들의 관심 범주에 다시 들어가려면 사용자들에게 기술이 다른 기회를 제공할 만큼 이전 기술과 충분히 다르다는 것을 알릴 방법이 있어야 한다. 새로운 이름을 가진 새로운 새로운 AI 하위 카테고리의 등장은 사용자들의 관심을 끌기에 충분했던 것 같다.

그러나 유사한 기술에 새로운 이름을 붙이는 것만으로는 사용자의 신뢰를 회복할 수 없다. 이름 변경이 적절해 보이려면 기술이 이전 버전과 충분히 달라야 한다. 신경망은 단순히 이름이 바뀌고 약간 변경된 버전의 전문가 시스템이 아니다. 그 기술은 아키텍처와 능력, 두 측면 모두 근본적인 차이가 있다. 특히 신경망이 정확한 결과값을 생성하는 데 있어 해당 뉴런의 효과에 따라 인공 뉴런의 가중치를 조정할 수 있도록 하는 신경망이다(예: 역전파). 이것은 생크가 AI에 필수적이라고 믿는 일종의 학습learning이다.

---

75   Feigenbaum, "Knowledge Engineering(지식 공학)," 10.2.

노먼과 UX의 부상

AI가 변하면서 사용자 경험도 변했다. 신경망의 출현 시기(1990년대 초반)는 돈 노먼이 1993년 '사용자 경험'이라는 용어를 만든 시기와 거의 일치한다. HCI가 본래 인지^{cognitive}, 모터^{motor}, 지각^{perceptual} 기능의 심리학에 중점을 뒀는데, UX는 더 높은 수준에서 경험을 정의했다. 사람들이 컴퓨터뿐 아니라 자신의 세상에서 경험을 한다는 것이다. 이제 토스터와 문의 손잡이를 포함하는 연구 영역에 HCI는 너무 제한적으로 보인다. 더욱이 노먼은 무엇보다도 아름다움^{beauty}과 감정^{emotion}의 역할과 그 요소들이 사용자 경험에 미치는 영향을 옹호했다. 사회 기술적 요인$^{Socio-technical\ factor}$도 큰 역할을 한다. 따라서 UX는 사람들과 물건 간의 상호작용에 대해 더 넓게 생각하도록 한다. 그렇다고 HCI가 무관하다는 말은 아니다. 단지 우리가 세상을 경험하는 방식이 너무 제한적이었던 것이다.

UX는 어느 방향으로 우리를 이끄는가? 오늘날까지 기술들은 서로를 기반으로 구축되고 세계는 점점 더 복잡해지고 있기 때문에 UX 역시 계속해서 성장하고 있다.[76] 멘탈 모델$^{mental\ model}$이 없는 제품, 독특한 기능을 제공하는 인터페이스로 인해 그 어느 때보다 더욱 풍부해지고 깊어진 경험을 매일 접하게 됐다. 이러한 새로운 제품과 서비스는 새로운 기술을 활용하지만 사람들은 세상에 새로운 것과 상호작용하는 방법을 어떻게 배우는가? 새로운 인터페이스들과의 새로운 상호작용은 채택되기 어려울 수 있다.

점점 더 많은 인터페이스에 AI 알고리듬이 포함되고 있다. 아이들은 앞으로 10년 동안 자라면서 AI 자연어를 이해하는 알렉사가 (비록 평범할지라도) 많은 요청을 처리할 수 있다는 사실을 배울 것이다. 그리고 컴퓨터에 입력해야 하는 방식이 구식이라는 것도 알게 될 것이다. 우리는 사용자 경험이 AI 알고리듬에 의해 관리되는 것을 인식하지 못할 수도 있다. 디자이너/개발자가 AI 시스템에 사용

76　Nielsen, Jakob (2017). "A 100-Year View of User Experience(사용자 경험 100년 돌아보기)." Last updated: December 24, 2017. Last accessed July 30, 2019. www.nngroup.com/articles/100-years-ux/

자 인터페이스를 입힐 때마다 경험은 평가될 것이다. 해당 인터페이스^{UX}로 인해 인식된 장점이 해당 애플리케이션의 성공 여부를 결정할 수 있다.

> **요점** | UX가 HCI에서 진화함에 따라, UX는 AI와 더 관련이 있게 된다.

AI 임베디드 제품의 성공 보장

AI를 코딩하거나 디자인하는 사람들, 관리하거나 마케팅하는 사람들, 유지 관리하는 사람들, 자금을 지원하는 사람들 또는 단순히 AI에 관심이 있는 사람들은 이 분야가 진화하는 방향과 더불어 UX를 이해해야 한다. 3장에서 오늘날의 AI 투자 분야를 다루기 전에 그동안 배운 것을 정리해보자. 또 다른 AI 침체기가 다가올 수도 있기 때문이다.

과대평가는 확실히 존재한다. AI에 엄청난 양의 돈이 투자되고 있다. 어떤 새로운 애플리케이션의 인상적인 성과를 극구 칭찬하는 광고가 매일 노출된다. 모든 대학이 AI에 자원, 교수진, 학생 심지어 건물까지 바치고 있다. 그러나 앞서 설명한 것처럼 과대평가로 인해 오히려 침체기에 빠질 수 있다는 것을 유의해야 한다.

여러 면에서 인간과 기계 사이에 공생해야 한다는 리클라이더의 관점으로 돌아가야 한다. 인간과 기계 각각 이에 기여할 것이 있다. 서로에게 누가, 언제, 어떻게 무엇을 하는지에 대한 이해가 있다면 각 주체는 더 성공할 수 있을 것이다. AI가 성공하려면 또 다른 침체기를 피하려면 좋은 UX가 필요하다.

AI는 중요한 교차로에 서 있다. AI가 어떻게 성공할 수 있을지 이해하기 위해 한 가지 주요 가정을 설정해야 한다. 기본 코드(알고리듬)가 작동한다고 가정해보

자. 그 코드는 기능적이고 목적이 명확하다. 또한 AI가 약속과 기회를 제공해줄 수 있다고 가정한다면 이제 문제는 성공이 뒤따를 것인지의 여부다. 성공은 단순히 발생하는 것이 아니라는 것을 알아야 한다. 신중하게 개발되고 적절하게 배치돼야 한다. 구글은 최초의 검색 엔진이 아니며, 페이스북은 최초의 소셜 미디어 네트워크가 아니다. 한 제품이 성공하고 다른 제품이 역사적 뒤안길로 사라지는 데에는 여러 가지 요인이 있다.

놓친 요소는 AI의 속도도 아니고 이전에 알려지지 않은 패턴의 발견 가능성도 아니다. 여러분이 만든 제품이 인사이트나 아이디어를 활용해 성공할 수 있는지 여부일 것이다. 핵심은 AI가 여기에 있지만, 주변의 많은 부분이 준비되고 개발되며 더 유용하게 만들어져야 한다는 것이다. 병렬로 발전하는 두 분야가 수렴해야 하는 순간이 바로 여기에 있다.

AI와 UX의 융합

로버트: 컴퓨터 과학자와 심리학자의 이야기는 어느 지점에서 합쳐질까요? HCI라는 용어 자체는 컴퓨터뿐 아니라 인간과의 상호작용을 포함합니다.

개빈: 다시 말하지만 두 분야가 어우러지는 춤은 AI 타임라인을 따릅니다. 처음부터 컴퓨팅의 미래와 인류가 어떻게 통합될 수 있을지에 대한 융합이 고려됐습니다. 신경망은 컴퓨터 네트워크가 뇌를 모방할 수 있다는 아이디어를 가져왔는데요, 프로그래머들은 AI 시스템들을 구축했고 인지 심리학자들은 기술이 사람을 위해 작동하도록 만드는 데 중점을 뒤서 발전시켰습니다.

로버트: HCI 시대는 바로 지금입니다. 25년 전 이 분야의 일을 시작하면서, 이 기술을 '사용자 친화적으로user friendly' 또는 '사용 가능하게usable' 만들기 위한 예산을 요구해왔습니다. 오늘날 좋은 제품 경험의 가치는 갖고 있는 것만으로 좋은 것nice to have에 머물지 않

습니다. 더 나아가 브랜드 경험과 명확하게 연결되고 회사 가치와도 결합됩니다.

개빈: 사람들은 애플 브랜드에 대해 높은 경외심을 갖고 이야기합니다. 제품(예: 아이맥 iMac, 아이팟iPod, 아이폰iPhone)의 디자인뿐 아니라 브랜드 경험의 디자인에도 많은 시간과 노력이 투입됐습니다. 애플 브랜드는 뛰어난 제품을 초월하고요. 아마도 필요에 의해 기업은 브랜드 경험의 가치를 인식하고 있겠지요. AI가 새로운 제품에 내재되기 때문에 좋은 디자인이 중요하며 경험에 집중해야 합니다. 아무도 AI 알고리듬이나 비지도 신경망의 적용 여부에는 신경 쓰지 않습니다. 사람들은 좋은 경험에 관심이 있습니다. 더 적절하게 말하자면 사람들은 좋은 경험에 비용을 지불한다는 것입니다.

> **요점** | HCI의 시대는 지금이다. AI 기술은 성공을 위한 차별화 요소가 사용자 경험인 시점에 와있다.

결론: 우리가 가고 있는 방향

3장에서는 AI를 상공 30,000피트 수준에서 살펴보고자 한다. AI가 어떻게 작동하는지에 대한 핵심 요소를 설명해 AI 결과물 개선을 위해 UX를 적용할 수 있는 영역들을 탐색할 것이다.

자세한 기술 정보가 아니라는 점을 유의해야 한다. AI 알고리듬이 모두 잘 작동한다고 가정해보자. 제품 관리자, 마케팅 담당자, 리서치 담당자, UX 실무자, 기술 애호가로서, 프로그래머와 데이터 과학자가 아닌 사람들이 제품 성공에 영향을 미칠 수 있도록 잠재적 차이와 기회를 이해하게 하기 위해 무엇을 할 수 있을까? 다음 장에선 AI가 등장하는 모든 영역을 설명하고 더 나은 경험이 차이를 만드는 요소를 살펴본다.

CHAPTER 3

AI 제품들이 주변에 나타나고 있다

기술은 어디에나 있다

컴퓨팅 파워에 접근할 수 있는 경로는 다양하다. 대표적으로 손에 들고 있는 휴대폰은 10년 전 사무실 공간에 있던 데스크톱 컴퓨터보다 더 똑똑하다. 일상에서 뉴스를 읽거나 이메일을 확인하거나 게임을 하려고 쳐다보는 작은 화면은 컴퓨터 본체로 방 전체를 차지하던 컴퓨팅 성능을 갖추고 있다. 이 성능으로 정보에 액세스할 수 있는 연결성^{connectivity}이 제공된다. 컴퓨팅 파워, 연결성, 데이터의 융합은 훨씬 더 많은 것을 가능하게 만든다. 극단적으로 단순화해 보면 이렇게 연결된 기기들은 사물인터넷^{IoT, Internet of Things}을 형성한다. 이미 기업들은 많은 기기에 AI를 탑재하고 있다. IoT 기기들에 연결된 음성 지원 플랫폼으로 시작된 기술은 이제 유비쿼터스 컴퓨팅^{ubiquitous computing}에 인텔리전스^{지능}를 도입하는 좀 더 광범위한 영향력을 갖추게 됐다.

> **정의** | 유비쿼터스 컴퓨팅은 컴퓨터를 컴퓨터로 간주하지 않고 일상 생활에서 컴퓨터와 상호작용하는 상태를 의미한다.[1]

유비쿼터스 컴퓨팅

개빈: 2020년대에 접어들면서 유비쿼터스 컴퓨팅 상태에 점점 더 가까워지고 있습니다. 사물인터넷의 급속한 성장과 증가 추세의 연결성은 AI가 사용자의 행동에서 학습하고 습관을 예측할 수 있음을 의미합니다. 예를 들어, 집에 있는 온도 조절기는 사용자가 집에 있을 때 온도를 유지하고 싶어 한다는 사실을 알 수 있습니다. 출근하면 시스템은 온도를

---

1 Witten, Bekah. "Ubiquitous Computing: Bringing Technology to the Human Level(기술을 인간 레벨로 가져온 유비쿼터스 컴퓨팅)." USF Health. https://hscweb3.hsc.usf.edu/is/ubiquitous-computing-human-technology/

낮추고 사용자가 집으로 돌아오면 다시 온도를 올립니다. 사용자는 굳이 기기나 연결에 대해 생각할 필요가 없습니다. 추가적인 지시 없이 기기는 그냥 알아서 작동합니다. 그리고 …

로버트: 마지막에 중요한 말씀을 하셨어요. "그냥 작동합니다." 그러려면 UX가 신뢰를 구축해야 합니다. 가상 비서는 사용자의 의도를 정확히 이해하고 이를 온도 조절기에 전달합니다. 그리고 적시에 일관된 방식으로 작업을 수행해야 사용자는 비서를 신뢰할 수 있습니다. 비서를 완벽히 신뢰해야만 비서가 '그냥 작동한다'고 느낄 것입니다.

요점	유비쿼터스 컴퓨팅이 지금 도처에 존재하는 독특한 순간에 와 있다. 하지만 차이를 만들어내는 것은 경험이다.

유비쿼터스 컴퓨팅으로 나아가려면 사용자와 기기 간 장벽을 낮출 수 있는 UX를 갖춘 제품을 개발해야 한다. 의료 기술 분야에는 이미 유비쿼터스 컴퓨팅 도구들 즉 사물인터넷에 연결된 의료 기기들이 나와 있다. 이 기기들은 그 자체가 반드시 AI인 것은 아니지만 데이터는 AI 시스템에서 공급될 수 있다. 이미 수백만 개에 달하는 인터넷 지원 의료 기기가 있으며[2] 향후 몇 년 안에 더 많아질 것이다. '스마트smart' 사물이나 '인터넷 연결Internet enabled' 사물의 수는 수십 억에 이른다. 매년 라스베가스에서 열리는 가전제품 전시회를 살펴보면 낚싯대, 천, 포크, 축구공 등 스마트함과는 거리가 멀어보이는 사물들도 볼 수 있다.

AI 시스템은 비지능형 기기들, AI 시스템(자체), 인간 사이의 상호작용에서 자신의 역할을 찾는다. 한 가지 역할을 들어보자면 AI 시스템은 비지능형 IoT 기기들의 방대한 데이터가 버려지지 않고 수집되고 합성될 만큼 강력할 수 있다. 또 다른 예로 디자이너는 AI 시스템에 사용자를 위한 고유한 역할과 유스케이스use

---

2   Marr, Bernard. "Why the Internet of Medical Things(IoMT) Will Start To Transform Healthcare in 2018.(2018년 의료 사물인터넷(IoMT)은 의료 서비스를 왜 혁신하려 할까.)" Last updated January 25, 2018. Accessed June 1, 2019. www.forbes.com/sites/bernardmarr/2018/01/25/why-the-internet-of-medical-things-iomt-willstart-to-transform-healthcare-in-2018/#75cf88e54a3c

case, 사용 사례를 부여해 이런 비지능형 기기들로부터도 교훈을 얻을 수 있다. 사용자가 이 유스케이스들을 당연하게 받아들이기 시작하면 사용자와 AI 사이의 장벽을 무너뜨릴 수 있다. 좋은 일이다.

AI는 향후 10년 간 증가할 인간과 기기들 간 매트릭스에 중요한 역할을 하게 된다. 일이 매우 빠르게 진행되고 있다는 건 말할 필요도 없다. 전문가 시스템과 신경망은 여전히 가장 중요한 기술 시스템의 기초가 되지만 그것들은 가상 비서, 딥러닝, 자연어 처리/이해 등과 같은 다른 용어들, 유행어들로 성공했다. IBM[3] 은 의료 AI 분야의 선두주자인 왓슨 헬스Watson Health 프로그램의 강점으로 '동적 지능dynamic intelligence'을 언급한다. 로저 생크가 예측했듯 학습learning과 적응성adaptability은 AI 개발의 중요한 부분이 됐다.

신경망은 이제 다른 이름을 사용하고 있지만 AI 개발을 위한 실행 가능한 아키텍처를 계속해서 제공한다. '딥러닝Deep learning'은 오늘날 AI 분야와 관련된 가장 일반적인 용어다. 하드웨어 회사인 NVIDIA에 따르면 딥러닝 시스템은 본질적으로 머신러닝이 가능한 다계층 비지도 신경망이다[4]. 이 기술과 1990년대 신경망의 주된 차이점은 오늘날의 딥러닝 시스템은 과거 어떤 시스템보다 사람의 개입 없이 '학습'할 수 있다는 것이다.

딥러닝 시스템은 다양한 분야에 적용돼 왔으며 여기에서 모두 다루긴 어렵다. 대신 이 책에서는 가상 비서, 자율주행 자동차를 포함해 오늘날 AI의 더 매력적인 하위 분야에 대해 다룰 것이다. 그러나 시작하기에 앞서 AI가 영향을 미치는 가장 중요한 영역 중 하나인 의학 분야를 살펴보고자 한다.

---

3   "About IBM Watson Health(IBM 왓슨 헬스에 대해)." Accessed May 29, 2019. www.ibm.com/watson/health/about/

4   "Deep Learning(딥러닝)." NVIDIA Developer. Accessed May 30, 2019. https://developer.nvidia.com/deep-learning

팀 플레이어로서의 의료 AI

의료 산업은 복잡한 산업 분야다. 인간의 생명을 다루기 때문에 위험도도 높지만, 높은 보상과 잠재력도 존재한다. 기업들은 AI 제품과 서비스를 통합하는 영역으로 의료 분야를 목표로 삼았다.

> "AI는 현실이고 주류이며 바로 여기에 존재한다.
> 그리고 헬스케어에 관한 거의 모든 것을 바꾼다."

—버지니아 로메티(Virginia Rometty), IBM CEO[5]

헬스케어는 복잡한 분야로
AI는 모든 요소를 갖추고 있지 않을지도 모른다

로버트: 의료 애플리케이션을 위한 AI 시스템인 IBM 왓슨은 어떤 면에서는 너무나 기획이 잘된 마케팅 런칭 계획으로 시작됐습니다.

개빈: 이 마케팅은 IBM 왓슨이 2011년 제퍼디Jeopardy 게임쇼에서 두 명의 인간 참가자를 이겼을 때 시작됐지요. 이어서 IBM은 AI가 자연어를 마스터했으며 이제 의료 서비스도 시작할 것이라고 발표했는데요. 이 도약은 액면 그대로 해결책을 제시하기보다는 훨씬 더 많은 질문을 남겼습니다.

로버트: 하지만 그 순간부터 IBM 왓슨은 AI 의사로 마케팅됐습니다. 2014년에 IBM은 왓슨이 많은 양의 증상 데이터를 공급받고 신뢰할 수 있는 수준의 진단 결과 목록과 의학 문헌 링크를 제공하는 데모를 수행했어요. CEO는 이 실험을 가리켜 새로운 '황금기'의 시작이라고 했습니다.[6]

개빈: 자연어를 일반화해 제퍼디 게임을 하는 것도 한 가지 방향이 될 수 있었을텐데요. 안타깝게도 IBM은 2011년 이후 수십억 달러를 의사가 되기 위한 기술에 쏟았습니다. 증

---

5   Strickland, Eliza (2019). "How IBM Watson Overpromised and Underdelivered on AIHealth Care(IBM 왓슨은 AI 헬스케어에 대해 어떻게 지나치게 약속했고, 어떻게 기대 대비 실망스런 결과물을 내놓았는가)." IEEE Spectrum. Last updated April 2, 2019. Last accessed November 6,2019. https://spectrum.ieee.org/biomedical/diagnostics/how-ibm-watson-overpromisedand-underdelivered-on-ai-health-care

6   Strickland, Eliza (2019).

상들을 받아서 진단하고 치료 계획을 세우는 것에 집중했습니다. 왓슨은 목표를 좋은 의사가 되는 것으로 정했어요.

로버트: 이는 자신들이 만들어낸 비전을 너무 믿은 경우일 수 있겠지요. 의료 혁명을 불러일으키는 메시지들을 떠올려볼까요? 너무 의욕이 앞선 것처럼 느껴지진 않나요?

요점	헬스케어는 복잡하며 AI는 여전히 요구되는 표준에 미치지 못할 수 있다.

IBM 왓슨은 1장의 종양학 사례에서 논의됐다. 그 사례에서 왓슨은 미국 의사들에게는 암 치료와 관련된 권장사항을 잘 예측했지만 한국 의사들에게는 그렇지 못했다. 이것은 지리적 맥락을 단순하게 설정하기 위해 두 가지 개별 결과를 병합하기보다는 어떻게 비교할지 보여주는 사례다. (예: 미국 사례와 한국 사례를 데이터로 표시) 왓슨은 한국에서 권장하는 치료 계획과는 상관 관계가 없다는 지적을 받았다. 우리는 인공지능이 미국과 한국의 종양학자들을 뭔가 다르게 판단하고 있다는 인사이트를 얻었다고 해석했다. 아마도 이런 결과 확인을 통해 향후에는 더 나은 결과를 얻게 될 것이다. 헬스케어 분야는 복잡하며 AI가 이미 수집된 데이터를 사용해 인사이트를 얻을 기회가 있을 것으로 추정된다.

이제 다른 각도에서 의료 AI를 살펴보려고 한다. 의료 AI는 AI 기술로 인한 두려움과 환멸을 어떻게 극복할 수 있는지를 효과적으로 보여줄 수 있다. AI의 확산으로 인한 가장 큰 두려움은 자동화 시스템으로 인해 사람들이 일자리를 잃을 수 있다는 점이다. 이런 우려점들에 대해 함께 고민해본다.

왓슨 회사의 대변인은 2011년 설립 당시 IBM 왓슨이 학술 연구, 보험 청구, 의료 기록을 포함해 약 2억 페이지 분량의 데이터를 기반으로 진단을 내릴 것이라고 말했다.[7] 이 기술이 성공했다면 의료 AI는 의사가 일상적으로 수행하는 많은

---

7   Mearian, "IBM's Watson…to diagnose patients(IBM 왓슨… 환자를 진단하기 위한)."

작업을 대신 수행할 수 있었을 것이다(논의할 수준의 정확도는 아닐 수 있겠지만).

이런 전개는 자연스럽게 다른 의료 전문가들은 말할 것도 없고 의사들이 실직하게 되는 날을 상상하게 한다. 실직 위험도가 가장 높은 의사군은 AI가 잘하는 분석 작업에 더욱 집중된 직군들로 보인다(예: 의료 스캔 분석 전문가인 방사선과 의사). 2016년 펜실베니아 대학 내과 의사인 사우라브 자Saurabh Jha는 방사선 전문의가 '10~40년' 내에 AI에게 일자리를 내어줄 것으로 예측했으며, 그 기간은 40년보다는 '10년에 더 가까울 것'이라고 했다.[8] 하지만 밝혀진 바와 같이 IBM 왓슨은 광고된 것만큼 능력을 갖추지 못했기 때문에 AI로 인한 의료 일자리 변화는 일어나지 않았다. 데니엘라 헤르난데스Daniela Hernandez와 테드 그린왈드Ted Greenwald는 월스트리트 저널The Wall Street Journal에 관련 기사를 작성했다(1장에서 소개한 기사).[9] 헤르난데스와 그린왈드는 IBM 왓슨이 정체된 원인으로 일관되지 않은 데이터 형식에 대한 어려움과 아직 개발 중인 암 연구를 언급했다. IBM 왓슨의 현재 버전은 의료 기록이나 보험 청구가 아닌 의료 연구물에만 접근할 수 있다. 스스로 암을 진단하는 비지도형 신경망 또는 가볍게 지도되는 지도형 신경망의 꿈은 여전히 환자 정보와 환자 결과에 접근할 수 있기를 희망한다.

---

8   Jha, Saurabh. "Will Computers Replace Radiologists?(컴퓨터가 방사선 전문의를 대체할까?)" Last updated May 12, 2016.Accessed July 14, 2019. www.medscape.com/viewarticle/863127#vp_3

9   Hernandez, Daniela and Ted Greenwald. "IBM has a Watson dilemma(IBM엔 왓슨 딜레마가 있다)." The Wall StreetJournal. https://www.wsj.com/articles/ibm-bet-billions-that-watson-could-improve-cancer-treatment-it-hasnt-worked-1533961147

IBM이 2018년 초기 단계에서 자체 제품을 과대 광고한 것이 분명해졌다.[10] 개발자들은 실제로 더 빨리 개발될 것이라고 생각했을 수 있다. 특히 IBM 왓슨의 종양학 프로그램은 너무 잦은 빈도로 부정확한 결과를 내서 신뢰할 수 없다고 한다. '메리안Mearian'이 인터뷰한 한 헬스케어 산업 전문가는 IBM 왓슨이 너무 일찍 출시됐다고 말했다. 지식 기반을 개발하는 데 더 많은 시간이 필요했다.[11] IBM은 왓슨이 정확하지 않다는 주장에 대해 이의를 제기하며, 암환자의 상당 비율(2-10%)이 다른 치료법으로 변경하는 데 도움이 됐고 왓슨의 결과가 종종 의사의 권고와 일치한다고 발표했다.[12]

뉴욕 대학 의학부New York Medical College의 더글라스 밀러Douglas Miller와 IBM의 에릭 브라운Eric Brown은 미국 의학 저널The American Journal of Medicine에 AI가 의료 업무를 수행하는 것에 대한 두려움을 해결하는 논문을 공동 저술했다.[13] 밀러와 브라운은 AI의 미래에 예상치 못한 결과가 발생할 가능성을 배제하지 않았다. AI의 정확성과 직관의 문제를 언급하며 아직 의사를 추월하지 못했다고 이야기했다. 오히려 밀러와 브라운은 의사가 진단과 치료를 지원할 수 있는 강력한 '도구'로 의료 AI를 사용할 것을 권장했다.[14]

요점	이 시점에서 AI는 의학 분야(그리고 대부분의 다른 영역)에서 인간의 인지 능력을 향상시키지만, 이를 대체할 수는 없다.

10   Mearian, Lucas. "Did IBM overhype Watson Health's promise?(IBM은 왓슨 헬스의 약속을 과장했나?)" Computerworld. Lastupdated November 14, 2018. Accessed May 31, 2019. www.computerworld.com/article/3321138/did-ibm-put-too-much-stock-in-watson-health-too-soon.html

11   Mearian, "Did IBM overhype…"

12   Hernandez and Greenwald.

13   Miller, D. Douglas, and Eric W. Brown. "Artificial Intelligence in Medical Practice: TheQuestion to the Answer?(의료 실무에서의 인공지능: 대답을 대한 질문?)" The American Journal of Medicine, 131/2(2018): 129-133. https://doi.org/10.1016/j.amjmed.2017.10.035

14   Miller and Brown, "Artificial Intelligence in Medical," 132

의료 AI가 밀러와 브라운의 조언을 따를 수 있다면, 1960년대 후반 기계 번역이 경험한 것과 같은 과대평가로 인한 급락 상태에 빠지는 것을 피할 수 있을 것이다. 지난 10년 동안 의료 인공지능은 확실히 과장됐고 기대에 못 미치는 결과물을 내놓았다. 그러나 여전히 의사에게 유용한 무언가를 제공하고 있다. 문제는 개발자들과 의사들이 새로운 세계에 적응하고 AI의 현재 능력을 고려해서 더 적절한 제품을 만들 수 있는지의 여부다.

결과적으로 의사들은 이미 자신의 역할을 수행하고 있다. 헤르난데스와 그린왈드가 인용한 재향군인회[15] 의사는 이 서비스가 관련 학술 연구를 검색하는 데 도움이 될 수 있다고 말했다. 캘리[Kelley] 박사는 왓슨의 추천 사항이 입증된 치료법일지라도 잘못된 내용일 수 있다고 말했다. 반면에 관련 의료 기사를 찾는 것에 유용해 시간이 절약된다고 했으며, 때로는 의사가 알지 못하는 정보를 표시하는 경우도 종종 있다고 했다.[16]

의료 AI는 AI가 잘하는 일(예를 들어, 관련 기사에 대한 방대한 연구 자료를 분석하는 일)에 집중하는 동안, 의사가 AI는 아직 수행할 수 없는 진단 작업에 더 많은 시간을 할애할 수 있게 한다. AI는 다른 의사의 의견, 진단을 받아보는 2차 의견 생성기로도 사용할 수 있다. AI 진단은 환자가 의사의 판단을 보완하고 고려해야할 다른 사항이 있는지 검토할 수 있도록 돕는다. 이는 종종 높은 비율로 심각한 상태의 환자에 대해 오진하는 미국에서 매우 중요한 도구가 될 수 있다.[17] 의료 AI는 오류 빈도를 줄이는 데 도움이 될 수 있는 다른 의견을 제공하는 것이다.

---

15   A Department of Veterans Affairs, 재향군인의 복지 업무를 담당하는 기관 - 옮긴이

16   Hernandez and Greenwald.

17   20 percent of patients with serious conditions are first misdiagnosed, study says.(연구에 따르면, 심각한 상태의 환자들 중 20%가 먼저 오진된다.) www.washingtonpost.com/national/health-science/20-percent-of-patientswith-serious-conditions-are-first-misdiagnosed-study-says/2017/04/03/e386982a-189f-11e7-9887-1a5314b56a08_story.html. Bernstein, Lenny. April 4,2017 (retrieved May 22, 2020).

학습을 한 AI 트레이닝은 첫 단계에 불과하다

개빈: 흥미롭게도 IBM 왓슨에게 다량의 의학 문헌을 분석하고 패턴을 찾게 하려 한 것이 첫 번째 실수였을지도 모릅니다.

로버트: 수많은 기사에서 패턴을 스캔하는 일은 AI가 할 수 있는 일의 형태로 정의되지만 의사가 기사를 읽는 방법에 어떻게 매핑될 수 있을까요? AI는 인간 의사가 가치 있다고 평가하는 논문의 동일한 부분을 동일하게 평가하나요? 데이터 과학자와 AI 개발자는 진리, 진정한 지식이 밝혀질 거라고 믿나요? 아니면 의료 행위가 더 미묘하진 않나요?

개빈: AI는 상관 관계correlation와 통계 패턴statistical pattern을 찾습니다. 따라서 수십 년 동안 쌓인 의학 문헌이 선례가 될 것입니다. 그러나 유전자 치료 같은 새로운 치료법을 적용한 최신 연구는 어떻게 해야 할까요? 이 새로운 방향이 모든 것을 변화 시킨다면요? 결국 동료들의 피어-리뷰peer-review를 거친 많은 출판물이 나올 겁니다. 하지만 오늘날 고통받는 환자들의 경우에 AI가 최신의 획기적인 연구에 얼마나 많은 비중을 차지할까요? AI는 피어-리뷰를 한 자료들과 피어-리뷰를 하지 않은 자료들 사이에서 독자적 연구와 획기적인 연구를 어떻게 구별할까요? 헬스케어 AI는 오늘날 환자들의 건강 결과를 개선하는 사업 분야에 존재해야 합니다.

> **요점** 학습을 위한 AI 트레이닝은 역사적으로 쌓인 연구 데이터와 최근 발표된 최첨단의 새로운 치료법을 모두 활용해 학습한다. 이는 헬스케어라는 복잡한 걸음의 첫 단계에 불과하다. 의사들은 AI를 신뢰해야 하고 그 기술의 인사이트를 실무에 녹여야 한다.

AI가 의학 분야에서 인간을 대체하는 목적이 아닌 인류를 돕는 방향으로 나아간다면 더 나은 방향으로 기여할 수 있을 것이다. 2장에서 소개한 릭Lick은 이 애플리케이션의 AI 원칙 적용을 좋아했을 것이다. 의료 AI는 의사의 고용 보장을 위협하지 않으면서도 의사의 정확도를 높일 수 있는 잠재력을 지니고 있다. 의료 AI 분야의 많은 제품은 이런 목적을 염두에 두고 특별히 설계됐다. 의료 AI에 관한 책을 저술한 에릭 토폴Eric Topol은 AI로 인해 의사가 개별 환자들에게 더 많은 시간을 할애할 수 있는 미래를 구상한다. 그 환경에선 의사가 수십 건의 스캔을 읽느라 특정 환자에게 집중할 시간이 없이 일하지 않는다.[18] 토폴은 AI로 인해 의사들의 일상적인 업무를 덜어주고 밀러와 브라운이 인간에게 가장 적합하다고 주장하는 일종의 '직관적인' 업무에 더 많은 시간을 할애할 수 있을 것으로 본다. 그는 당뇨병으로 인한 시력 장애 상태인 당뇨병성 망막증을 감지하는 알고리듬 같이 특정 질병을 진단하기 위해 이미 사용 중인 AI 프로그램들을 인용한다. 토폴의 AI 비전은 의료 전문가와 의료 AI가 각자 자신에게 가장 적합한 업무 영역을 맡는 협업적 관계로 이어진다.

팀의 일부가 된 AI

개빈: AI가 인간과 함께 협업하면 개별적으로 할 수 있는 일보다 팀으로 더 많은 일을 할 수 있습니다. 이런 업무 모델은 모든 곳에 있는 AI를 위한 모델이 돼야 하겠습니다.

로버트: AI가 사용자와 협업하는 것으로 보인다면 AI를 사용하는 것이 위험해보이지 않고 더 유용해보일 수 있을 것 같습니다.

개빈: 의료 AI 분야에서는 협업하는 관계로 돌아간 것 같아요. 처음에는 의료 AI를 둘러싼 과대광고가 많았고, 의료 AI는 이 모든 놀라운 일을 수행해야 했습니다. 그러나 실제로 그렇게 해내긴 어려웠고 말로는 참 쉬웠죠.

로버트: 1950년대와 1960년대의 기계 번역이 생각납니다. 1960년대의 컴퓨터 과학자들은 기계로 하여금 러시아어 구절 몇 개를 영어로 번역하도록 가르치면 기계가 유창한 번역가가 되도록 가르칠 수 있는 날이 금방 올 거라고 생각했습니다. 의료 AI 디자이너들도 같은 실수를 했을지도 모르겠습니다. AI가 의료 분야에서 특정 과업을 수행하도록 하는 일은 가능하지만, 일반화된 의료 지능으로 만드는 일은 훨씬 더 어렵거든요.

---

18 Belluz, Julia. "3 ways AI is already changing medicine(AI가 이미 의술을 바꿔가고 있는 3가지 방법)." Vox. Last updated March 15, 2019. Accessed May 31, 2019. www.vox.com/science-and-health/2019/3/15/18264314/ai-artificial-intelligence-deep-medicine-health-care

개빈: 하지만 ALPAC 보고서 이후 기계 번역을 괴롭혔던 도메인별 AI 침체기를 피할 수 있는 방법이 의료 AI에겐 있는 것 같습니다. AI가 잘하는 일에 집중할 수 있다면(현재로선, 의학 연구를 위해 아카이브를 살펴보거나 2차 의견을 제시하는 일) 매우 유용할 수 있습니다.

로버트: 어떤 의미에선 '비이성적 과열'은 현실을 명확하게 보지 못하게 했고 많은 사람이 문제의 어려움을 과소평가하게 만들었습니다. 시스템들은 아직 개발 중이기 때문에 책임을 할당해야 합니다. 예를 들어, 의사는 "이런 유형의 암은 지금 당장 치료 계획이 필요 없습니다. 관련 연구만 볼 수 있나요?"라고 말할 수 있어야 해요. (물론, 다른 유형의 암에는 치료 계획이 유용할 수 있고요.) 그러면 AI는 사용자들에게 어떤 종류의 피드백을 제공할지 학습할 수 있습니다.

개빈: AI와 의사 간의 이러한 협업은 더 나은 결과를 만들어낼 수 있습니다. 질병이 빠르게 확산되고 있지만 자주 발생하진 않아서 사례가 드문 병에 대해 최신 치료법만 요구하는 의사를 상상해볼까요? 이런 영역이 바로 디자인이 중요한 부분입니다. 프로그래머들은 상호작용을 염두에 두고 차세대 의료 AI를 개발할 수 있습니다.

> **요점** AI는 복잡한 업무 분야에서 인간보다 더 능력이 있는 기술이라고 위험하게 과대평가될 수 있다. 하지만 AI의 강점과 한계에 적응할 수 있다면 AI의 진정한 가치는 팀에 도움이 되는 일원이 될 수 있다는 것이다.

헬스케어는 기술 구매가 너무나 매력적일 수 있는 분야의 좋은 예다. 우리는 종종 진정으로 필요해서가 아닌 잘못된 가정 심지어 직감에 기반해서 애플리케이션을 구축하곤 한다. 망치를 잡으면 모든 문제가 못처럼 보이는 법이다. 인공지능의 경우에도 "여기에 기술이 있습니다. 모든 곳에 적용해봅시다"라고 주장할 수 있을 것이다. 심지어 더 두렵고 부정적인 상황은 "우리가 만든다면 그들은 오게 될 것"이라는 오류가 존재할 수 있다는 것이다. 제퍼디 게임쇼의 시대를 살았던 IBM 수석 의학 과학자 마틴 콘^Martin Kohn^은 한때 이 기술의 잠재력에 매료됐는데, 그는 이 기술을 함정이라고 말했다. 또한 그는 "강력한 기술이 있다는 것을 단순히 증명하는 것만으로는 충분하지 않다"고 말한다. "실제로 유용한 무언가를 할 거라고 입증해보려 한다. 기술은 내 삶을 더 좋게 만들고 환자의 삶을 더 나아지게 만들 것이다"[19] 콘은 IBM을 떠난 후에도 AI가 환자 결과를 개선하고 의료 시스템 비용을 절감할 수 있음을 보여주기 위해 여전히 의학 저널에서 피어-리뷰를 한 논문들을 찾고 있다. 하지만 그는 "현재까지 그런 출판물은 거의 없었다. 그리고 왓슨과 관련된 결과는 찾기 어려웠다."고 말한다.[20]

가상 비서의 부상

2장에서는 음성 비서, 가상 비서의 초반 정체 현상에 대해 논의했다. 시리가 베타 버전으로 출시된 후 비서의 제한된 기능으로 인해 대중들은 서비스 자체에도 불만을 가졌고 가상 비서 전반에도 실망했다. 이는 마이크로소프트 코타나에 특히 커다란 영향을 미쳤던 첫 번째 도메인별 AI 침체기로 이어졌다. 그러나 아마존의 알렉사가 등장하면서 다시 목소리를 낼 수 있는 포문을 열었다.

이제 음성비서가 할 수 있었던 일과 할 수 없었던 일에 대한 인상을 회복시키기 위해 무엇이 필요했는지 살펴보겠다. 알렉사의 성공을 위해 리서치와 디자인 단계에서 어떤 사항들이 고려돼야 할까?

시리를 넘어

개빈: 잘 알고 있지만 거의 사용하지 않는 가상 비서, 시리에 대해 이야기해 보겠습니다.

로버트: 제 생각엔 실제로 과업들을 해결하기 위해 적극적으로 활용하는 사람들보다는 실수로 시리를 부르는 사람들이 더 많은 것 같습니다.

---

19   Strickland, Eliza (2019). "How IBM Watson Overpromised and Underdelivered on AIHealth Care(IBM 왓슨은 AI 헬스케어에 대해 어떻게 과장하고, 어떻게 기대한 것보다 실망스런 결과물을 내놓았는가)." IEEE Spectrum. Last updated April 2, 2019. Last accessed November 6,2019. https://spectrum.ieee.org/biomedical/diagnostics/how-ibm-watsonoverpromised-and-underdelivered-on-ai-health-care

20   : Milanesi, Carolina (2016). "Voice Assistant, Anyone? Yes please, but not in public!(음성 비서를 사용하고 싶은 사람이 있나요? 그럼요, 하지만 공공 장소에선 아니에요.)"Creative Strategies. Last modified June 3, 2016. Accessed August 23, 2019. https://creativestrategies.com/voice-assistant-anyone-yes-please-but-notin-public/

개빈: 그게 문제입니다. 저는 음성 기반의 다른 가상 비서들을 만든 디자이너들과 이야기를 나눠왔어요. 디자이너들은 시스템이 시리와 얼마나 다른지와 시리가 오류를 농담처럼 대하는 태도에 대해 이야기합니다. 반면 그들의 시스템은 시리와는 달리 독특한 측면이 있었는데요. 좀 더 성숙한 상호작용을 제공하는 다른 접근 방식을 취했기 때문입니다. 어떤 사람들은 트리거가 되는 상호작용들에 대해 이야기했는데요. 같은 음성 명령이 여러 번 반복돼 성공하면, 사용자에게 보내는 피드백에 힌트를 추가해 새로운 기능이나 바로가기를 표시하는 겁니다. 음성 명령이 실패했는데 어떤 정보가 인식된 경우에는 음성 피드백에 도움말을 포함하도록 변경됩니다. 이런 피드백들이 상호작용을 개선할 수도 있고 개선하지 않을 수도 있습니다. 여기서 더 문제가 되는 것은 사용자들이 이 기능을 채택하지 않는 상황이었습니다. 이런 상황은 잠재적으로 새로운 기능들이 진화하는 데 큰 타격을 주었지요.

로버트: 마이크로소프트의 코타나 또는 삼성^{Samsung}의 빅스비^{Bixby}를 개발하는 데 수백만 달러가 소요됐다고 상상해보세요. 얼마나 많은 사용자가 그 기능들을 사용하려 시도조차 하지 않았을까요? 아마 마이크로소프트나 삼성을 좋아하지 않았기 때문이 아니라 어쩌면 그 기능들이 시리를 사용하는 것과 같은 경험일지도 모른다고 생각했기 때문일 겁니다.

개빈: 이런 행동은 사람들이 불만을 느끼거나 제품을 제대로 작동시킬 수 없을 때 하는 행동입니다. 사람들은 종종 본인의 경험을 다른 유사한 제품들로 일반화하곤 합니다. 이것은 도메인별 AI 침체기에요. 음성 비서에 대한 새로운 접근 방식은 단순히 기회가 없었기 때문에 발전하지 못했습니다.

로버트: 하지만 아마존 파이어$^{Amazon\ Fire}$의 실패 사례를 보면, 때로는 똑똑한 아이디어가 식탁 위에 오벨리스크처럼 우뚝 세운 다른 종류의 폼팩터에서 새로운 돌파구를 찾을 수 있었죠.

개빈: 아마존 에코$^{Amazon\ Echo}$는 제프 베조스$^{Jeff\ Bezos}$ 같은 C-레벨 임원이 기회를 보았을 때 위험을 기꺼이 감수했기 때문에, 음성 비서에 새로운 생명을 불어넣게 됐어요.[21]

---

21 Bariso, Justin (2019). "Jeff Bezos Gave an Amazon Employee Extraordinary Advice AfterHis Epic Fail. It's a Lesson in Emotional Intelligence. The story of how Amazon turned aspectacular failure into something brilliant.(제프 베조스는 커다란 실패를 겪은 이후 아마존 직원에게 특별한 조언을 했다. 감성 지능에 대한 것으로, 아마존이 어떻게 엄청난 실패를 굉장한 것으로 바꾸었는지에 관한 이야기였다.)" Inc. Last updated December 9, 2019. AccessedMay 14, 2020. www.inc.com/justin-bariso/jeff-bezos-gave-an-amazon-employeeextraordinary-advice-after-his-epic-fail-its-a-lesson-in-emotionalintelligence.html

가상 비서들을 개발하고 배포한 혁명은 (1) 대폭 개선된 자연어 처리 및 자연어 이해, (2) 고속 인터넷, (3) 클라우드 컴퓨팅, (4) 소형 마이크폰과 스피커의 유비쿼터스 확산 등의 융합에서 비롯됐다. 하지만 이런 것들조차 시리가 성공하는 데는 도움이 되지 못했다. 알렉사가 시리와 달랐던 주된 차이점은 독립형 기기인 에코Echo에 내장돼 있다는 점이었다. 모바일 가상 비서는 다른 주요 용도가 있고, 가상 비서 기능은 그저 커다란 생태계 안에서 새로운 기능일 뿐이었다.

이는 에코가 아이폰 또는 PC와는 달리 효과적인 가상 비서 역할을 하는 특정 목적을 위해 디자인됐음을 의미한다. 에코는 사용 맥락을 염두에 두고 설계됐다. 마케팅과 결합된 에코의 원통형 형태는 에코가 가정에서의 유스케이스를 명확하게 정의했음을 의미했다.

에코의 성공에는 분명한 교훈이 있다. 유스케이스가 명확하게 정의된 제품은 소비자들로 하여금 새로운 제품 카테고리의 사용 맥락을 이해하게 하는 데 효과적이었다. 세 가지 맥락에 대해 자세히 살펴보겠다.

사용 맥락

가정에서 가상 비서를 사용하는 것은 별일이 아니지만 야구장에서는 그렇지 않다. 아마존 에코 플랫폼에 속해 있는 알렉사의 경우 사용 맥락을 통합하는 작업은 쉽다. 기술은 단순히 일회용 범주까지도 포괄하도록 디자인돼야 한다. 실제로 에코는 사용 기간 동안 같은 공간에 있을 가능성이 높다. (그리고 집 안, 각방에 하나씩 아마존이 필요하다면 제품을 훨씬 더 많이 팔 수 있다는 점은 말할 것도 없다!) 이 기기는 침실 또는 부엌 등 놓는 위치에 따라 용도, 상황이 조정될 수 있을 것이다. 그러나 시리처럼 주로 전화기에 존재하는 비서의 경우 과업이 더 복잡하다.[22] 시리는 부엌이나 침실뿐 아니라 자동차, 개인 사무실 공간 또는 심지어 더 공적인 장소에서도(로비, 공공 장소 등) 사용할 수 있다. 위치 서비스를 사용하면, 사용 중인 정확한 위치/방번호에 따라 피드백을 맞춤 제공할 수 있다. 하지만 다양한 가능성을 고려하면, 유스케이스는 복잡해진다.

사용 맥락은 사용자가 어디에 있는지에 대한 것뿐 아니라 무엇을 하고 있는지에 대한 내용도 포함된다. 아마존 에코 사용자는 주방에서 요리를 하고 있을 수도 있다. 이런 경우 알렉사가 지원하는 서비스로는 타이머 또는 레시피가 유용할 수 있다. (알렉사엔 요리 상황에 제공할 수 있는 60,000건의 레시피가 준비돼 있다.)[23] 한편 사용자는 부엌에서 배우자와 채팅을 할 수도 있다. 이 경우엔 공유 캘린더에 액세스하는 것이 가장 중요할지 모른다. 물론 모바일 플랫폼의 비서에겐 맥락별 가능성은 더욱 기하급수적으로 높아질 것이다.

---

22   대부분의 가상 비서들은 전화기 같은 모바일 플랫폼들에서도 사용할 수 있다.

23   Vincent, James. "Amazon's Alexa can now talk you through 60,000 recipes.(아마존의 알렉사는 이제 여러분에게 60,000개의 레시피를 알려줄 수 있다.)" The Verge.Last updated November 21, 2016. Accessed July 1, 2019. www.theverge.com/2016/11/21/13696992/alexa-echo-recipe-skill-allrecipes

가상 비서가 주방에서 사용되도록 디자인됐다 하더라도, 비서가 준비해야 하는 해당 맥락 안에서 사용자가 수행할 수 있는 일들은 여전히 다양하다.

> **요점** 사용자가 어디에 있는지가 중요하다. 사용자 위치가 어디인지 알 수 있다면 AI는 경험을 더 정확하고 적절하게 개선을 할 수 있다. 사용 맥락을 고려하면서 AI를 디자인하면, AI가 더 통찰력을 갖도록 지원할 수 있다.

대화 맥락

가상비서와 이야기할 때 말했던 내용을 기억해야 한다. 비즈니스 인사이더 Business Insider에서 2016년 상위 4개의 가상 비서(시리, 알렉사, 구글 어시스턴트, 코타나)를 테스트하면서, 각 비서에게 보스턴 셀틱 Boston Celtics의 다음 농구 경기에 대해 물었다. 4개의 비서 모두 그 질문에는 잘 대답했지만 "그 팀의 최고 득점자는 누군가요?"라는 후속 질문을 하자 모두 길을 잃었다. 비서들은 "그 팀의"라는 표현이 이전 질문에서의 셀틱에 대한 언급이라는 점을 이해하지 못한 것이다. 이는 비서가 대화의 맥락을 놓친 예다.[24] 그리고 이 사례는 가상 비서들을 사용하는 데 있어 이례적인 상황이 아니다. 비서들은 흔히 대화 맥락을 따라가지 못해 자연스런 대화 흐름을 끊곤 한다. (말하자면 방금 논의한 내용, 현재 쿼리의 대명사가 이전 정보를 참조하는 대명사일 경우가 이런 경우에 속한다.)

> **요점** 이미 기계 번역과 언어의 문제에 대해 설명했다. 하지만 시간적 맥락을 이해해 디자인하면 대화를 향상시킬 수 있을 것이다. AI는 대화에 후속 문장 없이 하나의 질문만 있다고 가정하기보다는 단순한 쿼리를 넘어서서 상호작용들을 수행하고 가장 가능성이 높은 후속 쿼리들을 예상해야 한다.

---

24 "We put Siri, Alexa, Google Assistant, and Cortana through a marathon of tests to see who's winning the virtual assistant race—here's what we found.(우리는 시리, 알렉사, 구글 어시스턴트, 코타나를 대상으로 긴 테스트를 해서 누가 가상 비서 레이스에서 우승했는지 확인했다. 여기, 비교 결과를 소개한다.)" Business Insider. Lastupdated November 4, 2016. Accessed July 1, 2019. www.businessinsider.com/siri-vs-google-assistant-cortana-alexa-2016-11#the-setup-theres-noperfect-way-to-evaluate-a-talking-ai-database-let-alone-four-of-thembut-i-tried-to-cover-as-many-fundamental-topics-as-i-could-1

대화 맥락의 오류는 오늘날까지 가상 비서를 괴롭히는, 가장 불만스러운 오류 중 하나다.

정상적인 대화는 음성 대화 디자이너와 프로그래머에게는 말할 것도 없고 인간에게도 어려운 문제다. 때때로 후속 쿼리는 이전 쿼리를 참조하곤 한다. 그렇지 않은 경우는 완전히 새로운 질문이다. 하지만, 사용자들이 자연스러운 후속 질문으로 보이는 질문들을 했는데 부자연스러운 답변을 받으면 매우 실망스러울 것이다.

비서와의 대화 경험이 안 좋았던 이유는 인간 대화의 일반적인 관례를 따르지 않았기 때문이다. 대명사가 무엇을 지칭하는지 추적하는 사례는 그저 하나의 예일 뿐이고 다른 경우들도 존재한다. 사실 대부분의 인간 대화는 언어 학자이자 철학자인 폴 그라이스[Paul Grice]가 제시한 특정한 격률[maxim25]에 충실하다. 그의 대화 격률[maxim of communication]은 양의 격률[maxim of quantity], 질의 격률[maxim of quality], 관계의 격률[maxim of relation], 방법의 격률[maxim of manner]로 구분된다. 표 3-1을 참고하자.

양의 격률: 정보 (information)	• 대화의 현재 목적에 요구되는 만큼만 정보를 제공하라. • 필요 이상으로 많은 정보를 제공하지 말라.
질의 격률: 진실 (truth)	• 거짓이라고 믿는 것을 말하지 말라. • 적절한 증거가 부족한 것을 말하지 말라.
관계의 격률: 타당성(relevance)	• 관련성 있게 말하라.
방법의 격률: 명쾌성(clarify)	• 모호한 표현을 피하라. • 중의성을 피하라. • 간결하게 말하라(불필요하고 장황한 대화는 피하라.) • 논리정연하게 말하라.

표 3-1 그라이스의 4가지 대화 격률

---

25 Grice, H. P. (1975). "Logic and Conversation(논리와 대화)," Syntax and Semantics, vol.3 edited byP. Cole and J. Morgan, Academic Press, and Grice, H. P. (1989). Studies in the Way ofWords. Harvard University Press.

음성 비서가 인간에게 받아들여지려면 인간의 대화 규범을 따라야 한다. 비서는 그라이스의 대화 격률에 적응함으로써 받아들여질 수 있을 것이다. AI 연구원들은 이 서비스들을 성공시키려면 사람들이 효과적으로 의사소통하는 방법에 대해 이미 알고 있는 언어학자들, 심리 언어학자들의 의견을 수용해야 한다.

알렉사 스킬에 그라이스 격률 적용하기

개빈: 우리가 "AI는 _____에 맞게 디자인돼야 한다"고 말한다면, 이건 어떻게 적용될 수 있을까요? 여러분은 미래 상태를 설명하고 있나요 아니면 이 일은 오늘 할 수 있을까요?

로버트: 기본적인 기술 스킬을 갖춘 사람이라면 누구나 알렉사가 응답할 수 있는 대화를 만들 수 있어요. 사실 저도 알렉사를 프로그래밍하는 방법이나 알렉사 스킬 키트^Alexa ^Skills ^Kit에 대한 경험 없이도 45분만에 하나를 만들었어요. 아마존은 본질적으로 스킬 생성을 허용하는 웹 인터페이스 뒤에 코드를 숨겼습니다.

개빈: 그렇다면 개발자가 돼야 하는 장벽이 제거된 건가요? 당신은 말 그대로 알렉사가 듣길 원하는 것을 드래그–앤–드롭 방식으로 만든 건가요?

로버트: 네. 제겐 기술적인 코딩 기술이 없었어요. 하지만, 아마존은 알렉사가 무엇을 말해야 하고 무엇을 들을지 그리고 알렉사가 그에 대한 응답으로 무엇을 말해야 하는지를 디자인하는 인터페이스를 구축해서 가능했지요. 그래서 권하는 바는 디자인에 UX 원칙들을 통합시키자는 것입니다.

개빈: 그럼 당신은 알고리듬에 대해 말하는 게 아니군요. 당신의 제안은 그라이스의 격률에 있는 원리 같은 대화 규범을 따르는 음성 비서를 디자인하는 것이군요.

로버트: UX 원칙들을 디자인에 반영하면 UX와 AI가 통합돼 제품을 훨씬 더 스마트하게 만들 수 있습니다. 이 예에서 대화 맥락은 AI에 탁월한 우위를 부여하지요.

요점　언어 학자들이 이미 알고 있는 커뮤니케이션 패턴에서 많은 것을 배울 수 있다. 그라이스의 격률을 사용하면, 대화에 영향을 줄 수 있고 후속 질문들을 예상할 수 있다. 또한 오류를 분석하면, 해결책을 제안하거나 대화를 수정할 수 있다. 이런 대화 맥락을 AI 제품에 통합하는 예시들을 참고하자.

정보/ 사용자 맥락

이 광범위한 세 번째 범주의 맥락에는 서비스가 액세스할 수 있는 리소스들이 포함된다. 사용자 속성에 대한 리소스와 검색할 때 사용자에게 도움이 되는 리소스가 모두 포함된다. 당연하겠지만, 구글은 이 두 범주 모두에서 모범이 된다. 구글은 데이터를 수집하는 데 가장 능숙하며(사실상 그들의 운영 방식임) 해당 데이터를 활용해 결과물을 개인화시킨다. 마찬가지로 구글은 무언가에 대해 알고 싶어하는 순간에 가장 먼저 풍부한 정보에 액세스할 수 있게 한다. 이는 외부 정보에 대한 액세스 측면에서 경쟁사보다 뚜렷한 이점이다. 알렉사와 시리는 정보를 외부 소스에 의존해야 한다. 예를 들어 어떤 배우의 가장 최근 영화에서의 역할이 잘 기억나지 않아 그 배우에 대한 정보를 검색할 때 외부 소스에 의존하는 것이다.

또한 AI가 화자speaker, 말하는 사람를 알면 얻을 수 있는 이점에 대해 생각해보자. 알렉사와 구글 홈Google Home은 가정에서 말하는 사람을 식별하는 방향으로 발전하고 있다. 사용자의 이 정보 맥락informational context은 엄마 또는 아빠이고, 이들은 아마도 AI 지원 출력을 결정하는 데 역할을 할 것이기 때문이다. 예를 들어 음성 비서가 질문하는 대상을 알고 있다면 '음악 재생'이라는 명령에 대한 응답은 화자에게 맞춰 수행될 것이다.

요점　간단히 말해서 가상 비서는 입력(발화)과 결과 출력(응답)이 필요한 과업을 수행한다. AI가 맥락(context)과 같은 AI-UX 원칙을 적용하도록 디자인됐다면, AI는 훨씬 더 유용한 경험을 만들어낼 수 있었을 것이다.

예: AI 자동차

이러한 맥락들은 가상 비서들이 새로운 도메인으로 확장됨에 따라 유의미한 측면이 있다. 가상 비서들이 성장할 것으로 전망되는 공간 중 하나는 모빌리티mobility, 예: 자동차 분야다. 현재 자동차는 음성 기반 비서의 가장 인기 있는 유스케이스다. 보이스봇 AI[Voicebot.ai26]의 산업 리서치에 따르면, 가상 비서의 스마트폰 사용자 수는 대략 월간 9천만 명, 자동차 사용자 수는 7천 7백만 명, 스마트 스피커 사용자 수는 4천 6백만 명이다.

자동차는 가상 비서의 흥미로운 유스케이스다. 복스[Vox] 저널리스트인 라니 몰라Rani Molla가 지적하듯이, 터치 스크린을 사용할 수 없는 운전 상황에서 음성 비서들은 완벽한 대체제처럼 보인다.[27] 오늘날의 자동차 음성 비서들은 흔히 스마트폰을 통해 연결되곤 한다. 스마트폰 연결 기능이 내장된 자동차들은 애플 카플레이[Apple CarPlay], 안드로이드 오토[Android Auto] 같은 프로그램들을 이용할 수도 있지만 이런 내장 기능들 없이 작동할 수 있기도 하다. 시리와 구글 어시스턴트가 그런 사례로 자동차 공간에서 사용할 수 있다는 이점이 있다. 하지만 아마존은 내장 음성 비서가 없는 자동차용 에코 오토[Echo Auto]라는 플러그인을 계획하면서 맞서고 있다.[28] 아마존은 이미 특정한 환경을 위해 구축된 독립형 가상 비서 제품들을 만들어 명성을 쌓았기 때문에, 이 제품이 효과적인 제품임을 입증할 수 있을 것이다.

몇 년 전 토요타[Toyota]는 유이[Yui]라고 하는 보다 기능적인 자동차 가상 비서가 탑재된 컨셉 카를 미리 선보였다.[29] 유이는 어디로 가야 할지 안내할 때 사용할 수

---

26 Molla, Rani. "The future of smart assistants like Alexa and Siri isn't just in homes—it's incars(알렉사, 시리 같은 스마트 비서의 미래는 집에 있는 것이 아니라, 자동차에 있다)." Vox. Last updated January 27, 2019. Accessed June 26, 2019. www.vox.com/2019/1/15/18182465/voice-assistant-alexa-siri-home-car-future

27 Molla, Rani. "The future(미래)."

28 https://www.consumerreports.org/automotive-technology/amazon-alexa-isnt-so-simple-in-a-car/

29 Etherington, Darrell. "Here's what it's like to drive with Toyota's Yui AI in-car assistant.(토요타의 유이, AI 차량 내 비서와 함께 운전하는 경험을 소개한다.)"TechCrunch. Last updated January 6, 2017. Accessed July 2, 2019. https://techcrunch.com/2017/01/06/heres-what-its-like-to-drive-with-toyotas-yui-ai-in-car-assistant/

있는 모든 종류의 특별한 정보 맥락$^{informational\ context}$를 가지고 있었다. 사용자가 화요일 퇴근 후 항상 식료품점을 방문한다면 캘린더에 다른 계획이 있지 않는 한 그 시간대가 되면 그곳으로 안내할 것이다. 그리고 그것은 사용자가 운전하도록 허용하는 모드와 자동차 스스로 운전하는 모드 사이를 전환시킬 수 있다. 또한 사용자 노면 도로와 고속도로 중 어떤 것을 선호하는지 기억해 목적지와 경로를 추천할 때 그 데이터를 사용한다. 그리고 얼굴 표정 분석을 기반으로 이러한 선호도를 학습할 수도 있다. 즉 사용자를 기반으로 한 정보 맥락을 통합하는 것이다.

사용자를 지원할 때 맥락에 대한 이해는 필수다

개빈: 유이는 그저 컨셉일 뿐 현실로 만들기엔 갈 길이 멉니다. 하지만 유이를 통해 장기적으로 가상 비서가 무엇을 할 수 있을지 미리 예상해볼 수 있습니다. 유이는 상황을 앞서 적극적으로 주도하는 프로액티브한 특징이 있으며, 다양한 유형의 맥락들을 통합합니다. 이 서비스는 사용 맥락에서 특히 사용자의 운전을 돕는 데 초점을 맞춘 듯 보입니다. 정보 맥락 관점으로 보면 사용자에 대한 풍부한 정보를 가지고 있는 것으로 보이며, 맥락 기반이므로 사용자가 명령하지 않아도 도움을 줄 수 있습니다.

로버트: 이미 자동차의 프로액티브한 대응을 위한 기본 요소들을 가지고 있습니다. 많은 신차에 적용된 '차선 보조$^{lane\ assist}$' 기능에 대해 생각해봅시다. 최근에 렌터카를 이 기능으로 운전한 적이 있습니다. 자동차 깜빡이 신호를 켜지 않고 현재 있는 차선 밖으로 표류하면, 차는 (부드럽게) 저항해 원래 차선으로 다시 돌아오고 오디오 알림 신호도 재생됐습니다. 이는 자동차의 프로액티브한 대응의 첫 번째 단계입니다. 자동차는 아마도 제 상황에 대해 저보다 더 잘 알고 있었을 것입니다. 정신이 없이 전화를 받았거나 고개를 끄덕여서였을 수도 있습니다. 머신 비전, 센서, 신호 넣는 행동 등의 이러한 조합은 생명을 구하고 좋은 사용자 경험을 제공하는 예입니다.

개빈: 이런 사례들은 가까운 시일 내에 모빌리티 AI 분야에서 만들어낼 수 있는 UX의 변화입니다.

로버트: 유이 같은 서비스를 개발하기엔 아직 멀었습니다. 적어도 10년은 족히 걸릴 것입니다. 이것들은 명백한 유스케이스이죠. 저는 AI가 저 대신 제 차를 운전하거나 운전 상황을 알아챌 수 있도록 돕는 조수 역할을 하길 기대합니다. 예를 들어 AI는 도로에서 장애물이 보이지 않아도 감지해야 합니다. 아니면 옆 차량의 운전자가 술을 너무 많이 마신 사람처럼 운전하는지 감지할 수도 있겠습니다. 그 서비스는 제 '상황 인식situational awareness'에 도움이 돼야 합니다. 제가 안전하게 운전할 수 있도록 AI를 작동시켜 봅시다.

개빈: 오늘날 채택할 수 있는 자동차 가상 비서용 UX 솔루션이 존재합니다. 자동차는 사용 맥락 차원에선 쉬운 시나리오에 속합니다. 사용자들은 차에서 가상 비서에게 무엇을 물어보고 싶을까요? 주로 방향을 안내하고 음악과 팟캐스트를 재생하길 원합니다. 사용자는 새 메시지가 있는지 물어볼 수도 있겠습니다. 하지만 그게 다입니다.

로버트: 맞습니다. 하지만 그건 짧은 생각으로 보입니다. 알고 있는 맥락(고속으로 운전 중인 수 톤짜리 대형 차량)을 적용하는 일은 여러 정보들 간 우선순위가 정해져야 함을 의미합니다. 만약 제가 일기 예보를 요청했다고 가정해보겠습니다. AI가 임박한 사고를 감지하길 포기하고 대신 비가 올 거라고 말해줘야 할까요? 당연히 아니지요.

개빈: 두 업무를 수행하는 AI 시스템은 동일한 시스템일까요? 당신이 사고의 위험에 처했을 때 브레이크를 밟는 AI와 질문에 대답하는 AI와는 완전히 별개의 AI가 있을 수 있습니다.

로버트: 만약 그렇다면 그 AI들은 분명히 서로 이야기를 해야 할 겁니다. 제가 비서 AI와 이야기하면서 운전 중 계속해서 아슬아슬한 상황에 놓인다면, 사고 감지 AI는 AI 비서에게 내가 불필요한 질문들을 하지 못하게 해야 한다고 말할 수도 있어야 합니다.

개빈: 그렇습니다. 가상 비서는 사용자들을 지원하되 (이런 경우) 정보와 엔터테인먼트 제공에 앞서, 안전의 우선순위를 이해해야 합니다.

로버트: 이와 같은 변화들은 가상 비서를 더 유용하게 만드는 데 큰 도움이 됩니다.

> **요점** 가상 비서가 성공하려면, 사용 맥락(context of use), 대화 맥락 (conversational context), 정보 맥락(informational context)의 3가지 맥락을 통합시켜야 한다.

데이터 과학과 보정

AI와 같은 데이터 과학은 최근 많은 관심을 받고 있다.

> **정의** 데이터 과학(data science, 데이터 분석(data analytics)이라고도 함)은 인사이트를 수집하기 위한 대규모 데이터 세트를 분석하는 일이다.

인간이 분석하기에 불가능한 만큼 방대한 양의 데이터에서 인사이트를 발견하는 잠재력은 무척 매력적이다. AI는 알고리듬에 많은 시간을 들이지만 놀랍게도 데이터에는 많은 시간을 투입하지 않는다. 모든 데이터는 과거의 아카이브에서 구매하거나 입수하며 그 데이터들은 AI로 전환된다. 사람들은 AI 알고리듬이 사고할 때 어떤 일이 일어나는지 보고 싶어한다. 그래서 알고리듬 자체와 알고리듬이 밝혀내는 결과에 많은 관심이 집중된다. 하지만 우리는 기계에 공급되는 데이터에 충분히 관심을 쏟고 있을까?

AI는 블랙 박스^{black box}로 묘사돼 왔다. 한쪽에선 데이터가 입력되고 다른 쪽에선 결과값이 출력되는데, 입력된 데이터의 변환 과정은 보여주지 않는다(그림 3-1).

블랙박스

그림 3-1 블랙 박스(AI 프로세스)에 들어가는 정보와 반대편에서 나오는 인사이트.

돈 노먼은 과거 초기 신경망 개발의 기반이 된 정보 처리[information processing] 이론을 발전시킨 팀의 일원이었다. 그는 AI에 대해 다음과 같이 말했다. "현대의 인공지능이 지닌 문제점은 이 지능이 모두 방대한 데이터에 대한 패턴 인식에 기반을 두고 있다는 점이에요. 패턴을 찾는 일인 것이죠. … AI는 모든 문헌을 읽어 들이지만, 우리는 AI가 어떻게 추론하는지는 알 수 없어요. … 이해하는 과정이 없는 것입니다."[30] 우리는 알고리듬 안에서 무슨 일이 일어나고 있는지 보지 못한다. 형성된 패턴은 단지 통계적 계수일 뿐이기 때문에 산출물을 만드는 데 사용된 근거를 밝혀내는 것은 불가능하다.

조사 데이터 지뢰밭

로버트: 최고의 시장 조사 업체에서 우리의 UX 컨설팅 회사를 인수하면서 빅데이터가 실제로 무엇인지 직접 배울 수 있었습니다. 수십 년간 축적된 엄청난 양의 데이터가 있었는데요. 그 데이터들은 모두 세계적 수준의 데이터 기업 그 자체였습니다.

개빈: 30여 년 간의 변화 추세를 볼 수 있는 그 방대한 규모의 응답자 데이터에 액세스한다는 것은 이 데이터를 사용할 수 있는 AI 앱을 구축하려는 팀에겐 무척 아름다운 광경이었을 겁니다.

로버트: 실제로 그 데이터들은 시장 조사 동향을 이해하는 데 매우 유용하며, AI 트레이닝 데이터로서도 잠재적인 가치가 있습니다. 일부 질문들은 댁내 인터뷰에서 전화 설문, 온라인 조사에 이르기까지 방법론이 여러 변화를 거치는 동안에도 살아 남았지요.

개빈: 그리고 대략 같은 질문들을 사용한다면, AI 데이터 소스로서 정말 흥미로울 수 있습니다.

로버트: 하지만 우려도 있습니다. AI가 생성한 산출물을 사용하는 사람들은 데이터 세트

---

30 Norman, Don (2016). "Doing design with Don Norman(돈 노먼과 디자인하기)." Medium Podcast. August 24,2016. Accessed March 18, 2020. https://medium.com/@uxpodcast/design-doingwith-don-norman-6434b022831b

에 대해서도 알아야 합니다. 얼마나 많은 개발자가 그 데이터를 수집하는 데 사용된 여러 방법들에 관한 질문을 중단할까요? 데이터 과학자들은 서로 다른 데이터 수집 방법들이 얼마나 영향을 미치는지 평가하는 방법에 대해 알고 있었습니다. 하지만 이 방법은 AI에게 잃어버린 걸까요, 아니면 그저 블랙 박스의 일부인 걸까요?

개빈: 데이터 세트에는 데이터 이상의 것이 존재합니다. 여기엔 데이터에 대한 데이터인 '메타 데이터metadata'가 있습니다. 그리고 어떤 데이터는 중요할 수도 있지만, 실제로 알고리즘에서는 중요한 데이터에 해당되지 않아서 '순수한 데이터 세트'를 제공하기 위해 제거되기도 합니다.

로버트: 저는 바로 그 점이 우려됩니다. 어떤 설문 조사이든 디자인이나 기술적 문제 또는 응답자의 무성의로 인해 누락된 데이터가 있습니다. 데이터 과학자가 자주하는 일은 다양한 기술을 사용해 누락된 데이터를 채우는 일입니다. 결과적으로 셀 누락 없이 '순수한 데이터 세트'가 생성되는 것입니다.

개빈: 데이터가 '디자인' 상 누락되는 이유는 무엇인가요?

로버트: 1970년대에 60분짜리 소비자 선호도 설문 조사란 누군가의 집에서 커피를 마시며 인터뷰를 하는 것이었습니다. 1980년대에 이 설문 조사 방법은 전화 인터뷰로 발전했고, 그 다음으로는 온라인 컴퓨터 설문 조사, 이젠 휴대폰으로 하는 설문 조사가 됐지요.

개빈: 하지만 누가 휴대폰으로 60분 동안이나 설문 조사에 응할까요?

로버트: 그게 바로 요점입니다. 연구자들은 소수의 조사 참여자만이 10분 이상의 휴대폰 설문 조사를 견뎌낼 수 있다는 점을 알고 있기 때문에 설문 조사를 여러 섹션으로 나누지요. 이제 집 안에서 일어나는 일들을 빠짐없이 확인하려면 여러 명의 참가자들이 필요합니다.

개빈: 연구원들이 단순히 데이터를 병합하는 건 아닙니다. 누락된 데이터들은 데이터 과학자들이 수행하는 몇 가지 조치들로 채워집니다. 어떤 조사에서든 데이터 과학자가 채우게 될 누락된 필드가 존재합니다. 뿐만 아니라 설문 조사 방법론자들은 어떤 설문 조사에선 최대 25%의 설문이 '푼돈'을 벌려는 사람들이 만든 봇에 의해 응답된다고 말합니다.

로버트: 네, 어떤 데이터 세트에는 누락된 데이터가 많고요. 다른 데이터 세트는 사람이 아닌 봇에 의해 데이터가 채워집니다. 이런 데이터로 인해 모두 멈춰야 하는 상황이 되합니다. AI의 코어에서는 패턴을 찾습니다. AI는 빈 셀을 채우는 데 사용된 기본 알고리듬 데이터나 설문 조사를 수행하기 위한 봇이 만들어낸 데이터에서 연관성을 확인하면서, 가장 일치하는 패턴을 찾지 못할까요? 그리고 이게 사실이라면 AI는 인간 데이터보다 알고리듬으로 만들어진 데이터를 평가하게 되는 걸까요?!?!

개빈: 쓰레기를 넣으면 쓰레기가 나옵니다^{GIGD, Garbage In, Garbage Out}. 하지만, 우리는 결코 알 수 없습니다. 산출물이 어떻게, 왜, 어디에서 비롯돼 만들어졌는지 알고 싶지만, AI 블랙 박스 내부를 들여다볼 수 없기 때문입니다.

> **요점** 바로 이러한 특징이 AI의 블랙 박스로서의 문제점이다. AI는 딱 받아들이는 데이터만큼만 좋기 때문에 사용되는 데이터는 매우 중요하다. 어떤 데이터가 들어가고 내부에서 어떤 일이 일어나는지 이해할 수 있다면, 결과는 일부 데이터 과학자들이 구멍을 메우기 위해 사용한 것을 재현한 것일 수 있기 때문이다.

AI가 인간 응답자들을 대상으로 한 설문 조사 데이터를 사용할 때는 매우 조심해야 한다. AI 알고리듬을 훈련시키기 위해 데이터를 사용할 때 실제로 높은 수준의 철저한 검토를 거친 후 데이터에 접근해야 한다. 마케팅 기업은 잠재 고객에 대한 데이터베이스를 구축할 수 있다. 또는 정치 캠페인을 하는 조직 내부에는 매개 변수와 값이 많은 잠재적 유권자에 대한 목록이 있을 수 있다. 이 데이터들은 AI 도구가 학습하는 데 사용할 수 있는 데이터들이다. 데이터 과학자는 데이터 요소들을 얻은 방법과 누락된 데이터가 채워졌는지 여부를 이해해야 한다. 한 번 AI를 훈련하면 해결의 배경이나 근거를 파악하기 위해 '블랙박스'를 들여다볼 수 없기 때문에 자세한 내용을 아는 것은 향후 AI의 성공에 필수적이다. 또한 정확한 데이터가 없다면 데이터 과학의 발견, 보완에 의존하는 AI 프로그램은 기껏해야 의심스러울 뿐이다.

이 문제에서의 강조점들을 다시 살펴보자. 데이터 과학자들은 종종 데이터 세트 정보가 누락돼 있음을 본다. 데이터 세트에 설문 조사 또는 응답자의 행동 정보가 포함돼 있으면 몇 가지 문제가 발생한다. 적절한 분석을 위해선 데이터 세트의 모든 셀이 채워져야 한다. 연구원들이 단순히 빈 셀이 있는 데이터 행들을 삭제하면 왜곡되거나 편향된 결과가 나온다. 특히 빈 셀이 있는 행이 공통적으로 지닌 교란 변수가 있는 경우[31] 데이터 과학자들은 이 셀들을 채워야 한다. 이를 데이터 보정data imputation이라 부른다.

> **정의** 보정(imputation)은 누락된 셀 대신 데이터 세트에 값을 삽입하는 것이다. 데이터 분석을 실행하려면 보통 보정이 필요하다.

또한 설문 조사 디자인에도 기본적으로 보정이 전제된다. 어떤 설문 조사는 너무 길어서 완료하는 데 30분가량 걸릴 수 있다. 오늘날 대부분의 사람들은 30분 설문 조사엔 응하지 않는다. 그리고 누군가 설문에 응한다고 해도 설문 조사가 끝날 무렵이면 응답의 질이 낮아질 가능성이 높다. 이러한 이유로 설문 조사 디자이너들은 설문 조사를 더 작은 단위의 조사로 나누기도 한다. 예를 들어 조사를 10분 단위로 나누고, 나눈 그룹은 각각 개별 주제에 할당한다. 그런 다음 연구자들은 공통된 데이터(예: 인구통계학적 정보)를 사용해서 이런 주제들의 응답들로 다른 설문 조사 그룹의 데이터를 보정한다. 이런 보정은 원래 주제와 유사한 인구통계학적 정보를 가진 다른 주제들의 응답들을 기반으로 한다.

보정은 설문 조사 연구에 필요한 합리적인 통계 프로세스지만 AI 트레이닝 세트로서는 혼란을 일으킬 수 있다. 많은 대규모 설문 조사에선 최소한 어떤 종류로든 보정이 일어난다. 데이터를 보정하는 방법에는 여러 가지가 있으며 그중 다수는 알고리듬의 입력을 포함한다. 이렇게 알고리듬으로 생성된 보정값들은 우리를 걱정스럽게 만든다.

---

31 Gelman, Andrew and Hill, Jennifer. "Missing-data imputation(누락된 데이터 보정)." From Data Analysis Using Regression and Multilevel/Hierarchical Models, Cambridge University Press (2006). P. 529-544. Accessed July 3, 2019. Doi: https://doi.org/10.1017/CBO9780511790942.031

많은 데이터 인사이트는 데이터 세트에서 발견된 추세를 기반으로 한다. 데이터를 보정하는 알고리듬이 있는 경우 해당 알고리듬은 보정할 때 특정 패턴을 따른다. 그러면 데이터에 인위적으로 표시되는 패턴이나 추세를 나타내는 데이터가 생성된다. 이러한 데이터 세트를 제공받은 AI 학습 시스템은 이 알고리듬 패턴들을 식별해 사람이 생성한 추세로 오인할 수 있다.

물론 알고리듬적으로 보정된 데이터가 데이터 분석에서 명확하게 다른 것으로 표시되지 않으면, 위험한 결과가 초래될 수 있다.

해결책은 보정된 데이터를 보정된 것으로 표시하고 중요한 메타 데이터를 제거하지 않는 것이다. 데이터 과학자들은 이를 통해 AI 개발자들에게 제공할 적절한 트레이닝용 데이터 세트를 구성할 수 있는 맥락을 제공하게 될 것이므로, AI 시스템은 의도된 대로 데이터를 분석할 것이다. 데이터에 비판적으로 접근하면 AI가 데이터에 내재된 어떤 인위적인 결과를 제공하기보다는 실제 무언가를 발견할 수 있는 더 나은 기회를 갖게 된다.

> **요점** 설문 조사 데이터는 보정 알고리듬에 의해 최소한 부분적으로 생성될 수 있다. 설문 조사를 기반으로 한 데이터 세트를 AI에 트레이닝 데이터로 제공하기 전에, 알고리듬에 의해 실제로 생성되는 데이터의 양을 살펴보라.

추천 엔진

만약 스포티파이Spotify의 '디스커버 위클리Discover Weekly' 플레이리스트나 애플 뮤직Apple Music의 유사한 '나의 신곡 믹스New Music Mix'를 사용해본 적이 있다면, 추천 엔진과 상호작용을 해본 것이다.

> **정의** 추천 엔진(Recommendation Engine)은 사용자의 과거 행동을 분석해서 사용자가 좋아할 만한 새로운 콘텐츠를 결정해 사용자에게 새로운 콘텐츠를 추천하는 알고리듬이다.

추천 엔진이 지배하는 영역은 음악만이 아니다. 넷플릭스Netflix와 훌루Hulu는 영화와 TV 프로그램을 추천한다. 유튜브YouTube에는 악명 높은 오른쪽 사이드 바가 있으며 아마존 웹 사이트는 추천 제품으로 주변 공간을 가득 채우는 듯 보인다. 심지어 페이스북Facebook과 트위터Twitter도 사용자에게 관련 계정과 페이지를 추천하거나 '당신이 아는 사람들'과 연결해보라고 제안한다.

이 시점에서 추천 엔진은 유용한 경우 매우 다양한 디지털 서비스들의 매력의 토대가 된다. 반면 추천 엔진이 관련 없는 콘텐츠나 사용자가 이미 본 콘텐츠를 추천하는 경우엔 끝없이 실망할 수 있다. 이런 엔진들이 사용자들의 관심을 끌 수 있는 시간은 매우 짧다. 넷플릭스 리서치에 따르면 사용자들은 60~90초 후에 볼 수 있는 새로운 콘텐츠 검색을 포기한다.[32] 사용자들이 추천 엔진이 제공한 서비스에 실망하면 '실패 악화'로 이어지며 이 상황이 되면 사용자들은 추천 엔진이 비효율적이라는 것을 금방 깨닫게 되고 이를 무시하기 시작한다. 그러나 넷플릭스, 스포티파이 같은 웹 서비스는 제안을 개선하기 위해 지속적으로 알고리듬을 수정한다.

최적의 상태가 된 추천 엔진은 사용자와 기업, 모두에게 효과적인 목적으로 제공된다. 웹 서비스는 사용자들이 계속해서 탐색하고 듣고 보며 쇼핑하길 원한다. 넷플릭스 리서치에 따르면 추천 엔진들은 그렇게 함으로써 기업이 10억 달러 이상을 절약하게 만들었다. 또한 내부 리서치에 따르면, 넷플릭스의 동영상 조회수 80%는 직접 검색이 아닌 추천에서 발생한다.[33] 사용자들은 새롭고 유용한 콘텐츠를 찾고 싶어하며 추천 엔진은 이를 지원한다.

2014년 넷플릭스는 데이터를 보는 데 초점을 맞췄던 단순한 엔진에서 신경망을

---

32 McAlone, Nathan. "Why Netflix thinks its personalized recommendation engine is worth $1 billion per year(넷플릭스가 개인화된 추천 엔진이 연간 10억 달러의 가치가 있다고 생각하는 이유)." Business Insider. Last updated June 14, 2016. Accessed June 16, 2020. www.businessinsider.com/netflix-recommendation-engine-worth-1-billion-per-year-2016-6

33 McAlone, "Why Netflix(상동)."

기반으로 한 좀 더 복잡한 엔진으로 추천 엔진을 업데이트한다고 발표했다.[34] 넷플릭스의 추천 알고리듬은 사용자들의 시청 습관에 관한 데이터를 사용한다(어떤 쇼 프로그램이나 영화들을 봤는지, 얼마나 빨리 봤는지, 어떤 프로그램을 보다가 중단했는지 등). 알고리듬은 이 데이터들을 다른 시청자들의 데이터, 인간 코더가 각각의 넷플릭스 프로그램에 할당한 장르와 기능 코드를 결합해 사용자들을 수천 개의 '기호 그룹taste group' 중 하나로 그룹화시킨다.[35]

스포티파이의 디스커버 위클리 플레이리스트에 대한 추천 엔진은 유사한 데이터 수집 및 하위 장르 분류 기능을 제공하지만, 사용자 플레이리스트 페어링이라는 또 다른 메트릭을 추가로 제공한다.[36] 많은 사용자가 밴드 크랜베리스Cranberries 의 '드림즈Dreams'와 동일한 플레이리스트에 가지고 있는 노래는 '꿈'과 관련이 있을 가능성이 높다. 이런 메트릭은 우연한 페어링의 가능성을 낮춘다. 또한 스포티파이는 사용자 습관에 따라 추천을 개인화하는 방법도 설명한다. 2015년 스포티파이는 넷플릭스의 기호 그룹들과 마찬가지로 하위 장르들에 대한 구체적인 데이터베이스 구축에 대해 설명했다.

소프트웨어 엔지니어 소피아 치오카Sophia Ciocca에 따르면 스포티파이는 3가지 프로세스를 사용해 디스커버 위클리 추천을 구성한다. 먼저 사용자들을 다른 사용자들과 비교하는 매트릭스 분석을 실행하고, 아티스트들과 노래들의 언론 보도 자료에서 자연어 처리 데이터를 사용해 어떤 형용사가 사용자를 설명할 수 있을

34   Russell, Kyle. "Netflix Is 'Training' Its Recommendation System By Using Amazon's Cloud To Mimic The Human Brain.(넷플릭스는 인간의 두뇌를 모방하기 위해 아마존의 클라우드를 사용해 추천 시스템을 '트레이닝'하고 있다.)" Business Insider India. February 12, 2014. Accessed June 15, 2019. www.businessinsider.in/Netflix-Is-Training-Its-Recommendation-System-By-Using-Amazons-Cloud-To-Mimic-The-Human-Brain/articleshow/30259713.cms

35   Plummer, Libby. "This is how Netflix's top-secret recommendation system works.(이것이 넷플릭스의 최고 기밀의 추천 시스템이 작동하는 방식이다.)" Wired. August 22, 2017. https://www.wired.co.uk/article/how-do-netflixs-algorithms-work-machine-learning-helps-to-predict-what-viewers-will-like

36   Pasick, Adam. "The Magic that Makes Spotify's Discover Weekly Playlists So Damn Good(스포티파이의 디스커버 위클리 플레이리스트를 아주 좋아하게 만드는 마법)." Quartz. Accessed June 15, 2019. https://qz.com/571007/the-magic-thatmakes-spotifys-discover-weekly-playlists-so-damn-good/

지 결정하고, 각 노래의 오디오 속성들에 대한 신경망 분석을 실행한다.[37] 그런 다음 이런 요소들을 인간이 생각하는 가이드라인과 결합해 '부모를 위한 어린이 음악'으로만 가득 찬 플레이리스트는 만들지 않도록 한다.[38]

이 모든 개인화personalization는 디스커버 위클리에 인간이 선별한 플레이리스트의 느낌을 줄 수 있다. 어떤 의미에서는 사람이 선별한 플레이리스트다. 그 플레이리스트는 사용자의 청취 습관과 다른 사용자들이 만든 플레이리스트들을 기반으로 만들어지며, 프로세스 전반에 걸쳐 사람의 손길이 닿는다. 하지만 딥러닝deep learning, AI로 간주될 수 있음이 역할을 하며, 궁극적으로 알고리듬에 의해 곡들이 선택된다.

스포티파이 사용자인 블로거 에릭 밤Eric Boam은 1년 동안 추천받은 거의 모든 음악을 기록하고, 스포티파이의 추천을 미디어와 특정 사람 출처의 추천과 비교하는 게시물을 작성했다. 그는 스포티파이가 많은 양의 추천을 제공했지만 스포티파이의 추천이 다른 사람이나 미디어의 추천보다는 성공률이 낮다는 사실을 발견했다.[39] 스포티파이의 알고리듬은 아직 사람이 추천하는 수준을 제공하지 못했다는 것이다. 물론 훨씬 더 많은 양의 추천물을 만들어낼 순 있다.

밤은 여전히 스포티파이 추천을 받아보고 있으며 때로는 서비스를 통해 좋아하는 앨범을 찾는다고 말한다. 궁극적으로 사용자들을 AI 서비스에 참여하게 만드는 것이 최종 목표이며 추천 엔진이 이 목표를 달성한다. 디스커버 위클리는 친구의 추천을 대체하지 않지만 반드시 그럴 필요는 없다. 어쨌든 이 추천들은 스포티파이 플레이리스트 형태로 공유될 수 있다.

추천 엔진은 AI가 사용자 경험에 부합해가는 방식을 보여준다. 실제로 스포티파

---

37   Ciocca, Sophia. "How Does Spotify Know You So Well?(스포티파이는 당신을 어떻게 그렇게 잘 알고 있나요?)" Last updated October 10, 2017. Accessed June 15, 2019. https://medium.com/s/story/spotifys-discoverweekly-how-machine-learning-finds-your-new-music-19a41ab76efe

38   Pasick, "The Magic(상동)."

39   Boam, Eric. "I Decoded the Spotify Recommendation Algorithm. Here's What I Found.(나는 스포티파이 추천 알고리듬을 디코딩했다. 내가 알아낸 내용은 다음과 같다.)" Medium. Last updated January 14, 2019. Accessed June 15, 2019. https://medium.com/@ericboam/i-decoded-the-spotify-recommendation-algorithm-hereswhat-i-found-4b0f3654035b

이의 추천 엔진 중 일부만 AI 시스템이지만, 그 AI 시스템은 다른 컴퓨팅 요소, 인간 요소와 원활하게 결합돼 사용자들에게 가치 있는 엔진을 구축한다. 결론적으로 이 엔진은 서비스로서 스포티파이 또는 넷플릭스의 매력 중 하나일 뿐이지만, 넷플릭스의 수치는 이 엔진이 고객 유지의 중요한 요소임을 보여준다. 고객이 디스커버 위클리 또는 넷플릭스의 추천 서비스에서 항상 사용자가 원하는 음악이나 영화를 추천받지 못하더라도, 사용자들은 디지털 방식으로 생성되는 추천에 계속 참여한다. 그리고 디지털 추천자가 생성할 수 있는 많은 양의 추천은 사용자들의 관심이 사그러들기 전에 사용자가 서비스에 계속 참여하게 만들 수 있다.

> **요점** AI는 추천 등의 분야에서 사람을 대체할 준비가 돼 있지 않을 수도 있지만, 여전히 사용자 경험의 유용한 요소가 될 수 있다.

AI 저널리스트

저널리즘 분야는 정보화 시대에 독특한 곤경에 처해 있다. 뉴스 비즈니스는 지역과 국가 환경에서 가장 중요한 뉴스 공급 업체임에도 불구하고 위기에 처해 있다. 특히 신문은 디지털 시대로 인해 황폐화됐다. 많은 소규모 신문사는 완전히 망했으며, 살아남은 신문사들은 직원을 해고하고 급여를 삭감해 뉴스의 질을 떨어졌다. 언론인들은 끊임없이 뒤틀리는 뉴스 사이클의 특성으로 인해 이미 얇게 퍼져 있으며, 정체되거나 깎인 임금으로 많은 기사 작업을 해내야 한다.

미디어 운영자들은 비용을 절감할 방법을 모색하고 있고, 언론인은 기계적이고 반복적인 작업을 줄이려고 한다. AI 저널리스트에 들어가보라. 2010년 노스웨스턴 대학교^Northwestern University 연구원은 야구 게임에 대한 이야기를 자동으로 작성할 수 있는 프로그램인 스태츠몽키^StatsMonkey를 선보였다.[40] 2019년까지 워싱턴

---

40 "Program Creates Computer-Generated Sports Stories(프로그램은 컴퓨터가 생성하는 스포츠 이야기를 만들어낸다)." NPR. Last updated January 10, 2010. Accessed June 16, 2019. www.npr.org/templates/story/story.php?storyId=122424166.〉

포스트The Washington Post와 미국연합통신AP, Associated Press를 비롯한 주요 뉴스 매체들은 AI를 사용해 기사를 작성했다.[41]

당연히 언론인들은 로봇들에게 일자리를 잃는 것을 두려워한다. 그러나 AI 저널리스트들은 대부분의 언론인을 곧 대체할 정도로 능력이 충분치 않다. 일반적으로 AI 저널리스트들은 수익 보고서, 야구 경기 같은 공식적인 데이터 기반의 이벤트들에 대한 짧은 요약을 대량으로 작성하는 데 투입되고 있다. AI 저널리스트들은 독자적으로 기사를 작성하지 않고 일반적으로 특정 유형의 기사를 작성하는 방법에 대한 스크립트를 제공받는다.[42] 주요 AI 저널리즘 프로젝트인 RADAR는 전문가 시스템과 매우 유사하게 작동된다. 저널리스트가 if-then 규칙 세트와 함께 특정 주제에 대한 기사 형식을 시스템에 프로그래밍해야 하기 때문이다.[43] 다른 AI 저널리스트도 비슷하게 작동하는 것으로 안다. AI 저널리스트는 훈련받은 하위 분야에서 많은 양의 콘텐츠를 제작할 수는 있지만, 일반적으로 저널리스트들이 수행하는 많은 인지적 작업을 대체하진 못한다.

2019년 콜롬비아 대학Columbia University의 토우센터포디지털저널리즘Tow Center for Digital Journalism은 안드레 그레페Andreas Graefe가 AI 저널리스트를 사용해 2016년 미국 대통령 선거의 투표 예측에 대한 이야기를 자동으로 생성하려고 시도했던 연구를 발표했다.[44] AI는 서로 다른 결과의 수천 개의 기사를 게시했고, 그레페는 이 프로젝트가 '매우 성공적'[45]이라고 여겼다. 하지만 주도면밀하게 훈련된 특정 도메인에 관한 것일 때 그리고 덜 복잡한 데이터를 다룰 때 가장 성공적이었다.

41 Peiser, Jaclyn. "The Rise of the Robot Reporter(로봇 리포터의 부상)." Last updated February 5, 2019. Accessed June 16, 2019. www.nytimes.com/2019/02/05/business/media/artificial-intelligence-journalism-robots.html

42 Peiser, "The Rise(상동)."

43 "Will AI Save Journalism—Or Kill It?(AI는 저널리즘을 구할 것인가? 아니면 죽일 것인가?)" Knowledge @ Wharton, University of Pennsylvania. Last updated April 9, 2019. Accessed June 17, 2019. https://knowledge.wharton.upenn.edu/article/ai-in-journalism/

44 Graefe, Andreas. "Computational Campaign Coverage(컴퓨터가 생성하는 캠페인 보도)." Tow Center for Digital Journalism (2017). https://academiccommons.columbia.edu/doi/10.7916/D8Z89PF0/download

45 Graefe, 37.

그레페는 '추진력'이 있거나 '기복이 심한' 후보 같은 질적 특성을 인식하도록 AI를 훈련시키는 데엔 어려움이 있음을 발견했다. 그리고 극도로 치열한 경쟁에서 한 후보가 3점 차이로 우세한 여론 조사는 '큰' 점수 차이처럼 보일 수 있다. 반면 한 명의 우세한 후보가 존재하는 경쟁에서는 그 정도의 우세함은 '작은' 차이일 것이다. 이러한 특성들은 특정 경우에 따라 다르기 때문에 정량화하기 어렵고 AI로 프로그래밍하기도 어렵다.

이는 오늘날 AI 저널리스트의 한계를 효과적으로 보여준다. AI들은 본질적으로 특정한 스크립트들과 도메인들을 위해 설계된 전문가 시스템이지만, 실제로는 인간 저널리스트들에게 위협이 될 만한 일종의 적응형adaptive 학습 또는 딥러닝 deep-learning 작업을 수행할 수 없다. 인간이 쉽게 수행할 수 있는 질적 분석은 AI에게 훨씬 더 어렵다. 한편 AI는 인간이 그 외에 개별적으로 작성해야 하는 정형화된 이야기들을 대량 생산할 수 있다. 이는 둘 간의 공생 관계로 이어진다.

2016년 워싱턴 포스트는 선거 보도에 AI를 배치했다. AI 저널리스트의 한계에도 불구하고, 워싱턴 포스트는 성공적으로 AI 저널리스트를 활용해 약 500여건의 선거 기사를 작성했으며 내부적으로는 기자들에게 선거 데이터의 예기치 않은 변화를 알려 도움이 줬다. 심지어 봇 사용으로 상도 받았다.[46, 47] 2017년 워싱턴 포스트는 조사를 위한 새로운 저널리스트 팀을 꾸렸다.[48] 이 두 사건의 타이밍이 우연이 아닐 수 있다.

---

46   Moses, Lucia. "The Washington Post's robot reporter has published 850 articles in the past year(워싱턴 포스트의 로봇 리포터는 작년에 850건의 기사를 게재했다)." Digiday. Last updated September 14, 2017. Accessed June 17, 2019. https://digiday.com/media/washington-posts-robot-reporter-published-500-articles-last-year/

47   Martin, Nicole. "Did a Robot Write This? How AI Is Impacting Journalism.(로봇이 이걸 썼어요? AI는 저널리즘에 어떤 영향을 미칠까요?" Forbes. Last updated February 8, 2019. Accessed June 17, 2019. www.forbes.com/sites/nicolemartin1/2019/02/08/did-a-robot-write-this-how-ai-is-impactingjournalis m/#31e620777957

48   WashPostPR. "The Washington Post to create rapid-response investigations team(신속한 대응 조사 팀을 만드는 워싱턴 포스트)." The Washington Post. Last updated January 9, 2017. Accessed June 17, 2019. www.washingtonpost. com/pr/wp/2017/01/09/the-washington-post-to-create-rapid-responseinvestigations-team/?utm_term=.5f4864546f4b

개빈: 워싱턴 포스트는 AI가 루틴한 이야기들을 작성하는 걸 신뢰할 수 있을까요? 만약 신뢰할 수 있다면 인간이 가장 잘하는 일종의 인지적인 조사 작업에 더 많이 투자할 수 있을 겁니다.

로버트: 저널리즘을 구하기 위해 정확히 무엇이 필요한 걸까요?

개빈: 워싱턴 포스트는 이제 심층 리포트를 위해 추가 리소스를 투입할 수 있게 되겠죠.

로버트: 정리해보자면 AI는 인간 대신 루틴한 저널리즘 작업을 수행해서 선거 투표와 야구 경기 같은 반복적인 이야기들을 작성할 수 있을 겁니다. 그러면 조사 리포트를 위한 리소스가 확보될 겁니다.

개빈: AI가 기사를 망치면 어떻게 될까요? 예를 들어 제가 가장 좋아하는 야구 팀 인 샌프란시스코 자이언츠가 실제로 4점차로 패했지만 기사에 4점차로 이겼다고 작성했다면 어떨까요?

로버트: 글쎄요, 사람들은 컴퓨터를 비난하기 어려울 것 같아요. 당분간은 AI의 멋진 사례들은 덜 중요한 이야기들로 국한돼 있잖아요. AI가 자이언트 경기에 대해 잘못된 점수를 알려주더라도 세상에 큰 일은 일어나지 않으니까요.

개빈: 자이언츠의 팬으로서, 승리한 경기에 대한 기사를 읽었는데 실제로 팀이 졌다는 걸 알게 되면 조금 화가 날 것 같아요. 아마도 기사를 읽은 사람들에게 자신들의 실수를 알려주는 방법이 존재해야 할 텐데요. 기사를 열어본 사용자들에게만 오류가 있었다는 푸시 알림을 보낼 수도 있겠습니다.

로버트: 저는 말씀해주신 사례가 상황 인식 기반 사전 대응의 좋은 예라고 생각합니다. 당분간 AI 저널리스트는 인간 직원을 보완하는 AI의 또 다른 예가 될 것입니다. AI는 특정 영역에 대한 기사만 쓸 수 있으며 주류 언론인들은 좋아하지 않는 종류의 기사를 쓰고 있습니다. 더 복잡한 작업들은 실제 언론인들이 더 잘 다룰 수 있습니다. 인간 언론인이 AI에 일자리를 잃는다는 두려움은 지금까지 지나치게 과장돼 있습니다.

> **요점** 신문사, 방송 스튜디오의 뉴스룸 같은 업무 환경에서의 AI는 실제로 인간 직원의 업무 능력을 향상시켜, 인간 직원이 인간의 강점에 맞는 보다 인지적인 작업을 수행할 수 있게 한다.

AI, 영화 제작과 창의성

이 장에서는 인간과 AI가 서로 다른 일을 잘한다는 사실을 살펴보려 했다. AI는 계산을 잘 하고 서로 다른 정보 소스들을 수집하며 인간이 얻을 수 없는 인사이트들을 찾을 수 있다. 하지만 인간이 최고인 영역은 여전히 많다. AI가 게임에서 어떻게 이길지 그리고 AI와 인간이 정성적인 도메인에서 어떻게 협력할 수 있는지 살펴보기 위해, AI가 영화 제작이라는 창의적 도메인에서 어떻게 작동하는지 살펴보기로 했다.

믿거나 말거나 2010년대에 최초의 AI-제작 영화 예고편이 나왔다. 2016년 IBM 왓슨은 영화 '모건Morgan'의 예고편을 부분적으로 제작했다. 이 영화는 불량한 AI 시스템을 다루는 인간들에 대한 공포 영화로, 왓슨은 다른 공포 영화들을 보고 분석해 각 장면에 존재하는 다양한 유형의 감정들을 파악하도록 훈련 받은 후 예고편에 잘 어울리는 '모건'의 10가지 장면들을 선택해 예고편으로 편집했다.[49] 이 예고편에는 무섭거나 감정적으로 공감하는 순간들이 포함돼 있으며 분위기를 조성하는 음악이 적절하게 설정돼 있다. 하지만 예고편은 내용 상 연결이 안되고 전혀 앞뒤가 맞지 않았다. 서로 다른 클립들이 항상 서로 잘 어울리는 것은 아니며 예고편을 기반으로 영화 줄거리를 이야기하기란 어렵기도 하다. AI가 생성한 '모건'의 예고편은 '불쾌한 골짜기uncanny valley' 수준의 품질이었다. 즉 그 영상은 사람이 만든 예고편에 가까워 이해하기 어려운 수준은 아니었으나, 시청자에게 괴상하다는 인상을 남겼다.

영화 편집은 인지적 요소와 정서적 요소가 결합되는 영역으로, 편집자들로 하여금 장면이나 클립의 감성적 공명이 무엇인지 그리고 불러일으키고 싶은 감정을 극대화하기 위해 예고편 또는 영화를 어떻게 디자인해야 할지 방법을 이해하도록 요구한다. AI는 아직 복잡하고도 감성적인 이런 종류의 작업은 수행할 준비

49   20th Century Fox, "Morgan | IBM Creates First Movie Trailer By AI [HD] | 20th Century FOX(모건 | IBM은 AI 기술로는 처음으로 영화 예고편을 제작한다 [HD] | 20세기 폭스)." YouTube, Published August 31, 2016. Accessed July 6, 2019. www.youtube.com/watch?v=gJEzuYynaiw

가 갖춰져 있지 않은 듯하다. 헬로 바비[Hello Barbie] 장난감에 대한 쉐리 터클[Sherry Turkle]의 비판을 생각해보자. 그녀는 AI가 공감을 줄 수 없다고 했다.[50] 공감은 많은 예술의 핵심 요소다.

이는 인간이 가지고 있는 것을 인공지능은 복제할 수 없다는 점을 명확하게 보여준다. 인간은 다른 인간들에게 의미가 있고 청중들에게 감정을 불러 일으키는 하위 텍스트 메시지를 전달하며 심지어 심미적 아름다움을 포함하는 일관된 네러티브를 구성할 수 있다. 하지만 AI는 그런 일들을 할 수 없다. 또한 심미성을 정량화하기란 어렵다.

따라서 AI는 대본을 작성하는 일도 영화 예고편을 만드는 일도 잘 해낼 수 없다. 그러나 애니메이션 분야의 영화 제작자들에겐 유용한 도구로 입증됐다. AI는 애니메이션의 루틴한 작업(캐릭터의 세세한 움직임 수정하기 등)을 훨씬 쉽게 해준다. 오늘날 특수 효과가 많은 영화에서 AI는 지극히 중요한 공헌을 하고 있다. 오늘날 배우들은 종종 물리적으로 불가능한 모습을 애니메이션화해야 하는 캐릭터로 출연하곤 한다. 예전에는 배우들이 녹색 스크린 앞이나 녹음실에서 모든 장면을 촬영해야 했다. 하지만 오늘날의 AI는 배우의 얼굴을 가진 캐릭터의 모습을 인위적으로 생성하고 영화 안에서 다른 배우와 함께 행동하게 만들어, 실제 모습 위에 캐릭터를 애니메이션화 할 수 있다. 이 기술은 영화 '어벤져스[Avengers]'에서 사용됐다. 그리고 심지어 애니메이션 캐릭터를 생성하는 속도가 매우 빨라서, 배우는 촬영하는 동안 자신이 애니메이션 캐릭터로 행동하는 것을 볼 수도 있다.[51]

AI가 기계적이고 반복적인 과업들의 자동화에 영향을 준 것은 영화 제작 분야만

50   Barbie wants to get to know your child(바비는 당신의 아이에 대해 알고 싶어 합니다). Vlahos, James. Sept 16, 2015. Retrieved May 19, 2020. https://www.nytimes.com/2015/09/20/magazine/barbie-wants-to-get-to-know-your-child.html

51   Robitzski, Dan. "Was That Script Written By A Human Or An AI? Here's How To Spot The Difference.(그 스크립트는 사람이 썼을까요, 아니면 AI가 썼을까요? 차이점을 찾는 방법은 다음과 같습니다.)" Futurism. Published June 18, 2018. Futurism. Accessed July 6, 2019. https://futurism.com/scripts-written-ai-hilarious-fake-how-to-spot-difference

이 아니다. 의료 AI에서 발견되는 것과 다를 바 없이 AI와 인간으로 구성된 팀은 예술계 전반에 걸쳐 확인된다. 시각 예술 분야의 셀시스 AI$^{Celsys\ AI}$는 흑백 그림들을 채색할 수 있으며,[52] 음악 분야의 브론즈 AI$^{Bronze\ AI}$는 곡이 재생될 때마다 조금씩 바뀌어서 각각의 노래의 무한 버전을 생성할 수 있다.[53] 소설 분야에서도 한 작가가 AI 프로그램을 만들었다. 그 프로그램은 공상과학 소설의 글들을 기반으로 공상과학 소설을 작성하되, 작가의 문장들로 자동 완성된다.[54] 그는 프로그램을 작가의 창의성을 촉발시키는 아이디어를 생성하는 일종의 공동 저자로서 생각한다. 이 세 가지 프로젝트는 널리 사용되진 않는다. 예술 분야의 AI는 아직 황금기를 맞을 준비가 되지 않았다.

그러나 이 프로젝트들은 AI가 인간의 기술 증진에 매우 도움이 되면서도 AI의 정량적 전문 지식에는 그다지 도움이 되지 않는 영역에도 AI가 어떻게 침투하는지 보여준다. 거의 모든 도메인에서 다른 관점을 부여하고 대척점에 있는 기술들을 활용하는 유용한 비서를 고민할 여지가 있다. 예술 분야에서는 AI가 완료해야 하는 정량적 과업들은 적을 수 있다. 하지만, 한 때 인간이 완료하는 데 몇 시간이나 걸리던 과업들을 자동화할 수 있는 도메인들이 여전히 존재한다. 그 과업들을 자동화하면 사람들은 다른 과업들을 더 할 수 있게 된다.

> **요점** 예술 분야에선 인간의 기술은 여전히 최고다. 그러나 아티스트들은 이미 AI가 기여할 수 있는 틈새 적소를 찾고 있으며, 정성적인 도메인에서의 협업적 관계를 시도하고 있다.

---

52   Lee, Dami. "AI can make art now, but artists aren't afraid(이제 AI는 예술을 할 수 있지만, 예술가는 두려워하지 않는다)." The Verge. Last updated February 1, 2019. Accessed July 6, 2019. www.theverge. com/2019/2/1/18192858/adobe-sensei-celsys-clip-studio-colorize-ai-artificial-intelligence-art

53   Christian, Jon. "This AI Generates New Remixes of Jai Paul...Forever(이 AI는 자이 폴의 새로운 리믹스를 끊임없이 생성한다)." Futurism. Last updated June 4, 2019. Accessed July 6, 2019. https://futurism. com/the-byte/ai-remixes-jai-paul

54   "Writing with the Machine(기계와 함께 글쓰기)." robinsloan.com. https://www.robinsloan.com/ notes/writing-with-the-machine/

비즈니스 AI

비즈니스는 인간과 AI의 관계를 구축하기 어려운 AI 분야 중 하나다. 새로운 판매 요인을 찾고, 구직자를 분석하고, 고객 서비스를 개선하고, 복잡하고 따분한 법률 문서를 분석하는 등의 작업을 수행할 수 있는 AI 솔루션이 존재한다.[55, 56, 57] 하지만 수익이 늘고 있는 상황에서 검증된 영업 및 채용 방식을 포기하고 시장에 나와 있는 다양한 AI 비즈니스 솔루션 중 하나를 채택하는 일은 상상하기 어렵다. 비즈니스 환경에서는 특히 신뢰를 구축할 수 있는 AI 시스템을 구축해야 한다.

다행히도 인간과 인간 간의 협업을 위해 디자인된 가이드라인 덕분에, 효과적인 비즈니스 관계를 구축하는 데 필요한 사항들에 대한 리서치 결과가 이미 나와 있다. 이 리서치는 직장에서 AI와 인간 간의 관계를 구축하기 위한 좋은 출발점이 될 것이다. 이 주제는 가정의학 분야에서 비롯되지만, 그 결과는 여러 유형의 비즈니스에 적용 가능하다. 미국 가정의학 아카데미[AAFP, American Academy of Family Physicians] 저널인 FPM의 연구에 따르면, 건강하고 협력적인 관계를 위한 7가지 요소는 신뢰, 다양성, 마음 챙김, 상호관계, 존중, 다양한 상호작용, 효과적인 의사소통이라고 한다.[58]

이러한 요소 7가지 중 6가지는 비즈니스 분야의 인간-AI 상호작용에도 매우 중요하며, 그중 3가지는 이미 앞에서 논의했다. 1장부터 AI에 대한 신뢰의 중요성에 대해 광범위하게 논의했다. 또한 AI와 인간 간의 협업적 관계를 조사해 AI

55   Power, Brad. "How AI Is Streamlining Marketing and Sales.(AI가 마케팅과 영업을 간소화하는 방법)" Harvard Business Review. Last updated June 12, 2017. https://hbr.org/2017/06/how-ai-is-streamlining-marketing-and-sales

56   "Applications of Artificial Intelligence Within your Organization(당신의 조직 안에서 인공지능 적용하기)" Salesforce. www.salesforce.com/products/einstein/roles/.

57   Greenwald, Ted. "How AI Is Transforming the Workplace(AI가 업무환경을 바꾸는 방법)." The Wall Street Journal. Last updated March 10, 2017. www.wsj.com/articles/how-ai-is-transforming-theworkplace-1489371060.

58   Tallia, Alfred F., Lanham, Holly J., McDaniel, Jr., Reuben R., Crabtree, Benjamin F. American Association of Family Practitioners. "Seven Characteristics of Successful Business Relationships(성공적인 비즈니스 관계의 7가지 특성)." From Fam Pract Manag. 2006; 13(1):47-50. Accessed July 14, 2019. www.aafp.org/fpm/2006/0100/p47.html.

가 어떻게 다양성을 부여하는지에 대해서도 논의했다. AI는 자체의 컴퓨팅적인 특성으로 인해 인간의 추론에 내재된 인지적 편견으로부터 자유롭기 때문에 의사결정 과정에 다양한 관점을 추가할 수 있다. 상호 연관성Interrelatedness은 맥락context과 유사하다. 조직 안에서 특정 작업과 협업자들에 관한 큰 그림을 그리는 것이 중요하다는 사실을 인식해야 한다.

하지만 이러한 접근은 또한 기계가 더 친숙하고 덜 위협적인 것으로 보이게 함으로써 사용자들이 기계와 더욱 편안하게 협업하도록 만들 수 있다.

이는 마이크로소프트의 코타나가 가상 비서 침체기에 뒤이어 더욱 좌절감을 주는 정체를 일으키는 독특한 접근 방식을 시도한 또 다른 영역이다. 한때 마이크로소프트가 2016년 링크드인LinkedIn을 인수한 후 링크드인 데이터를 코타나로 가져올 계획이 있다는 소문이 돌았다.[59] 그렇게 했더라면 비즈니스와 개인 업무 영역에서 제대로 기능을 할 수 있는 AI 비서를 만들 수 있었을 것이다. 하지만 불행히도 이 코타나 버전은 결실을 맺지 못했다.

FPM 연구자들은 효과적인 커뮤니케이션이란 텍스트 커뮤니케이션(전달되는 정보와 맥락은 적지만 빠르고 편리함)과 대면 또는 전화를 통한 커뮤니케이션(정보가 더 많고 맥락도 풍부하게 전달되지만 번거로움) 등 서로 다른 2가지 유형의 커뮤니케이션을 적절히 적용할 시기를 아는 것이라고 설명한다. 비즈니스 AI는 사용자에게 메시지를 전달할 방법을 결정할 때 유사한 방법을 적용한다. AI에는 대면 커뮤니케이션 옵션이 없지만, AI와 인간 사이에 가능한 커뮤니케이션 방법에는 텍스트 입력하기, 메뉴에서 선택하기, 음성 인터페이스 등 여러 가지가 있다. 효과적인 비즈니스 AI에는 언제 어떤 방법을 사용할 지에 대한 정보도 구축될 것이다.

---

59   Darrow, Barb. "How LinkedIn Could Finally Make Microsoft Dynamics a Big Deal(링크드인은 어떻게 최종적으로 마이크로소프트 다이내믹스와 큰 거래를 할 수 있었는가)" June 13, 2016. https://fortune.com/2016/06/13/microsoft-linkedin-dynamics-software/ (accessed May 22, 2020).

로버트: 저는 비즈니스 커뮤니케이션의 7가지 요소 중 마지막 요소로 존중에 대해 더 이야기를 나눴으면 합니다.

개빈: 존중^{respect}은 신뢰^{trust}와 어떻게 다를까요?

로버트: 글쎄요. 일반적으로 누군가를 존중할 때 우리는 그들을 신뢰합니다. 따라서 분간하기 어려울 수도 있겠습니다. 하지만 제 생각에 존중은 신뢰를 넘어서는 개념입니다. 비즈니스 AI 도구가 한두 건의 특정 작업들을 수행한다고 생각할 수 있지만, 그 도구들을 존중하지 않을지도 모릅니다. 저 역시도 제 AI가 제 수익 보고서를 분석하고 몇 가지 통계적 인사이트를 작성한다고 믿을 수 있겠지요. 하지만 그렇다고 존중한다는 의미는 아닐 겁니다. FPM 연구원들은 존중이란 '서로의 의견을 소중히 여기는 것'이라고 했습니다. 그건 제가 여러분이 그 인사이트들을 어떤 경우에도 고려할 가치가 있다고 생각하는 걸 의미합니다. 제가 존중하는 AI 시스템이 인사이트에 대해 말해주면, 제가 지닌 모든 선입견에 어긋나더라도 저는 경청할 것입니다. 저는 들을 준비가 됐습니다.

개빈: 존중이 더 일반적인 개념이고, 신뢰가 더 구체적인 개념입니까?

로버트: 맞습니다. 그게 제가 둘을 구분하는 방법입니다. 어렵긴 하지만 때때로 '신뢰'라는 단어로 쓰면서, 존중을 의미합니다. 지금 AI는 사용자의 의견을 소중히 여기게끔 만들어졌지만, 저는 그 의견을 소중히 여기지 않을 수 있습니다. 제가 어떤 일을 한다고 믿더라도 그렇습니다. AI는 사용자의 존중을 받기 전에, 신뢰를 얻고 맥락을 적용하며 효과적으로 커뮤니케이션하고 상호작용을 다양화하는 등 해야 하는 다양한 작업을 수행해야 합니다.

개빈: 말씀하시는 많은 개념이 UX처럼 들립니다. AI는 사용자가 생각하는 방식과 사용자들을 신뢰할 수 있게 만드는 요소들을 고려해 사용자들을 위해 디자인돼야 합니다. 다른 사람을 신뢰하게 만드는 것과 AI를 신뢰하게 만드는 것은 크게 다르지 않습니다.

로버트: 그리고 존중은 특히 사업 환경에서는 쉽게 얻기 어렵습니다. AI가 잘못되면 심각한 결과를 초래합니다.

개빈: 이 리스트에는 없지만 존중의 요소로 반드시 있어야 하는 요소는 투명성^{transpar}

128

ency입니다. AI가 제 존중을 얻기에 앞서 저는 AI가 무엇을 하는지, 왜 그렇게 하는지 알아야 합니다. 모든 세부 사항을 알 필요는 없지만 뭔가는 알아야 합니다.

로버트: AI-UX 프레임워크에 뭔가를 추가해야 할 것처럼 들리는군요.

요점	좋은 사용자 경험은 AI 애플리케이션에 대한 신뢰와 존중을 구축하는 데 도움이 될 수 있다.

결론과 우리가 가고 있는 방향

다음 장에서는 AI 영역 안에서 데이터처럼 변화에 영향을 줄 수 있는 방법을 자세히 알아보려 한다. 특정한 AI 학습 알고리듬이나 코드가 아니라, 데이터 자체를 가지고 AI를 개선하기 위해 무엇을 할 수 있을지에 대해 알아본다. AI에 영향을 미칠 수 있는 요소는 무엇일까? 차이점과 우려점을 파악하면서 문제점을 제품을 개선할 수 있는 기회로 전환하려면 어떻게 해야 할까? 예를 들어 데이터에 관한 문제점을 이해하는 사람들로부터 무엇을 배울 수 있으며, 업계의 '대형 플레이어들'은 솔루션에 어떻게 접근하고 있는가? 어떤 측면에서 대답은 단순히 필요한 일을 하는 것이 아니라 AI 제품이 성공할 수 있도록 더 나은 기회를 제공하기 위해 훨씬 더 많이 나아가는 것이다.

CHAPTER 4

데이터의 중요성:
쓰레기를 넣으면, 쓰레기가 나온다

AI에 해를 끼치는 일

끊임없이 진화하는 AI의 속성을 감안할 때 프로그래머는 알고리듬을 지속적으로 개선하고 다듬어야 한다. 1장에서 크레이그 니에스가 제안한 신용카드 사기 탐지 시스템 '팰컨' 같은 다양한 작업들을 위해 알고리듬이 어떻게 개선되고 또 어떻게 용도가 변경되는지 살펴봤다. 이 시스템의 뿌리는 군사 표적을 탐지하는 시각 시스템에 있었는데, 기본적으로 전장 장비를 주변 풍경과 구별하기 위한 패턴 인식을 신용카드 데이터의 사기 패턴을 인식하는 데 적용했던 것이다.

하지만 다시 AI 코드가 작동한다고 가정해 보자. 즉 딥러닝, 머신러닝 또는 그 외에 등록된 이름으로 불리는 현대 AI 시스템을 모두 공급하는 AI 알고리듬이 그 작업을 수행할 수 있다. 이게 사실이라면 초점은 코드에서 이런 시스템들에 공급하는 데이터로 이동해야 할 것이다. 기계에 공급되는 데이터에 얼마나 많은 주의를 기울였는가?

여기서 한 걸음 뒤로 물러나 이야기하는 공간에 대해 더 명확하게 정의해야 한다. AI는 거대한 분야다. 여기서 데이터 중심 논의의 초점은 인간의 행동, 태도, 의견 등에 의존하는 AI 제품을 가리킨다. 설문조사 등 적극적으로 구해진 데이터는 수동적으로 수집된 데이터와는 다른 속성과 문제를 갖는다. 이 장에서 논의할 내용은 사람들로부터 의도적으로 획득한 데이터에 초점을 맞추고 있다.

알고리듬에 무엇을 공급하고 있는지가 중요하다

로버트: 포뮬러 원Formula One 자동차 경주를 생각해봅시다. 엔진이 아무리 좋더라도 성공 여부는 차량 주변의 전체 생태계에 달려 있습니다. 연료의 혼합, 운전자의 기술, 정비 담당자의 효율성 등등 말이죠.

개빈: 저급 연료를 사용하는 엔진의 성능은 저하될 겁니다. AI의 연료는 데이터이죠. 데이터 과학자는 학습 알고리듬에 매핑하기 위해 데이터를 마사지할 수 있지만, 데이터 세트에는 얼마나 많은 주의를 기울일까요? 그 데이터는 '완벽하지는 않지만 충분히 좋은' 사이트에서 구매됐을 수 있습니다. 또는 그 데이터는 그걸 수집한 연구원들과는 크게 관련이 없을 수도 있습니다. 데이터가 좋지 않은 경우에는 어떻게 할까요?

로버트: 우리는 UX 연구원들로서 사람들로부터 수집된 데이터에 대해 많은 것을 알고 있습니다. 그 데이터들은 참 지저분합니다. 질문의 뉘앙스, 누락된 셀, 그 데이터가 수집된 맥락 등 많은 부분이 그렇습니다. 특히 데이터를 사용하는 팀에서 데이터를 의뢰하지 않은 경우 문제가 될 수 있습니다. 사람들은 데이터 세트가 깔끔할 것이라고 신뢰를 하곤 합니다.

개빈: AI 알고리듬은 이런 모델들을 학습하고 훈련하기 위해 처음에 데이터를 제공 받습니다. 그런 다음 이러한 모델들을 더 많은 데이터에 광범위하게 적용해 인사이트를 도출합니다.

로버트: AI가 성공하기 위해선 AI에 공급되는 데이터가 매우 중요합니다. 그리고 AI가 학습하는 훈련 단계에선 특히 더 중요합니다.

> **요점** 알고리듬이 얼마나 좋은지 뿐 아니라, 데이터가 얼마나 좋은지도 중요하다. '쓰레기를 넣으면, 쓰레기가 나온다.' 제공할 수 있는 최고의 데이터를 AI에 제공해야 한다.

데이터 안에서 헤엄치기

저자들은 연구자로서 기업들에게 데이터에 대해 이야기하곤 한다. 아는 것, 모르는 것, 현재 수집되고 있는 것에 대해 질문하고 더 많거나 더 나은 데이터가 전략적 질문들에 답할 수 있도록 차이와 기회를 찾는다. 흔하게 나타나는 문제는 기업들에게 분석할 수 있는 것보다 더 많은 데이터가 있다는 것이다. 따라서 더 많은 데이터를 수집하라고 할 것이 아니라, 보유한 데이터를 더 잘 분석할 수 있는 방법을 생각하는 데 시간을 할애한다.

이런 경우 AI 지원 기술을 개발하는 제품 팀은 훈련에 사용되는 데이터와 알고리듬 훈련에 사용되는 데이터를 비판적으로 살펴봐야 한다. AI는 여러 요소로 구성된 에코 시스템이다. 알고리듬은 한 요소에 불과하다. 알고리듬이 중심에 있을 수 있고 많은 관심을 받을 수 있지만, 성공은 목표를 조정하고 지원하는 모든 요소에 달려 있다.

데이터의 바다를 헤엄치고 있는 기업들은 데이터를 수집한 방법에 대해 고민해봐야 한다. 데이터는 컴파일된 방대한 데이터 웨어하우스에서 가져온 것인가, 아니면 특정 목적으로 수집된 것인가? 이 질문은 해당 데이터를 이해하는 데 도움이 되는 중요한 질문이다. 그 데이터는 주요 관심 영역을 대상으로 하는 AI 제품을 위해 특별히 수집된 것인가? 그 데이터가 AI를 위해 특별히 의뢰된 게 아니라면, 데이터 세트 자체를 더 깊이 이해할 수 있도록 시간을 투자해야 한다.

데이터 세트를 평가할 때 묻는 질문들:

- 데이터 세트의 출처는 어디인가?

- 데이터 수집 방법은 무엇인가?

- 설문 조사 데이터인 경우, 이 데이터는 어떤 가정과 조건 아래 수집됐는가?

- 데이터가 보정됐는가(누락된 셀이 알고리듬으로 채워졌는가)?

- 맥락을 보완하기 위해 어떤 다른 데이터 세트를 결합할 수 있을까?

- 주제 전문가[1]들은 데이터에 대해 무엇을 알고 있으며, 이 지식은 학습에 어떻게 도움이 될 수 있는가?

> **요점** | 이 간단한 질문들을 통해 AI 학습을 돕는 데 사용될 트레이닝용 데이터 세트의 개선 가능 영역들을 확인할 수 있다. 여기서 우리는 데이터에 더 많은 맥락들을 부여해 AI가 성공할 수 있는 기회를 제공한다.

---

1 SME, subject matter expert, 특정 주제 영역에 대한 전문가 - 옮긴이

AI는 실제로 어떻게 '학습'할까?

인간의 행동들과 상호작용들을 포착해낸 데이터는 AI 시스템과 알고리듬을 훈련시키기 위해 머신러닝^{ML, Machine Learning} 과학자들에게 제공된다. 데이터가 간 질환 진단과 결과물로 구성돼 있든, 마리화나 사용 태도에 관한 소비자 설문 조사에서 비롯됐든, 음성 문구들의 능동적/수동적 데이터 수집에서 파생된 것이든, AI 시스템들은 알고리듬들이 올바른 결과들을 생성하도록 트레이닝용 데이터가 필요하다. AI를 위한 커스텀 데이터[2]는 시장 조사, 고객 세분화, 영업 및 재무 데이터, 건강 결과 등의 목적을 위해 생성된 데이터 세트만큼 일반적이진 않을 것이다. ML 과학자는 데이터 세트를 구한 후 AI 시스템에 필요한 데이터들이 포함돼 있는지 고민해야 한다.

AI가 학습하는 방법에 관한 예시

어떤 측면에서는 AI를 패턴 인식 시스템으로 여길 수도 있다. AI 시스템이 학습하려면 많은 예제들이 필요하다. AI 알고리듬은 패턴들을 찾고 실수를 하며 내부적으로 이해한 바를 개선하기 위해 데이터가 필요하다. 그림 4-1은 이에 관한 재미있는 사례로, 수년 전에 유포된 인터넷 밈^{Internet meme} 현상을 보여준다. 흥미로운 점은 매우 요란스러운 현장에서 신호(치와와)를 감지하는 일이 사람들에겐 얼마나 쉬운 지 보여주고 있다는 점이다. 반면 AI 알고리듬들에겐 이 신호를 감지하기가 무척 어렵다. 이러한 샘플들은 패턴 인식 시스템을 검증하는 데 유용하다.

---

2   custom-built data, 해당 제품, 서비스의 목적에 부합하는 맞춤 데이터 - 옮긴이

그림 4-1 패턴 인식에 대한 과제 사례. 이 데이터는 AI가 치와와와 블루베리 머핀을 구별하는 방법을 배우게 하기 위해 AI에 제공될 것이다.

오늘날 기계가 학습하는 다양한 방법

AI 시스템을 구축하기 위한 머신러닝 기술은 크게 3가지 종류로 나뉜다.

지도학습(supervised learning) – 이 방법에서 과학자들은 데이터(예: 레이블, 텍스트, 숫자, 이미지)로 구성된 데이터 세트를 알고리듬에 제공한 다음, 어떤 입력 세트를 특정 항목으로 인식하도록 알고리듬을 보정한다. 예를 들어 알고리듬에 강아지 사진 세트를 제공한다고 상상해보자. 각 사진에는 사진의 속성에 해당하는 특징들이 포함돼 있다. 알고리듬에 입력되는 데이터엔 개가 아닌 여러 이미지들(예: 고양이, 비둘기, 북극곰, 픽업 트럭, 눈을 치우는 삽 등)이 포함될 수 있고, 이 이미지들엔 개가 아닌 각 이미지의 속성들이 내재돼 있다. 알고리듬은 이미지의 특징과 속성을 구분해 이미지들을 개인 것과 개가 아닌 것으로 분류하는 방법을 학습한다. 그리고 학습한 것을 기반으로 알고리듬에게 이전에 본 적이 없는 개 사진을 보여주면, 개라고 식별할 수 있음을 알 수 있다. 알고리듬이 이미지를 개로 정확하게 인식하고, 개가 아닌 이미지들은 거부할 수 있을 때 이 학습은 성공한 것이다.

비지도학습(unsupervised learning) – 이 방식은 각 개체의 속성을 기반으로 데이터 세트에서 유사한 개체들의 부류를 찾는 방법이다. 과학자들이 알고리듬에 매개 변수와 값이 있는 입력 세트를 제공하면, 알고리듬은 공통된 특징들을 찾아 그룹화하려 한다. 예를 들어 과학자들은 수천 개의 꽃 사진을 색상, 줄기 길이, 선호하는 토양 같은 다양한 태그와 함께 알고리듬에 제공한다. 알고리듬이 동일한 유형의 모든 꽃을 그룹화할 수 있게 되면, 알고리듬이 성공한 것이다.

강화학습(reinforcement learning) – 이 방식은 연속적인 긍정적 피드백과 부정적 피드백으로 알고리듬을 훈련시키는 방법이다. 행동 심리학자[behavioral psychologist]들은 이 피드백 루프 기법을 사용해 실험실에서 비둘기를 훈련시켰다. 이는 또한 많은 애완 동물 주인이 애완 동물을 훈련시켜 앉거나 멈추는 등 간단한 명령을 따르게 하는 방법이기도 하다. 명령에 순응하면 상을 주고, 실패하면 '안돼'하며 꾸짖는다. 머신러닝의 맥락에서 과학자들은 알고리듬에 일련의 이미지들을 보여준 다음, 알고리듬이 이미지들을 분류할 때(펭귄 이미지라고 하자), 알고리듬이 펭귄을 올바르게 식별하면 그 모델을 확정해 맞았음을 보여주고, 알고리듬이 잘못 식별하면 바로잡아 준다. 트위터의 제대로 작동하지 못하는 봇 사례는 봇이 예제들을 잘못 식별하도록 학습됐지만 시스템은 그게 맞았다고 여긴 강화학습의 전형적인 사례다.[3]

모든 ML 기술이 유용하고 다양한 맥락에 적용 가능하겠지만 지도학습에 중점을 두고 살펴보도록 하겠다.

모든 데이터가 같지는 않다

ML 과학자에게 좋은 훈련 데이터를 얻는 일은 무척 어렵다. 이런 데이터는 어디에서 얻을까? 2차 자료[4]에서 데이터를 가져오는 일은 놀라울 정도로 쉽다. 수천

---

3   https://www.theverge.com/2016/3/24/11297050/tay-microsoft-chatbot-racist
4   직접 저작한 자료가 아니라, 다른 저작물에서 정보를 얻은 자료 – 옮긴이

건의 무료 데이터 세트에 액세스할 수 있는 많은 소스[5]가 있다. 최근 구글은 ML 애플리케이션들이 좀 더 쉽게 공적으로 사용 가능한 데이터베이스를 찾을 수 있는 검색 도구를 출시했다. 그러나 이런 데이터베이스 중 상당수가 매우 난해하다는 점을 주의해야 한다. 예를 들어 '2018년도 미국 영업 기준 안티에이징 화장품 선도 브랜드'[6] 자료가 있다고 가정해보자. 데이터에 대한 접근성은 점차 높아지고 있다. 하지만 이런 데이터들로 교육을 할 순 있겠지만 기업들이 주류 시장에의 적용을 위해 이런 데이터베이스를 사용하는 능력은 낮을 수 있다.

이 데이터베이스에는 다음과 같은 제약이 있다.

- 데이터베이스는 ML 연구자들이 찾으려는 데이터는 가지고 있지 않을 수 있다. 예를 들어, 자전거를 타는 어린이들과 길을 건너는 노인들을 비교하는 비디오들.

- 태그가 ML 사용에 필요한 메타 데이터로 적절하게 또는 유용하게 지정돼 있지 않을 수 있다.

- 다른 ML 연구원들이 이 데이터를 계속 반복해서 사용했을 수 있다.

- 데이터베이스에 풍부하고 강력한 샘플이 없을 수 있다. 예를 들어 데이터베이스가 인구를 대표하지 않을 수도 있다.

- 데이터베이스의 사례/예제가 부족할 수 있다.

- 데이터베이스의 데이터가 깔끔하지 않을 수 있다. 예를 들어, 많은 값이 누락돼 있을 수 있다.

5   https://medium.com/towards-artificial-intelligence/the-50-best-publicdatasets-for-machine-learning-d80e9f030279

6   www.statista.com/statistics/312299/anti-aging-facial-brands-salesin-the-us/

많은 연구자가 종종 이야기하듯 모든 데이터가 동일하지는 않다. 데이터 세트와 관련된 가정과 맥락은 종종 간과되곤 한다. 과학자들이 데이터 세트를 ML 시스템에 연결하기 전에 데이터 세트의 상태에 충분한 주의를 기울이지 않으면 AI가 학습하지 못할 수도 있고, 앞서 설명한 것처럼 잘못 학습해 더 안 좋은 상황이 될 수도 있다. 데이터의 질이 의심스러운 경우 학습이 실제로 일어나고 있는지, 정확하게 일어나고 있는지 파악하기가 어렵다. 이것은 엄청난 위험이다.

머신러닝과 데이터 세트의 위험 요소와 한계에 대해 지금 알고 있는 것을 알면 더 나을까? 이러한 위험은 어떻게 완화시킬 수 있을까? 대답은 UX와 관련이 있다.

속도를 늦춰 점검해야 할 때, 컴퓨팅 속도를 따라 잡기

로버트: 실패를 극복하고 학습하는 것이 AI가 진화하고 성공하는 방법이 되겠습니다. 하지만 실패를 극복하려면 제대로 '기능'하지 않은 것들은 수행하지 않고 '기능'하는 항목도 다시 살펴보기 위해 상당한 점검이 필요합니다.

개빈: 그리고 기술이 얼마나 빠르게 발전하고 있는지도 알아야 합니다. AI가 빠르게 발전할수록 어떤 측면에서는 윤리적인 부분들이나 기본적으로 고려할 것들에 대해서 다시 고민할 기회를 잃기도 합니다. CPU의 진화에 대해 생각해보세요. CPU의 트랜지스터 수는 무어의 법칙에 따라 2년마다 2배 늘어납니다. 하지만 AI의 경우 AI 컴퓨팅 성능은 GPU^Graphics Processing Unit, 그래픽 프로세싱 유닛의 대규모 병렬 처리로 가능했습니다. 이 그래픽 칩은 비디오 게임을 더욱 자연스럽게 움직이도록 만듭니다. 오늘날 화려한 액션 영화와도 관련이 있지요. 비디오 게임을 보여주는 데 필요한 대규모의 병렬 처리 기술은 AI를 훨씬 더 빠르게 만들었습니다. AI 시스템들은 데이터 세트를 학습하는 데 몇 달이나 걸리곤 했습니다. 그런데 그래픽 칩을 AI 애플리케이션에 적용했을 때, 훈련 주기는 몇 주가 아닌 단 하루로 줄었습니다. 멈춰서 결과를 되돌아볼 시간이 거의 없었지요.

로버트: AI 애플리케이션들은 학습하려면 데이터를 소비해야 합니다. AI 애플리케이션이 모든 데이터를 고려할 거라고 가정하기 쉽습니다. 그러나 사실상 데이터 소비에는 시간

이 걸립니다. 훈련을 위한 데이터 세트가 더욱 빠르게 소비된다면, 우리는 데이터 자체에 대한 생각을 발전시켜왔을까요? 아니면 처리 능력만 발전시켰을까요?

개빈: 이건 함정이에요. 하드웨어와 알고리듬 발전이 강조되고 있는 상황에서, 제가 걱정하는 것은 이런 발전이 가장 먼저 기초를 올바르게 다지는 데 방해가 될 뿐이라는 겁니다.

로버트: 간단히 말해서 '쓰레기를 넣으면, 쓰레기가 나옵니다.' 무엇을 AI에 공급하고 있는지 생각하지 않으면, 우리는 AI에 해를 끼친다는 겁니다.

> **요점** 인공지능은 발전한다. 하지만 우리는 기계에 공급하는 데이터를 이해하려 노력하고 있는가?

머신러닝을 위한 커스텀 데이터 가져오기

모든 데이터 세트가 인간 행동과 관련이 있는 건 아니지만, 대부분은 관련이 있다. 따라서 데이터를 포착하는 행동을 이해하는 건 필수적이라고 할 수 있다. 지난 10년 동안 저자들이 운영한 UX 에이전시는 커스텀 데이터 세트를 구하기 위해 데이터를 수집하는 많은 기업의 프로젝트에 참여해왔다. 그 과정에서 AI 알고리듬을 훈련하거나 검증하는 데 필요한 정확한 예제들과 속성 태그들을 수집해야 했다. (경우에 따라 수천 건의 데이터 포인트가 필요하며, 그것들은 서로 다른 샘플들이다.) 다음은 샘플에 대한 몇 가지 예시다.

- 실내 활동과 실외 활동을 하는 사람들의 비디오 샘플들

- 임상 요청을 하는 의사들과 간호사들의 음성, 텍스트 샘플들

- 현관에서 소포를 훔치는 사람들의 비디오 샘플들

- 방에 있는 사람의 유무를 포착하는 비디오 샘플들

- 특정 인종 그룹들의 지문 샘플들

- 문을 두드리는 사람들의 비디오, 오디오 샘플들

이 데이터의 어떤 것도 공개적으로 제공되지 않았다. 우리는 클라이언트들의 의도와 리서치 목표를 기반으로 맞춤 리서치를 해서 각 데이터 세트를 구축해야 했다.

AI를 위한 커스텀 데이터는 엄청난 작업을 요한다

로버트: 저는 클라이언트로부터 커스텀 데이터 세트, 수천 건의 샘플을 수집해 달라는 요청을 받았을 때, 어떻게 실용적인 관점에서 이 문제에 접근할 수 있을지 고민했고 수천 명의 사람들을 만나 직접 데이터를 수집했습니다! 직접 현장에서 사람들의 행동을 포착해야 했지요.

개빈: 클라이언트의 요구 조건을 검토했을 때, 요구하는 밀도가 정말 엄청났습니다. 참가 자들의 인구학적 통계는 샘플이 대상 모집단을 대표할 수 있도록 해야 한다는 측면에서 중요하기 때문에, 많은 참가자가 필요했습니다. 예를 들어, 스마트폰이나 컴퓨터의 안면 인식 AI는 다양한 상황에서 동일한 참가자의 데이터를 인식하는 방법을 배워야 합니다. 또한 참가자는 외모를 바꿀 수 있습니다. 그래서 턱수염의 유무, 다른 옷, 다른 화장, 다른 머리 스타일 등 다양한 데이터를 수집해야 했습니다. 참가자들에게 데이터에 추가 샘플을 더하기 위해 외모를 바꾸도록 체계적으로 요청합니다. 이를 통해 AI는 사람들에 대해 학습할 수 있을 뿐 아니라 같은 사람이 다르게 보일 수 있음을 인식하는 훈련을 할 수 있습니다. 그래서 다양한 맥락에서 참가자들을 포착하도록 요청을 받았고 클라이언트가 이 요청에 얼마나 큰 관심을 두는지 충분히 고려하면서 진행했습니다.

로버트: 이 프로젝트는 다른 영역으로 확장되기도 했습니다. 어느 순간에 훨씬 적은 단위로 데이터를 수집하는 경향이 있었기 때문에 UX 에이전시를 통하기보다는 비용적인 측면에서 방대한 양의 데이터를 수집하는 더 효율적인 방법이 있을 거라고 클라이언트에 알려줬지요. 그들의 응답은 '우리의 의견은 이해했다, 하지만 대부분의 대규모 데이터 수집 과정은 AI 애플리케이션에 필요한 것을 포착하기에 실험적 엄격함이 부족했다'는 것이었습니다. 클라이언트는 일반적으로 소규모 샘플 리서치에 사용되는 데이터보다 2배 정도 더 높은 수준의 정밀도를 원했습니다.

개빈: 다른 프로젝트들에 사용된 데이터 세트를 사용하는 경우도 있고, AI를 위해 데이터

세트를 구매해 사용하는 경우도 있을 텐데요. 전자와 후자, 특정 AI 애플리케이션을 위한 맞춤 데이터 세트를 의뢰하는 것 간의 차이는 놀라울 정도로 큽니다. 오래된 데이터 세트의 먼지를 털어내는 일과 AI가 적절히 훈련받게 하려고 소비할 데이터를 지정하는 일은 완전히 별개의 일입니다.

> **요점** | 기존 데이터 세트로는 사람들과 행동을 설명할 수 있다. 커스텀 데이터 세트는 더 나아가, AI를 더 스마트하고 더 좋게 만드는 요소들에 맞춰 조정될 수 있다. 데이터 디테일에 대한 관심은 AI를 향상시킨다.

실질적인 ML 애플리케이션에 필요한 데이터 수집 규모를 이해하면 이 데이터 세트가 커스텀돼야 한다는 사실이 분명해 보인다. 그러나 프로그래밍과 관련된 깔끔한 데이터 세트에 실제로 얼마나 많은 시간, 노력, 비용이 소비되는가?

많은 과학자와 연구자에게 쉬운 방법은 이미 존재하는 데이터를 사용하는 것이다. 하지만 이 프로젝트들을 의뢰한 클라이언트들은 이 방법들의 주된 단점인 낮은 데이터 무결성을 이해했다. 프로젝트 후원자들은 포착된 경험의 뉘앙스를 신중하게 고려하게 됐고, 기본 데이터가 깔끔하고 모델링하려는 도메인을 대표해야 한다는 것을 인식했다. 따라서 맥락에 맞는 행동을 수집해야 했고, 정량적 데이터 수집처럼 단순히 5점 척도로 점수를 요청하는 게 아니라 행동을 관찰해야 했다. 심리학자로서 설문 조사 연구에서의 명백한 문제들을 제외하고는, 사람들이 자신의 행동을 안정적으로 보고할 수 없다는 것을 안다. 그 말인즉슨 사람들에게 본인들이 한 일을 말해 달라고 요청할 수 없다는 것이다. 관찰하고 기록해야 한다. 행동을 포착하는 일은 UX의 특권이며, 엄격한 리서치와 공식적인 계획이 필요하다. UX 분야는 우리의 테스트된 리서치 방법론들과 인간 행동을 이해하고 코드화하는 전문성을 가지고 데이터 요소들을 수집하고 코딩할 수 있는 고유한 분야로 자리매김했다.

데이터 정화

이 활동은 3장에서 다룬 내용과 다소 중복돼 보일 수 있겠으나, 데이터 세트는 다음과 같은 문제들이 나타날 수 있음을 알려 둔다.

- 누락된 셀들이 확인되는 경우. 결측값은 대체된 데이터로 채워져 있지만, 대체됐다는 표식의 셀 태그가 AI 팀에 전달되지 않은 경우.

- 목적이 명확하게 체계적으로 조사되지 않은 데이터. 그래서 전체 설문 조사를 완성하기 위해 여러 참가자들의 조사 데이터가 결합된 경우. (예: 분할 설문 조사 디자인split questionnaire survey design)

- 인간처럼 행동하는 봇에 의해 작성된 설문 조사.[7]

데이터 과학자들은 데이터 정화Data hygiene[8] 활동을 매우 중요하게 생각한다. 여기서 염려되는 것은 AI 개발에 깊이 몰두해 연구하는 사람들로부터 때때로 이전 이슈들이 해결되지 않았다는 얘기를 듣곤 한다는 것이다. 데이터에 학습을 왜곡시킬 수 있는 요소가 없다고 가정하진 말자.

> **요점** | 누락된 셀이 없더라도, 데이터에 결과를 편향시키고 의도하지 않은 결과를 초래할 수 있는 요소가 없다고 가정하지 말도록 하자.

---

[7] 실제로, 우리가 참여한 한 연구에서는 응답자의 10%가 인센티브를 받기 위해 설문 조사에 응답하도록 만들어진 봇이 응답한 것으로 추정됐다.

[8] 컴퓨터 데이터의 정확도를 유지하기 위한 정리 활동 – 옮긴이

로버트: AI 애플리케이션을 만드는 모든 사람에게 데이터 자체에 얼마나 많은 관심을 기울이고 있는지 묻고 싶습니다.

개빈: 데이터는 많은 손길을 거치게 되는데요. 데이터가 설문 조사 디자이너에서 프로그래머, 조사 응답자, 데이터 과학자, AI 기술자에게 전달될 때 AI 애플리케이션에 영향을 미치는 데이터 세트에 어떤 작업이 수행됐는지 누가 정확히 알까요? 그렇기 때문에 이 작업은 커다란 도전인 것입니다.

로버트: 우리는 데이터 과학자들이 데이터가 보정된 필드에 태그를 지정한다는 것을 알고 있습니다. 하지만 AI 애플리케이션을 훈련시키기 위해 데이터가 정제되고 형식을 갖추게 되면서 되려 지식^{knowledge}는 제 모습을 잃겠지요?

개빈: AI에 해를 끼치게 되는 거지요. 데이터에 근본적인 결함이 있을 수 있는 데이터 세트로 AI가 훈련을 받게 됩니다.

> **요점** 데이터 세트는 철저히 검토해야 한다. 데이터를 얻기 위한 방법론, 응답자, 질문 자체, 디자인 등에 끊임없이 질문하라. 이 데이터 세트는 AI 애플리케이션이 학습하는 데 사용할 것이며, 모든 팀원은 AI에게 더 나은 데이터를 제공하는 역할을 해야 한다.

블랙 박스 시사점

3장에서 설명했듯이, AI가 요구받는 도전은 도출된 내용의 의미나 근거를 제시하지 않는다는 것이다. 데이터가 들어가고 답이 나오는 전형적인 '블랙 박스'지만, 그 답이 나온 이유와 방법에 대한 설명이 없다.

앞에서 말한 것처럼 어쩌면 문제를 복잡하게 만드는 것은 인간에게서 얻은 거라고 생각한 데이터가 봇에서 온 것일 수 있다는 우려다. 또는 완전한 데이터 세트를 만들고자, 데이터 요소들을 채우기 위해 특정한 등식 또는 알고리듬이 사용된 보정된 데이터를 사용한다. 문제는 그로 인해 얻은 결과가 단순히 AI 시스템이 사용된 데이터 보정 알고리듬을 리버싱reverse engineering, 역공학한 결과일 수 있다는 것이다. AI는 블랙 박스이기 때문에 AI 결과의 '이유'를 알 수 없다. 이런 구조로 인해 AI 애플리케이션의 결론으로 거슬러 올라가 기저에 깔린 근거를 찾을 수 없고, 특히 비즈니스 세계가 AI 결과물에 얼마나 빨리 반응하는지를 고려해 보면 문제가 될 수 있을 것이다.

윤리적 측면은 늦지 않게 고민하는 게 좋겠다

로버트: 제가 이 분야에서 일을 시작했을 때, 혁신의 주체로 간주되는 회사들도 있었고 혁신을 '빠르게 추종'하기보다는 '관망'하는 태도를 취하는 회사들도 있었습니다.

개빈: 오늘날에도 이러한 기업 철학들은 여전히 존재하지요. 하지만, '혁신적'이라는 브랜드 가치가 훨씬 더 강한 것으로 보이며, 이런 가치와 문화는 기업이 점점 더 빠르게 혁신하도록 유도하고 있습니다. 최소 기능 제품MVP, Minimum Viable Product을 생산해내는 사례를 떠올려봅시다. 스타트업과 단일체 조직구조의 회사들은 시장의 관심을 끌고 고객들로부터 빠르게 배우길 바라면서 최소한의 기능 세트로 제품을 출시합니다.

로버트: MVP가 가진 도전적 상황에 대해 이야기를 나눠볼까요? MVP 상태의 제품이 그다지 매력적이지 않게 압축된 경우라면 어떤 일이 생길까요? 이건 UX와 가치 제안value proposition 관련 문제만이 아닙니다. AI 관점에서 제가 더 우려하는 점은 기업이 시장에 처음 진출하는 때의 속도입니다. AI 애플리케이션을 만들고 있다고 가정해 보겠습니다. 여러분은 타당한 소스에서 데이터를 가져오려고 서두릅니다. 데이터 세트는 정리되고 학습에 사용됩니다. 짐작컨대 AI는 '훈련'하고 '학습'한 후 흥미로운 결과를 식별할겁니다. 그다음 회사는 무엇을 할까요?

개빈: 본인들이 '혁신적'이라고 믿는 회사는 비즈니스 사례를 구축하고 자금을 조달하며 AI가 핵심인 제품을 구축하기 위해 운영될 것입니다. 그러나 데이터 세트가 불량한 샘플링으로 인해 비정상적이거나 편향된 경우엔 어떻게 될까요?

로버트: 데이터 윤리ethics in data에 대해 이야기하시는군요. 이 분야는 AI에서 완전히 성숙되지 않은 영역입니다. 기업은 기초 과학이 아닌 상업적 이득을 위해 AI를 구축합니다.

문화에서 편견으로 인해 발생하는 문제들이 데이터 분야에도 존재합니다. 따라서 AI 애플리케이션은 기본 데이터에 편향된 데이터도 포함돼 있기 때문에 미묘한 (또는 미묘하지 않은) 편향이 있을 수 있다는 우려점이 있습니다.

> **요점** 각 조직은 애플리케이션들을 구축하기 위해 빠르게 움직이고 있지만, 데이터에 내재된 사회적이고 윤리적인 고려 사항들을 해결하고 발전시키며 채택해야 한다.

다음으로 개인 정보 보호와 편견의 렌즈를 통해 윤리와 AI를 자세히 살펴보자.

윤리와 AI

AI의 윤리는 상대적으로 새로운 토론 주제일 것이다. 최근에 와서 윤리적 사항이 구체적으로 고려되기 시작할 만큼 AI는 주류가 됐다. AI에 대한 공식적인 윤리 표준이나 가이드라인은 없다. 이 분야가 바로 원칙 없이 발전하고 있는 '개척 시대'의 기술인 것이다.[9]

우려되는 점은 'AI 공장의 재료(데이터)'가 윤리적 우려를 숨길 수 있다는 것이다. 어떤 데이터가 사용됐는가? 사용된 데이터는 보편적인 데이터인가? 데이터는 지역이나 사회 경제적 기준에 너무 많은 초점을 두진 않았는가? 훈련용 데이터에 편향된 데이터가 포함돼 있다면, AI가 기본 훈련을 재검토할 기회를 갖게 될까, 아니면 항상 편향될까?

윤리와 AI에 관한 두 가지 중요한 사항인 프라이버시[privacy, 개인 정보 보호]와 편견[bias]에 대해 살펴보자.

---

9   2019년 6월 옥스포드 대학교는 AI 윤리 연구소를 포함하는 슈워츠만 인문학 센터(Schwartzman Centre)를 설립하기 위해 1억5천만 파운드를 기부 받았다고 발표했다. www.ox.ac.uk/news/2019-06-19-university-announces-unprecedentedinvestment-humanities (retrieved March 1, 2020).

프라이버시

데이터 과학 혁명$^{data\ science\ revolution}$은 주요 기술 기업들에서 일어나고 있다. 페이스북 투자자인 로저 맥나미$^{Roger\ McNamee}$가 설명했듯 페이팔^{PayPal}, 페이스북, 구글 같은 웹 스타트업은 데이터를 사용해 더 기능적이고 성공적인 제품을 만든 다음 그 데이터를 판매하는 빅데이터$^{big-data}$ 우선 접근 방식으로 대규모로 시장을 잠식해갔다.[10] 맥나미는 기술 기업들이 기술 산업 분야에서 잘 연결돼 있음에도 불구하고, 빅데이터에 초점을 맞추고 있는 점에 경고를 보냈다. 그리고 그는 메이저 기술 기업들이 서비스들의 이점을 능가하는 방식으로 사용자 개인 정보를 적극적으로 침해하고 있다고 언급했다. 프라이버시 문제가 지메일^{Gmail}, 페이스북 같은 프로그램들이 거대화되는 것을 막지는 못했지만, 이 주제는 빅테크$^{big\ tech}$ 문제에 관한 논의에 항상 존재하는 부분이며, AI는 이러한 두려움을 더욱 악화시킬 수 있다. 2010년 당시 구글 CEO였던 에릭 슈미트$^{Eric\ Schmidt}$는 프라이버시에 대해 우려하는 모든 사용자를 놀라게 할 만한 구글의 기능들에 대해 다음과 같이 설명했다.

> "여러분은 모든 걸 입력할 필요가 없습니다. 우리는 당신이 어디에 있는지 알고 있습니다. 우리는 당신이 어디 있었는지도 알고 있습니다. 우리는 당신이 무엇을 생각하는지 거의 알 수 있습니다."[11]

그가 10년 전 했던 이 말은 실수할 수 있는 인간을 가이드하는 알고리듬이 모두가 온라인에서 공유하는 데이터에서 어떻게 실로 엄청난 인사이트를 추출할 수 있는지 설명한다. 에릭 슈미트는 CNBC의 '구글의 마음 속$^{Inside\ the\ Mind\ of\ Google}$'이

---

10 McNamee, Roger. "A Brief History of How Your Privacy Was Stolen(여러분의 개인 정보가 어떻게 도난 당했는지에 대한 간략한 역사)." The New York Times. June 3, 2019. Accessed June 3, 2019. www.nytimes.com/2019/06/03/opinion/google-facebook-data-privacy.html

11 Saint, Nick. Google CEO: "We Know Where You Are, We Know Where You've Been, We Can More Or Less Know What You're Thinking About,(우리는 당신이 어디에 있는지 알고 있습니다. 우리는 당신이 어디 있었는지도 알고 있습니다. 우리는 당신이 무엇을 생각하는지 거의 알 수 있습니다.)" Business Insider. October 4, 2010. Accessed June 25, 2019. https://www.businessinsider.com/eric-schmidt-we-know-where-you-are-we-know-where-youve-been-we-can-more-or-less-know-what-youre-thinking-about-2010-10

라는 특집 인터뷰에서 사용자들이 구글과 '신뢰할 수 있는 친구'인 것처럼 정보를 공유해야 하는지 여부를 묻는 질문에 다음과 같이 대답했다.

> "여러분에게 누구에게도 알리고 싶지 않은 일이 있다면,
> 애초에 그 일을 해선 안 되겠지요."[12]

데이터 세트에 어떤 내용이 있는지, 그 데이터가 인간 행동에서 어떻게 추출됐는지 살펴보면, 그것이 행동의 명확한 사례이자 미래 행동을 분석하고 예측하는 데 사용할 수 있는 방법임을 알 수 있다. 슈미트가 메시지에서 명시적으로 설명하지 않은 부분은 구글이 실제로 갖고 있는 정보의 양이다. 이 정보는 단순히 검색어 이상의 의미를 지니는 것으로, GEO 네비게이션 데이터, 실제 소비자들의 구매 이력, 이메일 서신 등 다양하다. 그리고 문제는 정책을 클릭해서 수락함으로써, 이 데이터를 수집하는 데 동의한다는 것이다. 모두가 기술이 제공하는 잠재적 이점을 위해 개인 정보를 포기하고 있다.

프라이버시는 세 가지 유형으로 나뉜다.

- **빅브라더 프라이버시**[Big Brother privacy]: 정부 또는 사업체로부터의 개인 정보 보호

- **공공 프라이버시**[public privacy]: 동료 또는 커뮤니티로부터의 개인 정보 보호

- **댁내 프라이버시**[household privacy]: 가족 또는 룸메이트로부터의 개인 정보 보호

이 세 가지 유형의 개인 정보들은 각각 UX에 다른 영향을 미친다.

오랫동안 빅브라더 프라이버시 침해[Big Brother privacy intrusion]는 대부분의 사용자들

12 Esguerra, Richard. "Google CEO Eric Schmidt Dismisses the Importance of Privacy.(구글 CEO 에릭 슈미트는 프라이버시의 중요성을 묵살한다.)" Electronic Frontier Foundation. December 10, 2009. Accessed February 16, 2020. https://www.eff.org/ko/deeplinks/2009/12/google-ceo-eric-schmidt-dismisses-privacy

에게 용인됐다. 모두 새 계정이나 앱의 이용 약관을 읽지 않고 클릭해 본 경험이 있을 것이다. 하지만 빅데이터 시대로 온전히 진입하게 됨에 따라 이슈는 정치적으로 두드러져 보인다. 유럽 연합의 GDPR^{General Data Protection Regulation, 개인정보보호규정}이 빅데이터를 규제하려는 시도 중 가장 두드러지는 사례다. GDPR은 '기본적 인권으로서의 프라이버시 개념을 기반으로' 한다.[13] 프라이버시와 정책을 연구하는 리서치 디렉터 미셸 고더드^{Michelle Goddard}는 데이터 수집에 대한 GDPR의 규정을 좌절이 아닌 데이터 과학자들을 위한 기회로 본다. 그녀는 GDPR이 '투명성'과 '책임'을 기반으로 한 프라이버시에 초점을 맞추는 것이 개인 데이터의 익명화를 포함해 윤리적 리서치에 필요한 개인 정보 보호 실천에 보조를 같이하는 일이라고 말한다.[14] 마찬가지로 AI는 투명성에 집중해 빅브라더 프라이버시에 대한 사용자의 우려를 없앨 수 있다.

구글, 페이스북 같은 큰 기업에 초점을 맞춘 현재의 정치적 우려를 감안할 때, 공공 프라이버시는 이 세 가지 형태 중 프라이버시 침해 가능성이 가장 적으므로 댁내 프라이버시를 살펴보도록 하겠다.

댁내 프라이버시는 독립형 가상 비서처럼 집에 있거나 특히 한 사용자가 사용하는 프로그램들이나 기기들에서 가장 두드러지게 발생한다. 사용자가 가정에서 사용하기 위한 가상 비서 기기를 구입하면, 가정 내에서 개인 정보가 침해될 수 있다. 예를 들어, 사용자의 룸메이트가 사용자 대신 문자를 읽고 회신할 수 있거나 사용자의 배우자가 비밀스러운 기념일 선물의 전달 상태 업데이트를 우연히 볼 수 있다. 과거 데스크톱 컴퓨터의 개인 사용자 프로필 기능은 잠재적 댁내 프라이버시 침해 문제를 해결했던 고전적 사례였다. 이와 유사한 솔루션이 가상 비서에게도 도움이 될 수 있겠다. 하지만 가상 비서들에 대한 편리한 프로필 솔

---

13   Goddard, Michelle. "The EU General Data Protection Regulation(GDPR) is a European regulation that has a global impact.(유럽연합의 개인정보보호 규정(GDPR)은 전세계적 영향력이 있는 유럽 규정이다)" International Journal of Market Research 59/6 (2018). https://journals.sagepub.com/doi/10.2501/IJMR-2017-050

14   Goddard, "The EU(상동)."

루션 기술은 여전히 발전 중이다.

마텔^{Mattel}은 프로필 시스템을 엿볼 수 있는 가상 비서를 만들었다. 아리스토텔레스^{Aristotle}는 마텔의 가상 비서로, 아마존 알렉사를 기반으로 한 주로 어린이를 지원하도록 만들어진 서비스였다. 이 회사는 아리스토텔레스가 성인의 목소리와 아이의 목소리를 구분해서 알아들을 수 있게 할 계획이었다. 그런 다음 어린이 사용자들에게는 제한된 기능을 제공하고, 동시에 성인 사용자들에게는 알렉사 기능을 사용해 육아용품 주문 같은 더 복잡한 과업들을 수행할 수 있는 기능들을 제공하려 했다.[15] 그러나 소비자 대변인들, 정치인들, 소아과 의사들이 이 제품에 반대하면서 2017년경 아리스토텔레스는 출시가 취소됐다. 당시 빅브라더 프라이버시에 대한 우려는 아동 발달에 관한 우려와 함께 아리스토텔레스에 반대하는 주요 이유 중 하나였다.[16]

아리스토텔레스는 결실을 맺지 못했지만, 사용자들의 목소리를 서로 구분하고 개개인의 프로필과 연결할 수 있는 AI 시스템은 가상 비서의 댁내 프라이버시 문제에 대한 해결책이기도 하다. 물론 이와는 다른 솔루션도 있다. 아마도 미래의 비서는 방에 있는 스마트폰을 감지해 본인이 누구와 대화하고 있는지 파악할 수 있을 것이다. 2017년 구글 홈^{Google Home}은 최대 6명의 가족 구성원들[17]을 서로 구분할 수 있는 기능을 제공했으며, 아마존의 알렉사도 2019년 'Voice Profiles^{음성 프로파일}' 기능을 선보였다.[18]

---

15 Wilson, Mark. "Mattel is building an Alexa for kids(마텔은 아이들을 위한 알렉사를 만들고 있다)." Fast Company. January 3, 2017. Accessed June 25, 2019. www.fastcompany.com/3066881/mattel-is-building-analexa-for-kids

16 Vincent, James. "Mattel cancels AI babysitter after privacy complaints(마텔은 프라이버시 침해에 대한 불평이 있은 이후 AI 베이비시터 출시를 취소했다)." The Verge. October 5, 2017. Accessed June 25, 2019. www.theverge.com/2017/10/5/16430822/mattel-aristotle-ai-child-monitor-canceled

17 : Baig, Edward C. "Google Home can now tell who is talking.(이제 구글 홈은 누가 말하고 있는지 알 수 있다.)" USA Today. April 20, 2017. Accessed February 16, 2020. www.usatoday.com/story/tech/talkingtech/2017/04/20/google-home-can-now-tell-whos-talking/100693580/

18 Johnson, Jeremy. "How to setup Amazon Alexa Voice Profiles so it knows you are talking(여러분이 말하는 것을 알 수 있도록 아마존 알렉사 음성 프로파일을 설정하는 방법)." Android Central. November 26, 2019. Accessed February 16, 2020. https://www.androidcentral.com/how-set-amazon-alexa-voice-profiles-so-it-knows-its-you-talking

마이크로소프트 수석 연구원 다나 보이드[Danah Boyd]가 지적했듯이, 온라인 프라이버시에 대한 사용자의 기대는 미미할 수 있다. 보이드는 온라인 프라이버시에 대한 사용자들의 기대가 본인들의 행동에서 맥락이 제거되고 그러한 행동이 사용자가 의도한 것보다 더 많은 대중에게 공개될 때 가장 명백히 위반된다고 썼다. 이로 인해 사용자는 '정보 흐름에 대한 통제력'[19]을 잃게 돼 맥락을 제거한 기술을 불신하게 된다.

신뢰를 구축하는 방법을 다시 살펴보기 위해 스포티파이 사례로 돌아가자. 이 회사는 밀레니얼 세대를 포함해 경쟁사보다 더 신뢰할 수 있다고 주장하는 데이터들을 인용한다. 그들은 '디스커버 위클리' 같은 '찾기' 기능들과 부분적으로 사용되는 신경망 기반 추천 엔진을 주된 이유로 꼽는다.[20] 광고주들을 대상으로 하는 어느 기사에서 스포티파이는 사용자들은 유용한 기능을 제공받는 한 회사에 개인 정보를 기꺼이 제공할 거라고 주장한다. 스포티파이가 추천하는 것은 유용한 기능이다.

스포티파이의 추천 엔진은 스포티파이 자체의 데이터만을 기반으로 구축됐으며, 사용자는 스포티파이가 스트림을 추적하지 않는 비공개 모드로 들어갈 수도 있다. 즉, 사용자는 다른 곳에서 즐거움을 누리면서(비공개 모드 또는 유튜브로 니켈백[Nickelback]의 앨범을 스트리밍하고 싶을 수도 있음) 음악 추천에는 영향을 주지 않게 할 수도 있다. 이런 조치들은 사용자들로 하여금 스포티파이의 데이터 수집이 자신의 목적에 부합한다고 믿게 만든다.

---

19   Boyd, Danah. "Privacy, Publicity, and Visibility(프라이버시, 퍼블리시티, 가시성)." 2010. Microsoft Tech Fest, Redmond, WA. Accessed June 4, 2019. www.danah.org/papers/talks/2010/TechFest2010. html

20   "Trust Issues: Spotify's Commitment to Fans and Brands(신뢰의 문제: 팬들에 대한 스포티파이의 약속과 브랜드)." Spotify for Brands. Accessed June 15, 2019. www.spotifyforbrands.com/en-US/insights/ trust-issues-spotifyscommitment-to-fans-and-brands/

AI는 '선'이 어디에 있는지 모른다.
그러므로 선을 그어야 한다.

개빈: 프라이버시는 기업에서 해결하기에 매우 어려운 문제입니다. 기업들에겐 먼저 주주들에 대한 의무가 있으며, AI 제품은 강력한 제품으로 자리매김하기 위해 사용 가능한 모든 데이터를 이용해 만들어져야 하기 때문입니다.

로버트: 하지만 사용자가 격렬히 저항한다면 오히려 주주들에게 피해가 갈 겁니다. 기업들은 자기 브랜드에 부정적인 영향을 미치지 않도록 프라이버시의 균형을 잘 유지해야 합니다.

개빈: 에릭 슈미트의 또 다른 구절이 생각나네요. 슈미트는 구글이 정보를 얻기 위해 뇌에 기술을 이식할 것인가라는 질문을 받았을 때 이렇게 말했어요. "제게는 상식을 뒤엎는 선이 있습니다. 많은 일에 대한 구글의 정책은 그 상식을 뒤엎는 선까지 진보하되 그 선을 넘지 않는 것입니다."[21]

로버트: 그 선이 어디에 있는지 알 수 있기를, 기업들을 신뢰할 수 있기를 바랍니다.

요점	프라이버시를 존중하는 AI의 필요성은 AI를 개발하고 판매하는 사람들로부터 비롯된다.

프라이버시에 미치는 영향은 데이터가 AI에서 사용돼야 하는지 여부를 기준으로 달라진다. (최선의 의도이겠지만) 데이터 세트에 포함되는 편향의 개념에 대해 살펴보도록 하겠다.

---

21 Saint, Nick. "Eric Schmidt: Google's Policy Is To 'Get Right Up To The Creepy Line And Not Cross It'.(에릭 슈미트: 구글의 정책은 상식을 넘는 선까지 진보하되, 그 선을 넘지 않는 것이다.)" October 1, 2010. Last accessed February 16, 2020. https://www.businessinsider.com/eric-schmidt-googles-policy-is-to-get-right-up-to-the-creepy-line-and-not-cross-it-2010-10

데이터 세트의 편향

인공지능과 윤리적 고려 사항은 아서 사무엘[Arthur Samuel]이 과학계에서 기계에 대한 도덕적 결과에 대해 썼던 1960년으로 거슬러 올라간다. 당시 그는 주어진 입력의 타당한 결과로부터 간단히 결론을 도출했었다.[22] 오늘날 AI 윤리의 많은 부분은 '어떻게(AI에의 실제 적용)'보다는 '무엇(원칙, 코드)'에 초점을 맞추고 있다. AI와 윤리는 갈 길이 멀다.

"[AI의] 잠재적인 이슈들에 대한 인식이 빠른 속도로 늘고 있지만, AI 커뮤니티가 관련 위험을 완화하기 위한 조치를 취하는 능력은 아직 초기 단계다."

– 몰리(Morley), 플로리디(Floridi), 킨제이(Kinsey), 엘하랄(Elhalal) (2019)[23]

AI는 무엇이 중요한지 어떻게 알 수 있을까요?

로버트: AI가 데이터를 받아들이고 학습하는 의료 사례를 살펴보겠습니다. 누군가는 최고의 데이터는 피어-리뷰를 거친 저널에서 가져온 자료라고 주장할 수 있습니다. 이 논문에서 설명된 연구는 (이론상) 복제 가능하며, 피어-리뷰를 거친 간행물들을 통해 의학은 발전합니다.

개빈: 하지만 대부분 남성들을 조사 대상으로 삼았던 1960년대 이전의 의료 연구 경향도 고려해 보겠습니다. 우리는 수년 동안 같은 질병에 대해 여성들이 남성들과 다른 증상을 보인다는 것을 배웠습니다. 예를 들어, 여성들은 심장에 이상이 있어도 흉통이 아닌 복

---

22 Samuel, Arthur L. (1960). "Some Moral and Technical Consequences of Automation—A Refutation(자동화의 도덕적, 기술적 결과–흔적)." American Association for the Advancement of Science. 132(3429):741–742, 1960. https://doi.org/10.1126/science.132.3429.741

23 Morley, J., Floridi, L., Kinsey, L. & Elhalal, A. (2019). "From What to How: An Initial Review of Publicly Available AI Ethics Tools, Methods and Research to Translate Principles into Practices('무엇'에서 '어떻게'로: 원칙을 실천으로 전환시키기 위해 공개적으로 사용 가능한 AI 윤리 도구, 방법론, 리서치에 대한 초기 검토 의견)." Science and Engineering Ethics. December 11, 2019. Last accessed February 16, 2020. https://link.springer.com/article/10.1007/s11948-019-00165-5#Sec2

복통을 느끼기 때문에 심장 마비에 대한 진료를 미루곤 합니다.[24]

로버트: 이건 AI 애플리케이션에 사용된 데이터 세트가 근거를 적절하게 평가하는지에 대한 질문을 열어줍니다. 출판 과정은 알려진 것을 기반으로 진행됩니다. 획기적인 연구가 수행되면 최고 수준의 저널에 게재될 수 있지만, 더 많은 논문이 복제돼 과학을 발전시키는 데엔 시간이 걸립니다. 그리고 오래된 치료법에 대한 논문들이 우세할 때, AI는 어떻게 획기적인 결과를 학습할 수 있을까요?

개빈: 네. AI가 학습한 후에 기존 과학의 오류가 바로 잡히면 AI 애플리케이션에도 반영이 될까요?

요점	AI 애플리케이션은 어떻게 '문헌 자료들을 따라잡거나' 새로운 데이터가 나올 때 최신 상태를 유지할까?

예를 들어, 2018년 FDA는 특정 유전자 돌연변이의 새로운 '발생 기관과 무관한' 항암제를 패스트트랙fast-track으로 승인했다. 종양 학자들은 이 새로운 치료법이 판도를 바꿀 것이라고 말했지만 AI 애플리케이션이 이 방법을 치료법으로 채택하려면 얼마나 많은 연구물이 출판돼야 할까?

IBM 왓슨과 협력한 메모리얼 슬론-케터링 암센터MSKCC, Memorial Sloan Kettering Cancer Center의 연구원들은 IBM 왓슨이 데이터로 학습할 수 있도록 훈련 데이터 세트에 '재현 사례[25]'를 만들어 넣어 이 문제를 해결하고자 했다.[26]

---

24   DeFilippis, Ersilia M. "Women can have heart attacks without chest pain. That leads to dangerous delays.(여성들은 가슴 통증 없이 심장 발작을 일으킬 수 있습니다. 이로 인해, 위험하게 치료가 지연됩니다.)" Washington Post. February 16, 2020. Last accessed February 16, 2020. www.washingtonpost.com/health/women-can-have-heart-attacks-withoutchest-pain-that-leads-to-dangerous-delays/2020/02/14/f061c85e-4db6-11ea-9b5c-eac5b16dafaa_story.html.

25   synthetic case, 가상의 모조 데이터를 생성하는 방식 – 옮긴이

26   Strickland, Eliza (2019). "How IBM Watson Overpromised and Underdelivered on AI Health Care.(IBM 왓슨은 AI 헬스케어에 대해 어떻게 지나치게 약속 했고, 어떻게 기대 대비 실망스런 결과물을 내놓았는가)" IEEE Spectrum. April 2, 2019. Last accessed November 6, 2019. https://spectrum.ieee.org/biomedical/diagnostics/how-ibm-watson-overpromisedand-underdelivered-on-ai-health-care

개빈: MSKCC와 IBM 왓슨은 근본적으로 데이터 세트에 새로운 사례들을 추가했습니다. 사례들로 기록물을 만들었고 다른 사례들이 포함된 리서치 데이터 세트에 배치했습니다.

로버트: 짐작컨대, IBM 왓슨은 MSKCC의 지식을 활용할 수 있었기 때문에 더 똑똑해질 수 있었을 겁니다. 사람들은 이를 가리켜 환자들을 치료하는 '슬론–케터링Sloan Kettering 방식'이라고 부르곤 합니다.

개빈: IBM 왓슨에게 이러한 '재현 사례'가 제공됐기 때문에 왓슨이 학습할 수 있었습니다. 이게 일반적인 사례인지, 독특한 사례인지 또는 MSKCC가 특정 유형의 환자를 받는 경향이 있는지 질문하지 않았나요?

로버트: 이번 건은 AI가 모델링하고 학습한 '훈련 세트'였기 때문에 편향 데이터가 미래 결과물에 영향을 미칠 수 있었습니다.

> **요점** 데이터 세트를 개선하기 위해 '재현 사례'를 추가하는 기술도 편향을 추가할 수 있다.

피어–리뷰를 거친 연구들이 대표성representativeness, 편향 제어control for bias 같은 특정 요인들을 갖추거나 최소한 결과물을 가정/ 조건으로 언급한다고 가정해보자. '재현 사례'가 생성되면 다음과 같은 질문들을 해야 한다.

- 이 재현 환자 사례들이 도메인을 대표하는가?

- 전형적인 사례들인가? 아니면 극단적인 사례들인가?

- 이 환자들은 최후의 치료가 필요해 기관으로 이동했는가?

- 이 사례들 선택 시, 사회적/경제적/인종적/성별 편향 가능성이 있는가?

특정 기관이 AI를 훈련하기 위해 인위적으로 만든 데이터, 재현 데이터를 생성할 때 이 목록은 편향 가능성을 내포한다. 하지만 AI에 윤리적 잣대를 적용해야 할 필요성은 명확하고 분명하다.

MSKCC는 세계 최고의 암 치료센터 중 하나다. 하지만 위스콘신 대학교, 법학 대학에서 법학과 생명윤리학을 가르치는 교수 필라 오소리오[Pilar Ossorio]는 "[AI]는 인종, 성별, 계급 편향을 학습할 것이며, 기본적으로 이러한 사회적 계층화를 적용해 편향을 두드러지지 않게, 사람들이 인식하기 어렵게 만들 거라고" 주장한다. MSKCC에 몰려드는 환자들이 더 다채로운 여러 유형의 암을 앓고 있으며 여러 번의 치료에 실패하고 마지막 기회를 기다리고 있다는 점을 고려할 때,[27] 이러한 편향은 왓슨 AI의 구조에 내포돼 있다 하겠다.

왓슨 팀이 IBM 왓슨을 훈련시키기 위해 '재현 사례들'을 사용한다는 사실을 사람들이 우려했을 때 그들의 반응은 놀라웠다. IBM 왓슨 헬스의 총괄 관리자인 데보라 디산조[Deborah DiSanzo]는 "우리가 보유한 데이터의 양이 편향을 제거할 것"이라고 답했다[28]. AI가 어떻게 블랙 박스로 작동하고, 왓슨의 AI 알고리듬이 어떤 데이터 요소들을 사용했는지 또는 사용하지 않았는지에 대해 정확히 알 수 없다는 점을 고려하면, 잠재적 편향을 극복하는 답으로서 데이터 양과의 관련성은 기껏해야 추측에 불과하다.

이게 편향이 가진 문제다. 사고가 진행되는 과정을 살펴보거나 통합시키기 어렵다. 예를 들어, IBM 왓슨의 MSKCC 수석 트레이너였던 엔드류 세이드먼[Andrew Seidman] 박사는 MSKCC의 '재현 사례들'을 사용해서 발생하는 편향에 대한 우려에 대해 다음과 같이 답했다. "우리는 편향을 보인다고 해서 재현 데이터를 삽입

---

27   Gorski, D. (2019). "IBM's Watson versus cancer: Hype meets reality.(IBM 왓슨 VS 암: 과대평가된 기술이 현실에 닿다.)" Science Based Medicine. September 11, 2017. Last accessed February 16, 2020. https://sciencebasedmedicine.org/ibm-watson-versus-cancer-hype-meets-reality/

28   Strickland, Eliza (2019). "How IBM Watson Overpromised and Underdelivered on AI Health Care. (IBM 왓슨은 AI 헬스케어에 대해 어떻게 지나치게 약속했고, 어떻게 기대 대비 실망스런 결과물을 내놓았는가.)" IEEE Spectrum. April 2, 2019. Last accessed November 6, 2019. https://spectrum.ieee.org/biomedical/diagnostics/how-ibm-watson-overpromisedand-underdelivered-on-ai-health-care

하는 데 전혀 주저하지 않습니다. 편향이 방대한 양의 경험을 가진 전향적 무작위 실험prospective randomized trials에 기반을 두고 있다고 생각하기 때문입니다. 그래서 이건 매우 당당한 편향입니다." 바로 이것이 윤리적 기준이 필요하고 적용돼야 하는 이유다. 어떤 사람들은 객관적이기 행동하지 못할 수 있다.

훈련 데이터는 AI 사고의 기반을 설정한다

개빈: 근본적인 우려는 AI가 의심스러운 기반을 가진 데이터 세트로 학습을 할 때 편향이 얼마나 만연할 수 있는가 하는 부분입니다. AI는 오직 훈련용 데이터 세트에 입력한 내용만 학습합니다. 성공적인 AI의 이면에는 단순한 프로그래밍 이상의 더 많은 노력이 있습니다.

로버트: 데이터 세트를 구입해서 세트 안에 있는 내용을 관리했든, 자신의 자체 데이터 세트를 큐레이팅하는 데 시간을 할애했든 상관없이 데이터는 프로세스 상에 매우 중요한 요소입니다. 제품 팀과 데이터 과학자 팀은 우수한 데이터 정화를 보장해야 할 책임이 있습니다.

개빈: 결과는 제품의 기반이 됩니다. 하나는 AI가 핵심이고요. 얼마나 많은 기업이 제품 출시 후 새 데이터 세트를 재교육할까요?

로버트: 완전한 재교육엔 많은 위험이 따릅니다. AI 엔진이 새로운 훈련 데이터로 동일한 결과를 만들어내지 않으면 어떻게 될까요? 최악의 경우엔 제품은 침몰할 수 있습니다. 많은 기업 또는 제품 팀이 이런 위험을 감수하지 않을지도 모릅니다.

> **요점** | 오늘날 AI는 데이터 세트로 학습하고 있기 때문에, 윤리적 기준에 대한 논의가 이뤄져야 한다. 이러한 데이터 세트들은 이 자체에 내재된 편향 또는 AI 엔진을 구동하는 데 사용되는 기반에 영향을 미치는 편향 위험을 고려해야 한다.

윤리적 기준을 향해

많은 조직에서 AI에 대한 윤리적 기준의 부재에 대해 우려하고 있다. 2018년 매사추세츠 공과대학의 MIT 미디어 랩은 인류를 위한 기술 발전에 기여하는 IEEE^{Institute of Electrical and Electronics Engineers, 전기전자학회, 뉴저지에 기반을 둔 글로벌 전문 조직}, IEEE 표준화 기구^{IEEE Standards Association}와 협력해서 CXI^{Global Council on Extended Intelligence}를 구성했다. CXI의 임무는 자율적이고 지능적인 기술의 책임 있는 디자인과 배포를 촉진하는 일이다.

IEEE는 표준 이니셔티브에 사람들의 참여를 환영한다. IEEE의 글로벌 이니셔티브의 사명은 '자율적 지능형 시스템의 디자인과 개발에 관련된 모든 이해 관계자가 교육을 받고 윤리적 고려 사항들의 우선순위를 정해 이런 기술들이 인류의 혜택을 위해 발전되도록 하는 것'이다.

이 조직은 'Ethically Aligned Design: A Vision for Prioritizing Human Wellbeing with Autonomous and Intelligent Systems, First Edition(윤리적으로 조정된 디자인: 자율적 지능형 시스템의 인간 행복 우선순위를 지정하기 위한 비전, 초판) ^{EAD1e}'이라는 제목으로 다운로드 가능한 보고서 초안을 작성했다.[29] 이 보고서는 자율적 지능형 시스템에 대한 윤리적 표준의 기반을 설정한다. IEEE P7000™ 표준 작업 그룹^{IEEE P7000™ Standards Working Group}의 표준 관련 프로젝트는 다음과 같다.

- IEEE P7000 – 시스템 디자인에서 윤리적 문제를 해결하기 위한 모델 프로세스

- IEEE P7001 – 자율적 시스템의 투명성

- IEEE P7002 – 데이터 프라이버시 프로세스

- IEEE P7003 – 알고리듬 편향 고려사항

---

29   https://ethicsinaction.ieee.org/#set-the-standard

- IEEE P7004 - 어린이와 학생 데이터 거버넌스에 대한 표준

- IEEE P7005 - 고용주 데이터 거버넌스에 대한 표준

- IEEE P7006 - 개인 데이터 AI 에이전트 작업 그룹에 대한 표준

- IEEE P7007 - 윤리적으로 구동되는 로봇 공학 및 자동화 시스템을 위한 온톨로지 표준

- IEEE P7008 - 로봇, 자율적 지능형 시스템을 위한 윤리 주도형 넛지(Nudging)에 대한 표준

- IEEE P7009 - 자율적 시스템과 반자율적 시스템의 안전장치 디자인에 대한 표준

- IEEE P7010 - 윤리적 인공지능과 자율적 시스템을 위한 웰빙 메트릭 표준

- IEEE P7011 - 뉴스 출처의 신뢰성을 식별하고 평가하는 프로세스에 대한 표준

- IEEE P7012 - 컴퓨터에서 읽을 수 있는 개인 정보 보호 약관에 대한 표준

> **요점** AI의 윤리적 기준을 마련하고 발전시키기 위한 노력이 진행 중이다.

결론: 다음으로 갈 곳은 어디?

지금까지 AI 제품에 입력되는 데이터에 관한 여러 우려들을 살펴봤다. 하지만 AI 애플리케이션이 나쁜 평가를 받지 않게 할 수 있는 방안이, 기회가 있다고 믿는다. 바로 사용자 경험이다. 여기서 다루고 있는 한 가지 근본적인 주제는 처음과 끝에 사람이 있다는 걸 잊는 기술이 때때로 아찔한 결과를 초래할 수 있다는 것이다. 또한 AI 애플리케이션이 그저 또다른 애플리케이션이라고 믿기 때문에, AI 애플리케이션이 데이터뿐 아니라 사용자의 요구에 맞게 조정됐는지도 확인해야 한다. 마지막 장에서는 사용자 참여를 촉진하고 궁극적으로 시장 성공의 가능성을 높일 거라고 생각되는 요소들을 소개한다.

CHAPTER 5

UX 프레임워크 적용하기

AI 성공을 위한 길

이 책에서 지금까지 다룬 AI와 UX의 배경을 살펴보면, 어떻게 AI와 UX가 공통된 DNA를 갖고 있는지 알 수 있다. 두 분야 모두 컴퓨터의 출현과 함께 더 나은 세상을 만들고자 하는 열망으로 시작됐다. 모든 사람이 정보의 시대를 더 가까이에서 체감하게 하고자 UX가 어떻게 진화했는지 살펴봤다.[1] AI는 어느 정도 발전하기도 하고 퇴보하기도 하면서 성장해왔으며, 이제는 많은 사람에게 회자되고 있다.

AI가 가져올 수 있는 이점은 많다. 그러나 잠재력은 낮고 인식 기술과는 관련이 많은 이유로, 또 다른 AI 침체기가 시작될 위험이 여전히 있다. 많은 사람은 여전히 AI를 활용하는 것을 주저하고 저항한다. 아마 스카이넷과 터미네이터와 같은 공상과학 영화의 이미지 때문일 수도 있고, 단순히 우리가 이해하지 못하는 존재를 두려워하기 때문일지도 모른다. AI의 이미지도 문제다. 그리고 사람들이 다시 AI에 환멸을 느끼게 될 위험은 여전히 남아있다.

저자들은 AI가 사용될 준비가 됐다고 믿는다. 모든 사람은 그 어느 때보다 쉽게 AI 기술에 쉽게 접근할 수 있다. 업계의 거물 플레이어뿐 아니라 스타트업에 종사하는 사람들부터 AI 도구들을 실험할 수 있는 기술 애호가들에 이르기까지, 많은 사람이 AI를 이용할 수 있다. 이런 현상은 AI가 거의 모든 산업 분야의 신제품 아이디어들에 포함되고 있음을 의미한다.

하지만 그것만으로는 부족하다. AI에는 기술 그 이상의 것이 필요하다. 성공을

---

1   That task has been largely accomplished with the fact that more than five billion people have mobile phones, and over the half of those are smart phones. Smartphone ownership is growing rapidly around the world, but not always equally.(이 일은 50억 명 이상의 사람들이 휴대폰을 갖고 있고 그 중 절반 이상이 스마트폰을 사용하고 있었다는 사실로 인해 가능했다. 스마트폰 보유율은 전세계적으로 빠르게 증가하고 있지만 사용 양상은 지역마다 다르다.) Laura Silver. www.pewresearch.org/global/2019/02/05/smartphone-ownership-is-growing-rapidlyaround-the-world-but-not-always-equally/ (retrieved April 16, 2020).

위해선 제품은 AI를 내장하고 있을 뿐 아니라 견고한 사용자 경험을 제공해야한다. 이것이 성공의 열쇠다.

누구도 끔찍한 경험을 만들려 하진 않는다

로버트: 이건 확실히 짚고 넘어갑시다. 어떤 회사도 끔찍한 경험을 가진 제품을 만들고 싶어하진 않습니다.

개빈: 하지만 생각해보세요. 누구도 "이걸 만들 때 무슨 생각을 하며 만들었을까?"하면서 자신이 고군분투했던 경험들을 떠올릴 필요도 없습니다.

로버트: 몇 년 전의 저는 UX의 토대에 관해 더 많은 이야기를 하곤 했습니다. 모든 애플리케이션의 UI^{User Interface, 사용자 인터페이스}는 경험을 제공하지요. 깨달아야 할 것은 애플리케이션 이면에는 디자이너가 있고, 그 경험이 어떨지는 디자이너의 선택이라는 점입니다. 경험은 경이로울 수도 혹은 쓸모없을 수도 있습니다.

개빈: 프로그래머들이 아침에 일어나 "사용자들이 사용하기 좀더 어렵게 만들어야지"하고 말할 거라 생각하진 않습니다. 하지만 프로그래머들이 그러지 않는다면, 왜 나쁜 사용자 경험이 존재하게 되는 걸까요?

로버트: 네, 참 역설적인 상황입니다. 많은 제품이 썩 좋지 않은 경험을 제공하는 데에는 여러 가지 이유가 있습니다. 비용, 사용자들의 인식, 일정, 나태함 등등 말이죠.

개빈: 저는 대부분의 제품 오너^{owner, 소유주}들이 좋은 경험을 주는 디자인을 하는게 얼마나 어려운 일인지 과소평가한다고 말하고 싶습니다.

로버트: 다행히도 기술은 전자레인지, 시계 라디오가 더 이상 '12:00' 깜박임을 기본값으로 제공되지 않도록 발전하고 있어요. 정전 후 시간 설정을 수정하는 게 매우 성가신 일이었죠. 물론, 저는 지난 크리스마스에 집에 새로운 기기를 설치하며 불만에 차서 투덜거리는 데에 몇 시간이나 허비했지만요.

개빈: 저는 경험이 중요하다고 생각합니다. 가장 놀라운 기능들을 중심으로 제품을 홍보

할 수 있습니다. 하지만 AI-UX 원칙을 생각해보세요. 제품을 설정하거나 사용할 때 인터 랙션이 직관적이었나요? 제품이 제대로 작동할 거라고 믿음이 가나요? 매일 사용하는 제품들 중 여러분이 좋아하는 제품들을 떠올려봅시다. 사용자 경험이 원활하고 즐겁기 때문에 그렇게 좋아하시는 건가요?

로버트: 기술은 이제 필수 조건이 됐어요. 제품을 차별화할 수 있는 건 좋은 디자인이죠. AI 제품에도 동일한 논리가 적용됩니다.

요점	단순함을 추구하는 디자인을 하는 것은 어렵다. 헌신이 필요하다.

무엇이 좋은 경험을 만드는가?

이런 디지털 기기들은 옷장, 지하실, 작업 공간 등 모든 사람의 집안의 생활공간 곳곳에 존재한다. 최근에 구매한 제품들을 생각해보자.

- 그 제품은 주문하기 쉬웠는가?

- 그 제품은 설정하기 쉬웠는가?

- 제품 설명서를 사용하면 도움이 됐는가? (제품 설명서가 필요했는 가?)

- 여러분은 제품이 빠르게 작동하도록 제어할 수 있는가?

- 그 제품은 여러분이 예상한대로 작동했는가?

- 여러분은 그 제품을 계속 사용하는가, 아니면 구매 한 달 후 사용하 지 않고 있는가?

제품들 중 실패한 제품들은 무엇이었는가? 제품이 기대에 미치지 못하는 데에는 여러 이유가 있을 수 있다. 우리는 고개를 저어가며 묻곤 한다.

디자이너들, 엔지니어들, 제품 담당자들은 제품을 디자인할 때, 어떤 생각을 하면서 디자인을 했을까? 디자인된 제품들은 내 생각대로 움직이지 않는다.

다시 말하지만, 제조사들이 실망스러운 제품들을 만들려고 한 건 아닐 것이다. 하지만 그런 제품들은 존재한다. 이유가 뭘까? 간단히 답해보자면, 어떤 경우는 제품 창조자들이 진정한 사용자 니즈needs, 요구사항에 충분한 시간을 투입해 고민하지 않았기 때문이다. 그리고 다른 관점에서 살펴보면, 제품을 만드는 사람들에게 기술은 너무나 매력적이어서, 다른 사람들이 그 기술에 매료될 거라고 예상했기 때문에 제품을 만든 것이었다.

한편 사용자들은 회사나 조직이 기대한 것과는 다른 방법으로 제품을 사용하는 새로운 방법을 찾곤 한다.

사람들은 여전히 알람 시계를 구매하고 있나?

개빈: 저는 시계가 항상 유행을 선도해왔다고 생각합니다. 하지만 이제 더 이상 시계로 시간을 확인하지 않습니다. 시계는 패션 액세서리가 됐지요. 시계의 기능은 휴대폰이 대체하고 있습니다.

로버트: 휴대폰은 이전 티맥스Timex 시계보다 더 정확합니다!

개빈: 어디에서나 폰을 휴대하게 되면서 실제로 사람들의 행동이 바뀌었습니다. 따라서 이 사례는 강력한 예가 됩니다. 초기 휴대폰들을 떠올려보세요. 어떤 폰에선 알람 기능을 사용할 수 있었는데요. 이제 휴대폰에서는 여러 개의 알람을 설정할 수 있습니다. "헤이, 구글Hey, Google. 오전 7시에 알람 설정해줘"라고 말할 수도 있는데요. 그러면 구글은 "네. 내일 오전 7시에 알람이 설정됐습니다."라고 대답합니다.

로버트: 여기서 중요한 점은 초기 휴대폰 제조사들은 자기들의 제품으로 인해 알람 시계의 판매가 줄거나 사람들이 시계를 자주 착용하지 않는 결과를 초래할 것이라고 생각했을까요?

사용자 이해하기

사람들이 제품을 사용하는 방식을 더 잘 이해하기 위해 어떻게 해야 할까? 답은 사용자 경험을 더 잘 이해하는 것이다. 사용자 중심 디자인[UCD, User-Centered Design]의 궁극적 목적은 사용자들의 니즈를 중심으로 제품과 서비스를 구축하는 것이다.

저자들은 수십 년 동안 다양한 종류의 애플리케이션, 제품의 리서치와 디자인에 참여해왔다. 또한 사용자 인터페이스 디자인의 여러 단계들과 접근 방식들을 살펴봤다. 접근 방식 중 가장 성공을 보장했던 방법은 사용자 중심 디자인이다.

> **정의** | 사용자 중심 디자인(UCD)은 사용자 니즈를 중심에 두고 디자인하는 방법론이다. 디자인 프로세스의 각 단계에서 디자인 팀원들은 사용자와 사용자 니즈에 중점을 둔다. 이 디자인 방법론은 사용자를 이해하기 위한 다양한 리서치 기술과 관련이 있으며, 제품 디자인에 커다란 영향을 미친다.

UCD^2는 디자인 프로세스의 각 단계에서 사용자와 사용자 니즈를 기본으로 삼는다. 대부분의 디자인 팀이 사용자를 염두에 두고 디자인하려 하지만, 실제 제품 개발 중에 처음부터 끝까지 이 프로세스를 엄격히 따르려는 노력은 거의 찾아보기 어렵다.

---

2 노먼의 다음 저서에서 또 다른 용어로도 사용됐다. User Centered System Design: New Perspectives on Human-computer Interaction (사용자 중심 시스템 디자인: 인간-컴퓨터 상호작용에 대한 새로운 관점) (1986). United Kingdom: Taylor & Francis.

리서치가 중요하다

타깃 사용자가 이미 좋은 경험을 겪어 봤다면 어떤 제품이든 더 나을 거라는 생각을 하기 쉽다. 이러한 원활한 경험은 사용자가 기대하고 필요로 하는 걸 제품 디자인 및 인터렉션 모델에 매핑한 노력의 결과다.

사용자 리서치는 타깃 사용자의 니즈를 파악하고 이 인사이트를 제품 디자인에 통합하는 핵심 방법론이다.

남의 자식을 못생겼다고 말하긴 어려울 것이다

로버트: UCD가 제대로 작동하려면 사용자 리서치가 필요합니다. 저는 많은 크리에이티브 디렉터와 디자인 디렉터가 "사용자가 무엇을 필요로 하는지 알고 있습니다!"라고 말하는 걸 들어왔습니다. 그러나 아무리 단호하게 말하더라도 현실은 사용자 니즈를 설명하는 근거를 갖는 것이 자신의 믿음보다 낫습니다..

개빈: 최소한, 디자이너들은 이터레이션 과정[3]으로 결과물을 발전시킬 수 있다는 것을 알고 있으므로 겸손해야 합니다. 미래의 사용자들과 초기 버전들을 테스트하고, 초반에 자주 피드백을 받으세요. 틀리는 걸 두려워하지 마시고요. 이 피드백으로 디자인이 더 좋아질 것임을 믿어야 합니다.

로버트: 그리고 다른 사람이 리서치를 수행하게 하세요. 객관적인 사람들로 하여금 초기 디자인 안들을 평가하게 해보세요. 여러분의 시간과 에너지를 쏟아 부은 무언가와 사랑에 빠지는 건 너무 쉽습니다. 이 제품은 "여러분의 자식"이 돼버리는 거죠. 하지만 현실을 직시합시다. 다른 사람이 여러분의 자식을 못생겼다고 말하는 건 듣기 어려울 수 있습니다. 그래서 그 비판을 무시하거나 자식을 보호하기 위해 방어적인 태도를 취할 수 있습니다.

개빈: 하지만 이런 피드백은 특히 디자인 프로세스 초반에 듣는 게 가장 좋습니다. '못생

---

3 반복 검토하는 과정 – 옮긴이

겼다'는 부분은 순진한 사용자들이 제품과 상호작용할 때 혼란스러워하거나 완전히 좌절하는 상황으로 드러나게 됩니다. 사용자들이 어떻게 생각하는지 학습하고 디자인을 개선하세요.

> **요점** | 사용자들이 초기 디자인과 상호작용하게 해서 실수를 빠르게 발견하자. 그런 다음 실수를 고치고 이 과정을 반복하자.

리서치가 정말 중요한가?

때로는 확신하고 있는 바를 되돌아보는 가장 좋은 방법은 수사학적인 질문이다. 사용자 리서치의 장점은 창의성과 혁신적인 사고가 근거 기반의 UCD가 필요하지 않다고 믿는 사람들로 인해 저평가되곤 한다. 그들은 "내가 사람들에게 원하는 것을 물었다면, 그들은 더 빠른 말이라고 말했을 것"이라는 헨리 포드^{Henry Ford}의 격언을 거듭해서 전한다.

'리서치가 정말 중요한가?'라는 질문에 사람들의 의견은 두 그룹으로 나뉜다. 진정한 혁신은 재능 있는 비전가에게서 나온다고 믿는 사람들과 사람들이 생각하는 것을 이해하는 것이 온전한 디자인 구축에 중요하다고 믿는 사람들이다.

이 질문은 특정 방향으로 답변을 유도하고 답변도 편향적인 측면이 있어 좋은 질문은 아니다. 정말 선견지명을 가진 사람들도 있지만 현실은 다르다. 리서치가 혁신을 주도하는 근거이자 채워질 수 있는 니즈인 경우가 대부분이다. 이러한 니즈를 파악하고 이를 중심으로 디자인하자. 사용자 리서치가 가장 필요한 지점이다.

헨리 포드가 언급했던 말들은 어디에 있었을까?

로버트: 저는 자주 언급되는 헨리 포드의 격언을 생각하면서 고개를 젓곤 합니다. 글귀만 보면 이 격언은 사용자로부터 인사이트를 얻을 수 없음을 의미합니다. 헨리 포드가 이 질문을 했다면, 그는 모델 T$^{Model\ T}$를 만들지 않았을 겁니다.

개빈: 헨리 포드가 이 말을 했던 때는 1920년대 중반 즈음일 텐데요. 비슷한 시기로 그려진 '위대한 개츠비$^{The\ Great\ Gatsby}$'를 생각해보세요.

로버트: 책에서든 영화에서든 자동차들은 두드러지게 눈에 띕니다.

개빈: 맞아요. 말들은 어디에 있었나요? '위대한 개츠비'에선 아무도 말에 대해 이야기하지 않아요. 자동차를 운전하고 소유하는 것이 주된 화젯거리였지요.

로버트: 헨리 포드는 자동차를 발명한 사람이 아니라 자동차를 보다 효율적으로 생산하기 위해 컨베이어벨트 시스템을 발명한 사람입니다.

개빈: 이게 헨리 포드가 그 말을 한 번도 한 적이 없는 이유에요. 그가 말한 건[4] "고객은 어떤 색이든 고를 수 있다. 검은 색이기만 하다면."이었지요.

요점	훌륭한 혁신은 재능 있는 디자이너에게서 나올 수 있지만, 성공의 비결은 디자인에 대한 사용자 피드백을 일찍 그리고 자주 받는 것이다.

리서치와 디자인의 객관성

사용자 리서치는 타깃 사용자의 니즈를 파악하고 이러한 인사이트를 제품 디자인에 통합시키는 핵심 방법론이다.

---

4   Vlaskovits, P. (2011). "Henry Ford, Innovation, and That 'Faster Horse' Quote(헨리 포드, 혁신, '빠른 말' 격언)." Harvard Business Review. August 29, 2011. Accessed May 18, 2020. https://hbr.org/2011/08/henry-ford-never-said-the-fast

UX 렌즈

이 책의 독자에겐 파이썬 코드를 디버깅하는 기술(또는 성향)이 없을 수 있다. 하지만 저자들은 코드보다 AI에 더 많은 무엇이 있다고 믿는다. 일반적으로 적절한 AI 엔진에 충분한 관심을 기울인다. AI 제품들은 AI 엔진 주변의 모든 것에 관심을 기울임으로써 더욱 강력해질 수 있다. 다른 것들을 어떻게 개선할 수 있을까?

AI 결과보다 경험에 집중하자

로버트: AI의 일반적인 결과물은 숫자나 0.86 같은 계수(0과 1 사이로 상관 관계 표시) 입니다. 신용 카드 사기를 예로 들어 보겠습니다. 밖에서 저녁을 먹고 식사 후 신용 카드로 결제합니다 …

개빈: 카드 결제가 처리되는 동안 사기 여부를 분석하는 AI 프로그램이 있습니다. 이 사례에서 AI는 0.86을 출력하는데요, 이는 거래가 사기일 수 있음을 의미합니다. 예를 들어, 알고리듬은 0.8 이상의 계수는 사기일 가능성이 있다고 가정합니다.

로버트: 이게 AI 결과값의 범위입니다. 결과는 0.86이었습니다. AI 기반 사기 탐지 서비스는 문자 메시지 형태로 제 전화기에 경고를 보냅니다.

개빈: 이렇게 말이죠. "경고. 사기 감지율 0.80 이상. 코드 FOOBE1DB."

로버트: 또 누군가가 더 나은 상호작용을 디자인하는 데 시간을 할애할 수도 있겠죠. 메시지는 훨씬 더 친근하게 바뀌어서 사용자에게 "이 구매를 승인하려면, '네'라고 답하세요"와 같은 클릭 유도 문구를 제공할 수도 있습니다.

> **요점** 메시지 문구, 사용자 인터렉션 같이 사용자 접점을 고민하자. AI가 제공하는 것은 매우 놀라운 것이겠지만, 제품을 성공으로 이끄는 것은 경험이다.

제품이나 애플리케이션의 사용자 경험을 보는 렌즈로 AI도 살펴볼 수 있다. AI 도 다르지 않다. 성공하려면, 유용성^{utility}, 사용성^{usability}, 심미성^{aesthetics}의 필수 요소들을 갖춰야 한다.

그렇다면 원칙은 무엇이며 그 과정은 어떻게 구성돼 있는가?[5]

UX의 핵심 요소

UX는 모든 사용자를 위한 게 아니기 때문에 변수가 많다. 다음에 소개할 다양한 구성 요소가 결합돼 사용자에게 유익하고 유쾌한 경험을 제공한다.

유용성/ 기능성

모든 애플리케이션을 정의할 때 가장 중요한 것은 그 애플리케이션이 하는 일일 것이다. 이런 요소를 '유용성$^{utility, usefulness}$' 또는 '기능성^{functionality}'이라고 부르려고 한다. 기본적으로, 이 애플리케이션엔 사용자들에게 인지된 기능적 이점^{benefit}이 있는가? 보다 공식적 관점에서 보면 애플리케이션엔$^{(도구)}$은 디자인된 목적에 부합하는가? 사용자에게 필요한 일을 수행하는가? 망치는 못질을 하는 데는 적합하지만 화장에는 적절치 않다. 모든 애플리케이션엔 사용자가 기대하는 유용한 기능들이 있어야 한다. 이는 성공적인 제품을 위한 기본 요소다.

5 　이 책에서는 자세히 설명하지 않지만 다양한 개발 환경에서 UCD 프로세스를 수행하는 방법에 대한 많은 웹사이트와 책이 있다. 참고할 만한 링크를 소개한다. www.usability.gov/what-and-why/user-centered-design.html (retrieved May 13, 2020).

로버트: 자연어 음성 비서 기능이 있는 자동차 사례로 돌아가 보겠습니다. 여기서 중요한 점은 AI가 사람의 말을 안정적으로 이해해야 한다는 것입니다. 자동차에서는 "엄마에게 전화해", "히터 켜", "내비게이션 시스템에서 목적지 찾기"등과 같은 터치리스 컨트롤이 가능할 수 있습니다.

개빈: 자동차에서의 초기 음성 인식은 명령어 중심이었고 일반적으로 사용자는 정확한음성 명령어를 알아야 했습니다. 여러분은 자동차에게 어떻게 말을 하나요? "-에게 전화걸기", "-에게 전화해", "-랑 통화하고 싶어요", "-에게 전화해줄래" 등등.

로버트: 여러분의 목소리를 사용해 제어한다는 컨셉은 운전자가 도로를 계속 주시할 수있다는 이점이 있습니다. 그러나 너무 융통성 없는 시스템으로 인해 운전자가 명령어 문구를 외워야 했습니다. 그리고 운전자가 명령어들을 추측해 시도하는 과정에서 의도치않은 소음으로 제대로 인식되지 못할 수도 있습니다. 운전자가 적합한 명령어를 사용할지라도 외부 소음으로 인해 시스템은 "죄송합니다. 이해하지 못했습니다."라고 응답했었습니다.

개빈: 이런 인터렉션을 제공하기보다 더 나은 사용자 경험을 제공하려면 어떻게 해야 할까요? 전형적인 자동차 주변 소음이 있을 경우를 고려해 많은 대체 명령어를 허용하는인터렉션을 디자인하면 어떨까요?

> **요점** 빠르고 쉬운 인터렉션을 디자인함으로써 사용자가 유용성, 기능성을 경험하게 할 수 있다. AI 기반 음성 인식을 자동차에 적용하려는 초기 시도는음성 인식 기능이 이롭지 않기 때문이 아니라 아마도 운전자가 참여하기어렵다고 여겼기 때문에 사용률이 낮았을 것이다.

사용성

유용성^{utility}과 사용성^{usability}은 종종 혼용되거나 결합돼 사용되곤 하지만 독립적인개념이다. 자동차를 운전할 때의 인터렉션 방식을 사례로 들어보겠다. 운전을할 때 운전대를 사용해 자동차의 방향을 돌릴 수 있다. 하지만 생각해 보면 자동차를 제어할 수 있는 다른 방법도 있다. '우회전'을 입력하는 키보드, 조이스틱,

리모콘은 어떤가? 어떤 기능과 그 기능이 구현되는 방식에는 차이가 있다. 이러한 방법들 중 어떤 건 다른 방법들보다 더 사용하기 편리하다.

> **정의** | 사용성은 사용자로 하여금 제품에 디자인된 기능들을 효율적이고 효과적이며 안전하게 사용할 수 있는지에 대한 개념이다.

자동차 제조업체들은 자동차 제어 장치를 원형의 운전대로 만들었기 때문에, 운전 방법을 아는 사람이라면 이전에 한 번도 운전하지 않았던 제조사의 모델이라도 좌석과 거울만 조정하면 고도의 숙련도로 운전할 수 있다. 이것이 사람들이 시스템의 다른 인스턴스와 상호작용하는 방법을 안내하는 표준이다.

그러나 새로운 제어 방식이 필요한 새로운 시스템은 어떨까? 여러분은 사용할 수 있는 인터렉션을 어떻게 만들어내는가?

UCD 프로세스의 기본은 다음과 같다.

1. (탐색 또는 발견을 위한) **초기 리서치**: 사용자들의 기대를 포착하고 사람들이 생각하는 것을 이해하기 위함.

2. 프로토타입 제작하기.

3. **형성 단계의 리서치**formative research: 사용성 테스트 같은 리서치를 통해 만족스러운 경험을 방해하는 혼란스러운 영역과 공백을 식별하기 위함.

4. **이터레이션 디자인과 많은 사용성 테스트**: 제품을 더욱 다듬어 개선하기 위함.

> **정의** | 사용성 테스트(usability test)는 제품에 익숙하지 않은 타겟 사용자에게 맥락을 제공하고 제품이 디자인된 목적에 맞는 과업을 완료하도록 요청하는 정성적 연구 방법이다. 사용성 테스트에선 일반적으로 작은 샘플로 테스트가 진행되며 반복적인 디자인 프로세스에서 적용된다. 사용자들의 행동과 반응이 관찰된다.

자세한 내용은 이 장 뒷부분의 UCD 원칙 섹션에서 설명한다.

로버트: 애플은 스마트폰의 스와이프, 핀치 제스처가 사람들이 직관적으로 사용 방법을 알 수 있는 자연스러운 제스처라고 설명했습니다.

개빈: 하지만 정말 그럴까요? 2007년 첫 아이폰을 갖고 놀던 기억이 나네요. 저는 AT&T 광고를 봤고, 거기서 스와이프하고 핀치하는 법을 배웠는데요.

로버트: 그 광고가 지금까지 만들어진 가장 값비싼 사용자 매뉴얼이었을 것입니다!

개빈: 애플은 자연스럽다고 이야기되는 그 제스처들의 특허를 출원했어요. 여러분은 '멀티-터치 제스처 사전' 같은 애플 특허들을 봐야 합니다.[6] 제가 가장 좋아했던 특허는 인쇄, 저장 관련 특허들인데요. 인쇄 특허의 경우, 세 손가락을 중앙에 모은 다음 손가락들을 벌려 삼각형을 만듭니다. 하지만 저장하려면, 그 반대로 하죠. 세 손가락은 삼각형의 각 점처럼 떨어져 있고 중앙으로 안쪽으로 오므려 중앙에 모읍니다. 이걸 사람들이 어떻게 알고 할 수 있을까요?

로버트: 이런 제스처들이 자연스러웠다면 애플은 왜 특허를 출시하는데 그렇게 많은 어려움을 겪었을까요?

개빈: 이게 바로 근거 없는 믿음이 만들어지는 과정이에요. 이 연구는 2009년 사람들이 알고 있는 제스처들을 설명하는 내용이었는데요.[7] 하지만 저희는 사람들이 어려움을 겪는 걸 봤던 2006년, 2007년의 멀티-터치 휴대폰 연구를 수행했어요. 2009년엔 사람들은 이미 배우고 적응했을 수도 있잖아요. 제스처는 항상 알려져 왔고 자연스러운 거라고 말들 하는데요. 저는 LG 초콜릿^{LG Chocolate}, 팜^{Palm}, 첫 번째 아이폰의 실험실에서 본 것들을 어쩔 수 없이 받아들이기가 참 어렵습니다.

---

6   Elias, J.G., Westerman, W.C., & Haggerty, M.M. (2007). "Multi-touch Gesture Dictionary(멀티-터치 제스처 사전)." USPTO US 2007/0177803 A1. Last accessed: June 22, 2020 www.freepatentsonline.com/20070177803.pdf

7   Wroblewski, L. (2010). Design for Mobile: What Gestures do People Use?(모바일을 위한 디자인: 사람들은 어떤 제스처를 사용하는가?) Referencing Dan Mauney's Design for Mobile conference. Last accessed: June 22, www.lukew.com/ff/entry.asp?1197

동일한 기능을 가진 많은 제품이 있지만, 이 기능들은 다른 방식으로 만들어지곤 한다. 어떤 방법은 다른 제품의 방법들보다 더 유용하다. 예를 들어, 항공사 좌석을 예약하는 기능들을 비교해보라. 많은 사이트가 똑같은 좌석을 판매하고 있지만, 모두 조금씩 다르며 일부 사이트는 다른 사이트보다 더 낫다. 기능이나 목적은 같지만 사용성은 다르다.

UX, AI, 신뢰

잠시 AI-UX 원칙 중 하나인 신뢰에 대해 살펴보겠다. AI가 종종 사용자에게 결과물을 제대로 제공하지 못하는 이유 중 하나는 결과물이 소수점으로 나뉘는 계수이기 때문이다. 이 말인즉슨 직접 보고 듣는 것을 믿을 수 없다는 것이다. UX의 두 가지 차원(유용성과 사용성)은 신뢰에 직접적으로 연관돼 있다. 만약 유용성이 부족하거나 사용성이 떨어지는 앱을 만들면, 사용자는 앱을 신뢰하지 못하고 포기하게 된다. AI 앱도 마찬가지다.

알렉사는 시간과 날씨를 알려주고 뉴스를 제공하는 등 일부 특정 영역에서 유용한 측면이 있다. 그리고 이 과업들을 위한 알렉사의 사용성도 양호하다. 따라서 알렉사는 좁은 분야이긴 하지만 중요한 방식으로 사용자에게 잘 서비스를 제공하고 있다. 그러나 실제로 알렉사에서 사용할 수 있는 스킬^{skill}은 수만 개로 사용자에게 도움이 될 거라고 생각되는 수십 가지 스킬을 시도해오고 있다. 하지만 사용성이 좋지 않아서 시장에서 빠르게 사장되는 스킬도 많다. 로버트가 스포츠 점수를 가져와서 만들려 했던 새로운 스킬의 이름은 히스룸바^{hisRoomba}였다. 말할 것도 없이 청결하게 청소된 바닥에 감사를 표했지만 안타깝게도 그건 내가 출시했던 룸바^{Roomba}8 앱이 아니었고 상황만 더 나빠졌다.

---

8 iRobot의 로봇청소기 - 옮긴이

물론 인정하건대 음성을 디자인하는 일은 어렵고, 사용성 측면에서 디자인은 실패하곤 한다. 자연어 프로세싱은 많은 단서를 처리하기엔 충분히 탄탄하지 않으며 음성 디자이너들은 대화를 잘 디자인하지 못했다. 또한 이런 음성 스킬들 대부분은 사용자들과 유스케이스들을 충분히 예상하지 못하기 때문에 유용성 관점에서도 실패한다. 그런 이유로 알렉사는 타이머를 설정하거나 쇼핑 목록 정보를 수집하는 것 이상의 일을 하지 않도록 강등됐다.

실수는 사람에겐 괜찮지만, AI에겐 그렇지 않다

로버트: 저희는 둘 다 통신 분야에서 일을 시작했어요. 전화가 유선으로 연결돼 있어 허리케인에서 살아남을 수 있었던 때도 있었고, 심지어 근처에 정전이 되서 전원이 꺼졌는데도 휴대폰은 정상적으로 작동한 적도 있었답니다. 저희가 아메리테크Ameritech에 있을 때 다이얼링에 대한 연구를 했던 기억도 떠오르네요. 당시에 저희가 발견한 것은 사람들은 한 자리씩 숫자를 누를 때는 약 98% 정도 정확했다는 것입니다.

개빈: 이 수치는 꽤 정확하지만, 전화를 제대로 걸기 위해 7자리 또는 10자리를 다 누를 땐 오류가 발생할 수도 있습니다. 수학적 계산을 해보자면, 전화 번호를 수동으로 입력할 때 12번 중 한두 차례 정도 일어나는 겁니다.

로버트: 맞아요. 매우 관행적으로 하는 과업처럼 보이지만 오류가 발생하지요. 종이 위에서 다이얼을 누른다고 할 때 뜻하지 않게 실수하지 않는다고 누가 장담할 수 있을까요?

개빈: 항상 자신을 깨우기 위한 발화어를 듣고 있을 음성 비서를 상상해보세요. 정확도가 높더라도 실수는 발생합니다.

로버트: 어떤 사람이 숫자를 잘못 누르는 실수를 하면, "아유, 손가락이 두꺼워서요."하고 맙니다. 그러나 인간은 기계를 잘 용서하지 않습니다. 기계가 손가락이 두껍다는 이유로 오류를 발생시켰다면 "이거 진짜 별로네!"라고 말할 것 같습니다.

요점	사람들은 기계의 실수에 관용적이지 않다. 그렇기 때문에 AI 제품의 성공을 위해 신뢰는 매우 중요하다.

신뢰는 성공에 매우 강력한 영향을 미친다. 자율주행 차로 인해 촉발된 다음 과제를 함께 고민해보자. 2017년 미국에서는 640만 건 이상의 차량 충돌 사고가 발생했다. 인간 운전자들이 5초마다 충돌한 것이다. 스탠포드 대학에 따르면, 자동차 사고의 90%는 사람의 실수로 인한 것이었다.[9] 자율주행 자동차의 잠재적 이점은 무엇일까? 캘리포니아에는 자율주행 자동차 관련 테스트 허가를 받은 회사만 55개가 존재한다. 2014년부터 2018년까지 이 자율주행 차량에선 총 54건의 사고가 발생했고, 액시오스Axios 보고서에 따르면 한 건을 제외한 모든 사고는 AI가 아닌 사람의 실수로 인한 것이었다.[10]

하지만 정작 문제는 인간이 자율주행 차를 신뢰하지 못하는 점이다. AAA 연구에 따르면 응답자 73%가 기술의 안전성에 대해 신뢰하기 어렵다고 답했다.[11] 그러나 사용자 수용에 중추적 역할을 하는 사용자 경험에 대한 논제는 여전히 유효하다. AAA의 자동차 엔지니어링과 산업 관계 부분의 이사인 그렉 브래넌Greg Brannon은 "부분적으로 자동화돼 있거나 또는 완전 자동화된 차량 기술과 상호작용할 수 있는 기회를 갖게 되면, 소비자들이 가진 궁금증을 상쇄시키고 더 크게 수용할 수 있는 문을 여는 데 도움이 될 것"이라고 말했다. AAA 연구는 특히 다음과 같이 경험의 중요성을 강조해 설명한다. "경험은 운전자가 자동화된 자동차 기술에 대해 느끼는 방식에 중추적 역할을 하며, 차선 유지 지원lane keeping assistance, 적응형 순향 제어adaptive cruise control, 자동 비상 제동automatic emergency braking, 자동 주차self-parking 등 첨단 운전자 보조 시스템ADAS, Advanced Driver Assistance System과

9   Smith, B. (2013). "Human error as a cause of vehicle crashes(차량 충돌 사고 원인인 인적 오류)." The Center for Internet and Society, Stanford University. Traffic Safety Facts Annual Report Tables. National Highway Traffic and Safety Administration. December 18, 2013. Last accessed: May 19, 2020 http://cyberlaw.stanford.edu/blog/2013/12/human-error-cause-vehicle-crashes

10   Kokalitcheva, K (2018). "People cause most California autonomous vehicle accidents(캘리포니아 내 자율주행 차량 사고의 대부분은 사람이 일으킨다)." Axios. August 29, 2018. Last accessed: May 19, 2020 www.axios.com/california-people-cause-most-autonomous-vehicle-accidents-dc962265-c9bb-4b00-ae97-50427f6bc936.html

11   Mohn, T. (2019). "Most Americans Still Afraid To Ride In Self-Driving Cars.(대부분의 미국인들은 여전히 자율주행 자동차를 타길 두려워한다.)" Forbes. March 28, 2019. Last accessed: May 19, 2020 www.forbes.com/sites/tanyamohn/2019/03/28/most-americans-still-afraid-to-ride-in-self-drivingcars/#5803114632da

의 정기적 상호작용은 자율주행 자동차에 꼭 필요한 구성 요소로 간주돼 소비자의 심적 안정을 크게 향상시킵니다."

기이함

AI 제품들이 늘어남에 따라, 더 많은 정보가 시스템에 분석 목적으로 수집될 수 있다. AI가 데이터와 관련된 업무를 수행할 때 AI가 그 데이터를 기이하게 왜곡하지 않으면서 어떻게 관여해야 하는 걸까?

여기서 '기이weird'하다는 것은 인간과 AI 간의 상호작용을 불편하거나 어색하거나 비정상적으로 만들 수 있는 상황을 의미한다.

AI가 기이해지면…

개빈: 매일 차를 타고 출퇴근하는 장면을 상상해보세요. 라디오 채널, 자동차 속도, 이동 경로에 이르기까지 운전 습관과 관련해 수집할 수 있는 수많은 데이터가 있습니다. 데이터엔 모든 시간과 날짜가 찍혀 있지요. 자동차는 심지어 여러분의 안전 벨트 착용 여부도 알고 있습니다.

로버트: 그리고 여러분이 사용중인 열쇠고리에 따라 누가 운전하는지 운전자를 구분할 수도 있습니다. 여러분이 자동차로 출근하는 동안 이 모든 데이터가 자동적으로 수집됩니다.

개빈: 이제 AI 시스템이 여러분의 행동 패턴을 인식할 수 있다면 어떨지 고민해봅시다. 필연적으로 AI는 이 인사이트를 바탕으로 사전에 대처하고 시간과 노력을 절약할 수 있습니다. 예를 들어 출근 경로에 갑자기 교통 체증이 심해진다면, 운전자에게 알려주고 대체 경로를 제안할 수도 있습니다.

로버트: 저는 AI가 저와 제 출퇴근길에 끊임없이 고민해 제안해주는 이런 서비스에 높은 가치가 있을 거라고 기대해봅니다. 이는 사용자에게 원활한 경험$^{frictionless\ experience}$이 될 것입니다.

개빈: 하지만 그 서비스는 제 패턴에서 많은 것을 제안할 수 있을 겁니다. 만약 제가 퇴근 후 격일로 체육관에 간다면 이 서비스는 체육관으로 가는 길을 안내할지 물어볼 수도 있겠지요. 그러나 무엇을 제안할지에 대한 그 지점은 어디일까요? 다시 얘기해보자면, 저는 AI의 제안을 하길 바라지 않을 수도 있습니다.

AI의 추천은 나를 놀라게 할 수 있겠죠. 무엇이 적절한 수준인지, 기이해지지 않으면서 무엇이 도움이 될지를 지정하려면 '기이함'에 대한 척도가 있어야 합니다.

> **요점** AI는 개인의 행동과 습관 패턴을 기반으로 제안을 제공할 수 있는 잠재력이 있다. 하지만 허용되는 것과 허용되지 않는 것 사이의 경계는 어딜까? 바로 이 경계가 AI와 UX가 연결돼야 하는 이유일 것이다.

기이함에 대한 척도

적절한 행동들을 만들기 위해 부적절함의 척도를 생성한다는 개념은 AI가 해야 할 행동과 하지 말아야 할 행동에 대해 사용자 중심의 사고 기준을 제시하는 것이다. 이 기이함의 척도$^{weirdness\ scale}$는 제품 팀이 AI 제안의 적절성 여부를 판단할 수 있는 기반이 될 것이다. 액티브 데이터(예: 이동 경로를 찾기 위해 사용자가 직접 정확한 주소를 입력한 것)와 패시브 데이터(예: 집으로 가는 45분 동안 잠시 쇼핑 지역에 진입해 주차한 것을 관찰) 등 사용자 행동을 기반으로 형성된 패턴은 AI 시스템 관점에서 타깃이 풍부한 기회영역이다.[12] 액션의 트리거 여부는 UX 렌즈를 통해 형성되고 안내될 것이다.

---

12 사용자 데이터는 패시브 데이터(passive data)와 액티브 데이터(active data)로 구분된다. 패시브 데이터는 간접적 데이터(implicit data)라고도 하며 사용자 행동을 관찰해서 간접적으로 얻은 데이터를 의미한다. 최근 IT기술의 발달로 사용자의 일상적 행동을 CCTV, 웹브라우저 쿠키, 휴대폰 위치 정보, 센서 등을 통해 자동으로 수집한다. 액티브 데이터는 직접적 데이터(explicit data)라고도 하며 사용자가 직접 입력한 데이터를 일컫는다.) - 옮긴이

AI 제품의 디자인 단계에서 이런 기이함의 척도를 세우는 일은 의미가 있다. 조치를 취해야 하는 트리거, 실행해서는 안 되는 트리거에 대해 팀에서 공동의 관점을 설정할 수 있다. 이는 제품 팀 내에서 고려해야 할 기준이 있다는 것을 정하는 일이다. 이런 원칙은 사용자가 AI가 추천한 내용에 대해 직접 '아니오'를 눌렀거나 "아니오"라고 말한 순간을 포착해 AI 엔진을 개선하는 데 도움이 되는 사용자와의 상호작용을 이끌어낼 수 있다. 팀은 규모의 폭을 설명하고 인지해야 하는 '원칙'을 정의하기 위해 브레인스토밍하고 어떤 트리거들이 있을지 예상할 수 있다.

AI 시스템이 항상 보고 있거나 듣고 있다는 '빅브라더[big brother]'에 대한 두려움, 우려를 고려할 때 (심지어 음성 비서들이 실제로 '항상 듣고' 있음을 입증하는 증거가 거의 없는 경우에도[13]) AI 제품을 디자인하는 팀은 신뢰와 후속 채택율, 사용성을 개선하기 위해 주의를 기울여야 한다. 이건 AI가 예측할 수 있는 대상이 아니며, AI-UX 관점으로 제품을 디자인하는 팀의 책임인 것이다.

13　Levy, Nat. (2020). "Three Apple workers hurt walking into glass walls in the first month at $5bn HQ.(50억 달러짜리 애플 본사 건물이 들어선 첫 달에 세 명의 직원이 유리 벽을 향해 걸어가다 다치는 사고가 있었다.)" Geekwire. February 24, 2020. Accessed May 20, 2020. https://www.theguardian.com/technology/2018/mar/05/apple-park-workers-hurt-glass-walls-norman-foster-steve-jobs

심미성(Aesthetics) /감정(emotion)

인간은 심미적으로 만족스러운 것을 선호한다.[14] 동일한 기능과 동일한 제어 방식을 가진(즉, 동일한 유용성과 동일한 사용성을 지진) 두 개의 웹사이트를 가정해 보자. 하지만 하나의 웹사이트가 다른 웹사이트보다 구현된 상태가 더 낮다고 한다면, 대부분의 사람들은 더 좋아 보이는 것을 선호한다. 이렇게 정확하게 동일한 조건에서 사용자들은 동일한 기능과 제어 방식에도 불구하고 더 좋아 보이는 사이트를 더 편리하다고 판단할 거라는 현상을 가리켜 심미적 사용성 효과 aesthetic usability effect라고 한다. 제품을 사용할 때의 감정emotion은 제품 인식에 큰 영향을 미친다.

> **정의** 심미적 사용성 효과(aesthetic usability effect)는 사용자들이 시각적으로 더 보기 좋은 제품들을 더 편리한 디자인으로 보는 현상을 의미한다.

제품 또는 애플리케이션의 룩앤필look and feel을 높은 수준으로 디자인하는 것은 분명 중요하다. 문제는 기업들이 자신이 해야 할 일이 아름다운 제품을 제공하는 거라고만 생각하고, 유용성과 사용성 차원을 무시할 때 발생한다. 겉모습이 그럴 듯하면 처음엔 팔릴 수도 있겠지만, 사용자들은 특히 재구매를 결정할 때 시장에서 해당 제품을 기억하고 외면할 것이다.

---

14 In fact, Don Norman wrote a book on the subject. Norman, D. (2004). Emotional Design: Why We Love (or Hate) Everyday Things(감성 디자인: 우리가 일상적인 물건을 좋아하거나 싫어하는 이유). Basic Books.

개빈: 저는 수만 개의 제품들이 전시되는 가전 제품 전시회에 갈 때마다, 기업들이 이번에는 어떤 빛나는 새 기술로 구매자의 관심을 사로잡을지 매번 궁금합니다.

로버트: 여러분이 사용 중인 열쇠고리에 따라 누가 운전하는지 운전자를 구분할 수도 있습니다. 자동차로 출근하는 동안 이 모든 데이터가 자동적으로 수집됩니다.

개빈: 미학적으로 유쾌하면서도 의인화된 형태로 말을 하는 얼굴을 만들어서 감성적 요인을 활용하려는 시도는 잘못된 게 아닙니다.

로버트: 하지만 동작 중엔 UX 계층 구조가 있다는 것을 인식해야 해요. 기본적인 사운드를 얻는 게 핵심이죠. 애플리케이션의 유용성을 생각해볼까요? 의도한 대로 작동하던가요? 유용하다고 판단되는 부분이 있던가요? 바로 이런 부분들이 우리가 챙겨야 하는 부분이에요. 물론 제품이 어떻게 보이는지가 지금 제품을 사용하도록 유인하는 측면이 있겠고요.

개빈: 결론적으로 경험이 좋게 해요. 아니면 그저 평범해 보이는 제품을 갖춰 입고 있는 게 됩니다. 참고로, 지금까지 심미적 사용성 효과는 제품에만 적용된다고 알고 있습니다.

> **요점** 기초 토대를 바르게 세우는 것에 집중하자. 그런 다음 시각적으로 처리해서 제품을 돋보이게 하고 다른 제품들과 차별화하자.

UX와 브랜딩과의 관계

브랜딩과 UX와의 관계는 많이 고민하는 문제를 얘기하기에 좋은 지점이다. 브랜드 인식brand perception과 사용자 경험 사이에는 상호 연결고리가 있다. '브랜드'는 사용자 경험의 많은 잘못을 덮어버리곤 하며, 반대로 열악한 사용자 경험은 브랜드의 가치를 손상시키곤 한다. 우리는 브랜드가 경험에 얼마나 강력한 영향력을 미치는지 알게 됐다. 성능적으로 놀라운 제품이더라도 브랜드 가치가 낮은 제품은 할인돼 판매되고, 평범한 제품이더라도 높이 평가되는 브랜드의 제품은 칭찬받는 것을 봐왔다. 말할 필요도 없겠지만, 항상 가장 유용하고 사용성이 좋은 제품이 이기는 것은 아니다. 브랜드 마케팅 담당자가 제품이 제공하지 않는 점을 밀어붙이더라도 시장은 반응할 것이다. 하지만 현실 가능성 없는 약속은 신뢰 기반을 약화시킨다.

제품에 AI 기술을 점점 더 도입하고 상용화시키면서 브랜딩 문제들이 발생한다. '강력한 AI 엔진'이 있다고 말하는 것만으로는 판매가 보장되지 않는다. 뭔가 더 많이 필요하다. 바로 UX가 필요한 것이다.

UX는 브랜드 약속을 전달한다

로버트: 좋든 싫든, UX는 마케팅과 교차되는 영역입니다. 마케팅과 브랜딩에서 배운 건 지글거리는 소리로 상품을 팔기는 쉽지만 스테이크도 제공해야 한다는 것입니다.[15]

개빈: 이게 바로 올바른 사용자 경험을 제공하는 것이 매우 중요한 이유인데요. 브랜드 마케팅은 어떤 제품이 얼마나 사용하기 쉬울지 또는 제품이 삶을 어떻게 변화시킬지 알려줄 수는 있습니다. 하지만 사용자가 실제로 경험하지 않는 한, 그건 말뿐인 거죠.

로버트: 네, UX는 그 브랜드 약속을 전달하는 역할을 합니다. 사용자가 브랜드 마케팅 담당자가 판매한 제품을 경험하지 못한다면, 이러한 불일치로 인해 브랜드의 신뢰도가 떨어지게 됩니다.

개빈: AI에도 같은 문제가 있습니다. 많은 과대 광고가 존재하지만, 삶을 변화시키는 의미 있는 방법으로 전달되기 전까지는 스테이크 없이 지글지글 소리만 내고 있는 것과 별반 다르지 않습니다.

> **요점**
> 타겟 사용자를 정의하되, 단순히 시장을 설명하거나 세그먼트를 나누는 그 이상을 고민하라. 사용자의 지식, 목표, 능력, 한계를 설명하는 페르소나를 구성하고, 앞으로 만들어 나갈 경험을 정의하고 피해야 하는 '원칙'을 포함하는 사용자 시나리오를 포함시키자.

---

15 마케팅 격언 중 Don't sell the steak – Sell the sizzle이라는 말이 있다. 상품뿐만 아니라 상품이 구매자를 위해 무엇을 할 수 있는지를 전달하라는 의미다. 저자는 이와 반대로 상품 자체도 잘 챙겨야 한다고 말하고 있다. – 옮긴이

UCD 원칙

사용자 중심 디자인^{user-centered design}의 핵심 원칙은 제품을 사용자와 사용자의 요구에 기반해 디자인하고 개발하는 것이다. 제품을 개발하고 출시하는 데에는 비즈니스와 기술적 측면이 고려된다. UCD의 접근 방식은 비즈니스적 니즈 또는 기술 요구사항들을 무시하거나 배제하지 않는다. 그러나 UCD 프로세스는 일정, 사양, 예산과 관련해 비즈니스와 기술 수준에서의 절충점을 요구받게 되며, 이런 상황에서 사용자를 정면에 내세우며 강조한다. UCD는 사용자가 쉽게 배제되지 않도록 돕는다.

지금부터 UCD의 주요 요소인 사용자, 환경, 과업에 대해 살펴보자.

사용자

사용자의 목표, 능력, 지식, 기술, 행동, 태도 등을 이해해야 함의 중요성은 아무리 강조해도 지나치지 않다. 또한 여러 사용자 그룹들로 세분화될 수 있으며, 각 그룹에 대한 설명은 문서화돼야 한다(이런 설명은 때로는 '페르소나'로 표현됨). 우리가 간과하곤 하는 한 가지 함정은 디자이너들과 개발자들은 본인들이 사용자들을 알고 있다고 가정한다는 점이다. 또는 그들은 자신을 사용자들과 같다고 가정한다. 사용자에 대한 설명이 구체적이지 않거나 존재하지 않거나 또는 잘못 정의했기 때문에 많은 디자인이 실패한다.

> **요점** 시장 설명 또는 세그먼트를 넘어 의도된 사용자를 정의하라. 사용자의 지식, 목표, 능력, 한계를 설명하는 페르소나를 구성하고, 여러분이 구축할 경험을 정의하고 피해야 할 '방호책'을 포함하는 사용자 시나리오를 만들자.

환경

사용자들이 제품과 상호작용하는 장소는 어디이며, 어떤 상황에서 상호작용을 하고 있는가? 환경은 위치, 시간, 주변 소리, 온도 등 다양한 상황이 포함되는 개념이다. 예를 들어, 핸즈프리의 사용 환경(예: 맥락)은 다른 환경보다 모달리티 Modality, 양식가 더 좋다. 런닝머신을 달리면서 사용하는 앱은 은행 업무에 사용되는 앱과는 디자인적 특성이 다를 것이다. 이게 의미하는 바는 사용자 경험은 단순히 사용자가 화면에서 보는 것 이상으로 확장된다는 의미다. UX는 전체 환경이자, 사용 맥락의 전체를 포괄하는 개념이다. 예를 들어, 2단계 인증을 위해 휴대폰을 사용해야 하는 새로운 애플리케이션을 만든다면, 사용자가 휴대폰을 사용할 수 있다고 가정하되 휴대폰이 없거나 사용할 수 없는 상황도 염두에 두고 고민해야 한다. 전체 프로세스도 UX의 일부이며 새 스마트폰과 함께 제공되는 사용 설명서도 UX의 일부임을 알아야 한다. 이런 각각의 요소들은 서로 연관돼 있지 않은 듯 보이지만, 조직 내 여러 그룹에서 다뤄지고 있다.

> **요점** 사용자 니즈를 좀 더 깊이 살펴보기 위해 사용 환경을 고려한 유스케이스들을 만들어보자. 이런 활동을 통해 패시브 사용자 데이터(passive user data)와 직접적 사용자 데이터(explicit user data)를 활용해 더 많은 사용자 혜택을 이끌어낼 아이디어를 생각해낼 수 있다.

환경의 중요성

개빈: 2017년경 프랑스의 국영 철도 회사인 SNCF는 AI 챗봇형 기차표 발권 애플리케이션을 만들길 원했습니다.[16] 디자인 팀은 여행객들과 매표원들 간의 대화를 조사했고, 관찰했던 경험을 모델링하기 위해 AI의 문법 시스템을 훈련시켰습니다.

---

16   Lannoo, Pascal & Gaillard, Frederic (2017). "Explore the future: when business conversations meet chatbots(미래 탐색: 비즈니스 대화가 챗봇을 만날 때)." 13th UX Masterclass. April 22, 2017. Shanghai, People's Republic of China.

로버트: 하지만 사용자들과 함께 챗봇 프로토타입을 테스트했을 때 결과는 실패였습니다. 고객들은 빈 텍스트 필드를 발견하고선 "안녕하세요. 티켓을 사고 싶습니다."라고 입력했습니다. 사용자들은 친근한 대화 형식으로 챗봇과 이야기 나누길 기대했어요.

개빈: 하지만 챗봇은 사용자들이 단도직입적으로 "오늘 오전 10시에 파리에서 리옹으로 가는 표를 사고 싶어요."라고 말할 것으로 예상했지요. 매표소에서 관찰된 것과 마찬가지로요.

로버트: 디자이너들은 티켓 창구에서 여행객들이 표를 사는 행동을 관찰했지만 친근한 대화를 나누는 모습을 본 적이 없었던거죠!

개빈: 아, 이거 파리행 맞죠? 고객들은 아마 줄지어 참을성 없이 기다리고 있었을 겁니다. 어떤 고객이 카운터로 걸어가 "안녕하세요. 파리에서 리옹이나 노르망디까지 가는 표를 사고 싶은데요. 몇 시 표가 남아 있나요?"하고 말한다면 줄 서 있던 사람들은 분명히 화를 낼 겁니다. 다음 차례의 사람이 바로 가서 정확하고 빠르게 요구할 수 있도록 말이죠!

로버트: 맞아요! 사용 환경이 달랐어요. 챗봇은 파리 여행객들이 부담 없이 편하게 사용할 수 있어요!

요점	사용 환경은 사용자 인터렉션 방식을 극적으로 바꿔낼 수 있다. 위 사례는 다행히 테스트로 문제가 확인됐고 팀은 챗봇을 재교육할 수 있었다.

과업

과업은 사람들이 자신의 목표를 달성하기 위해 무엇을 하는지에 관한 내용이며 사용자들이 취할 일의 단계를 세분화한 것이다. 모바일 앱을 사용해 수표를 입금하려면 로그인 후 적절한 장소로 가서 금액을 입력하고 사진을 찍는 등의 과정이 필요하다. 과업들은 과업 분석^{task analysis} 또는 여정 지도^{journey map}(충분히 세세하게 구분된 경우)로 표현할 수 있다. 과업들에 대한 충분한 전개를 바탕으로 애플리케이션 요구사항을 정의할 수 있다.

여기서 다루는 내용이 너무 기초적인 것처럼 보일 수 있지만 사용자, 환경, 과업을 설명하는 데 시간을 할애하는 조직이 매우 적어 아주 놀라울 정도다. 이런 세세한 정보를 얻으려면 사용자 조사[17]가 필요하며 디자인 팀과 개발 팀의 사양에 문서화돼야 한다. UCD의 세 가지 핵심 요소는 지식의 기초를 형성하지만, 프로세스는 AI가 무엇을 할 수 있는지 보여줄 수 있는 성공적인 제품, 애플리케이션을 결과로 내놓는다.

UCD 프로세스

그림 5-1은 프로세스가 기본적으로 작동하는 방식을 보여준다. 맨 위쪽에서 시작하며 시계 방향으로 이동한다. 초기 단계의 사용자 리서치를 통해 사용자들을 정의하고 니즈를 개선하며 사용 맥락(즉, 환경)을 식별하고 요구사항에 과업들을 문서화한다. 이제 디자인을 시작할 준비가 됐다. 기술 팀은 프로그래밍을 곧바로 시작해버리곤 하는 경향이 있다. UCD를 가지고 그런 충동에 저항하려 한다. 프레더릭 브룩스[Fred Brooks]는 저서 '맨먼스-미신[The Mythical Man-Month18]'에서 "시스템의 구조란, 사용자 인터페이스의 완전하고도 상세한 사양을 의미한다"며 UCD를 지원했다.

---

17 조직은 이런 종류의 분석을 시장 조사에 의존하곤 한다. 시장 조사, 인사이트는 도움이 될 순 있지만, 시스템 사양에 필요한 수준의 사용자, 사용자 니즈에 대한 이해를 대체할 순 없다.

18 Brooks, F. P., Brooks, F. P. (1975). The Mythical Man-Month: Essays on Software Engineering(맨먼스-미신: 소프트웨어 엔지니어링에 대한 에세이). United Kingdom: Addison-Wesley Publishing Company.

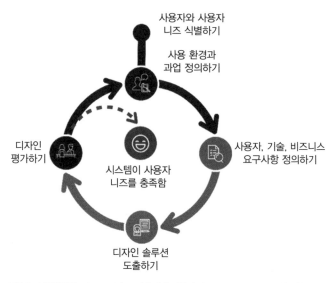

그림 5-1 전형적인 UCD 프로세스. 사용자와 사용자 니즈를 프로세스에 반영한 후 디자인 및 평가 프로세스를 순환한다

리서치를 수행하고 다음으로 사용자 인터페이스를 구축하는 일이 시작된다.[19] 디자인은 초기 아이디어들에 너무 얽매이지 않도록 대략적인 스케치로 시작해야 한다.[20] 한 아이디어에 정착하기 전까진 수많은 아이디어를 기꺼이 내려놓을 수 있어야 한다. 와이어 프레임을 그리고 인터렉션을 매핑한다. 결과물이 이해가 되는가? 사용자가 목표에 한걸음 더 가까워진 것 같은가?

디자인이 시작되면 종이 프로토타입으로 사용성 테스트를 수행한다. 전형적인 과업들을 수행하는 대표 사용자들을 통해 계속 개선한다. 나중에 동적 상호작용을 테스트하기 위해 디지털 프로토타입으로 개발하고 디자인을 최종 룩앤필look and feel에 더 가깝게 제작한다. 여기에서는 다루지 않을 UI 디자인 방법론들을 설명하고 사용성 테스트를 수행하며 반복적인iterative 프로토타이핑을 수행하는 수

---

19   사업 관점의 니즈나 기술 관점의 니즈가 부차적이라고 말하고 싶진 않다. 사용자 니즈, 사업 니즈, 기술 니즈 간엔 항상 균형이 있다. 우리는 사업개발 팀과 기술 팀이 UCD 프로세스의 일부가 돼야 한다고 믿는다.

20   UX가 AI에 어떻게 도움이 될 수 있을지 보여주기 위해 UCD와 사용자 인터페이스 디자인의 많은 개념을 소개하고 있지만, 이 책을 UCD 전문서로 만들 의도는 없다. 여러분이 UCD를 시작하는 데 도움이 될 수백 권의 책, 기사, 리소스가 이미 존재한다.

많은 책과 웹사이트가 있다. 지금은 사용성 테스트가 사용자 인터페이스를 완성하는 데 가장 독보적으로 중요한 요소라는 점만 알아두자.

그림 5-1에서 알 수 있듯이, 이 프로세스는 사용자 니즈를 충족하는 시스템을 만들기 위해 반복적이고 연속적으로 다듬어 나가는 과정이다. 사용자 피드백을 기반으로 디자인이 평가되면, 요구 사항들을 조정하거나 과업들을 분류하는 다른 방법을 채택하거나 인터페이스 제어 방식을 변경할 수 있다. 많은 것이 바뀔 수 있다.

한 가지 중요한 점은 그래픽, 시각적 적용을 마지막에 해야 한다는 것이다. 대부분의 사람들이 디자인, 그래픽 적용으로 여기는 작업은 프로토타입 디자인에서 인터랙션 모델을 정한 후에 논의한다. 색상, 모양, 크기 등은 모두 기본 디자인을 지원하는 요소다. 건축에서는 벽이 올라가기 전에 집을 칠할 수 없듯이, 애플리케이션 개발할 때 예쁜 다이어그램을 먼저 그려선 안 된다. 디자인은 포토샵이 아닌 리서치와 함께 현장에서 시작된다.

디자인 시작의 모범 사례는 사용자 니즈에 어떻게 부합하는 것처럼 보일지 알기 쉽게 설명하는 것이다. 예를 들어 95%의 사용자들이 오류 없이 2분 안에 등록 페이지를 통과하는 목표를 세울 수 있다. 중요한 과업들과 관련된 이러한 목표는 개발 팀이 목표로 삼을 수 있는 측정 가능한 진척 척도를 제공한다. 여기서 더 중요한 점은 사용성 테스트 중에 이 목표에 대한 성공 여부가 순환 루프에서 벗어나 기술 개발 단계로 이동시키는 기준이 돼야 한다는 것이다.

UCD 모델의 진정한 이점은 (사용자로부터 피드백이 없거나 무심한 피드백만 있는 경우 대비) 사용성 테스트에 문서화된 점진적 개선을 통해 조직이 최종 결과물의 성공에 훨씬 더 신뢰하게 될 수 있다는 점이다. UCD 모델을 잘 적용하면, 애플리케이션은 유용하고 사용성이 양호하며 잘 학습할 수 있고 용서할 수 있고 즐거울 수 있을 것이다.

UCD는 컨텐츠와는 무관하다. AI 애플리케이션에 적용할 수 있으며 적용해야 한다.

AI-UX 인터렉션을 위한 컨닝 페이퍼

마이크로소프트와 워싱턴 대학교^{University of Washington}에서 인간과 AI의 상호작용
관계를 탐색하는 매우 훌륭한 협업이 있었다.[21] 연구 팀은 가이드라인을 철저히
검토하고 면밀히 점검했다. 표 5-1에서 볼 수 있듯이 이런 가이드라인은 대부분
AI 인터페이스의 유용성과 사용성을 개선하는 데 초점을 맞추고 있다.

	가이드라인	설명
1	시스템이 할 수 있는 일의 범위를 명확히 하자.	사용자로 하여금 AI 시스템이 무엇을 수행할 수 있는지 이해하게 하라.
2	시스템이 할 수 있는 일을 얼마나 잘 할 수 있는지 명확히 하자.	사용자로 하여금 AI 시스템이 얼마나 자주 실수할 수 있는지 이해하게 하라.
3	맥락 기반 서비스는 타이밍에 맞춰 제공하자.	사용자의 현재 과업 및 환경에 따라 조치를 취하거나 중단할 타이밍을 정하자.
4	맥락에 맞는 정보를 표시하자.	사용자의 현재 과업 및 환경과 관련된 정보를 표시하자.
5	관련 사회 규범을 따르자.	사회적, 문화적 맥락을 고려해 사용자가 기대할 것으로 예상되는 방식으로 경험을 제공해야 한다.
6	사회적 편견을 완화시켜라.	AI 시스템의 언어와 행동이 바람직하지 않은 방향으로 발전하지 않도록, 불건전한 고정관념과 편견을 강화하지 않도록 만들자.
7	효율적인 호출을 지원하자.	필요할 때 AI 시스템의 서비스를 쉽게 호출하거나 요청할 수 있게 만들어라.
8	효율적인 종료 방식을 제공하자.	원하지 않는 AI 시스템 서비스를 쉽게 거절할 수 있게 만들자.
9	효율적인 수정 방식을 지원하자.	AI 시스템이 잘못됐을 때 쉽게 편집, 개선, 복구할 수 있게 하자.

21 Saleema Amershi, Dan Weld, Mihaela Vorvoreanu, Adam Fourney, Besmira Nushi, Penny
Collisson, Jina Suh, Shamsi Iqbal, Paul N Bennett, Kori Inkpen, et al. 2019. Guidelines for human-AI
interaction(인간-AI 인터렉션을 위한 가이드라인). In Proceedings of the 2019 CHI Conference on Human
Factors in Computing Systems. ACM, 3

	가이드라인	설명
10	의도가 불명확하다고 판단되면 서비스 범위를 조정하라.	사용자의 목표가 불분명한 경우 모호한 부분을 명확하게 확인하거나 AI 시스템의 서비스 수준을 적절한 범위로 낮추자.
11	시스템이 해당 작업을 수행한 이유를 분명히 한다.	사용자로 하여금 AI 시스템이 그렇게 작동한 이유를 설명하는 페이지에 액세스할 수 있게 하자.
12	최근의 인터렉션을 기억하라.	사용자로 하여금 단기 기억을 유지하고 해당 기억을 효율적으로 참조할 수 있게 하라.
13	사용자 행동에서 배우라.	시간이 경과하면서 변화하는 사용자 행동들을 학습해 사용자 경험을 개인화하라.
14	신중하게 업데이트하고 조정하라.	AI 시스템의 동작을 업데이트하고 조정할 때 파괴적인 변화는 지양하라.
15	세부적인 피드백을 장려하라.	사용자가 AI 시스템과 정기적으로 상호작용하는 동안 사용자의 선호 사항을 피드백으로 제공할 수 있게 하라.
16	사용자 행동의 결과를 전달하라.	사용자 행동이 AI 시스템의 향후 동작에 미칠 영향을 즉시 업데이트하거나 전달하라.
17	글로벌 제어 방식을 제공하라.	사용자로 하여금 AI 시스템이 모니터링하는 내용과 시스템의 동작 방식 전체를 커스터마이즈할 수 있게 하라.
18	사용자에게 변경 사항을 알려라.	AI 시스템이 기능을 추가하거나 업데이트하면 사용자에게 알려라.

표 5-1 마이크로소프트와 워싱턴 대학교의 AI-UX 인터렉션 가이드라인

> **요점** 제품의 AI 영역과 사용자 인터렉션을 디자인할 때, 표 5-1과 같은 일련의 가이드라인을 개발하고 적용하라. 그 가이드라인은 UX 함의와 관련된 광범위한 주제 영역들을 다룬다.

AI를 위한 UX 처방

지금까지 AI에 어떤 문제들이 있었는지 살펴봤다. 또한 유사한 문제들이 미래에 다시 나타날 수 있는 이유와 UX가 이런 문제에 효과적인 솔루션을 제공하는 이유도 알아봤다. 이제 '방법'을 살펴보겠다. UX를 사용해 AI의 함정을 피할 수 있는 방법은 무엇일까?

해답은 UX 감성을 AI에 통합시킬 수 있는 프레임워크를 발전하는 것이다.

목표를 예로 들어 설명해보겠다. 데스크탑 애플리케이션에 스마트 챗봇을 구축하려 한다고 가정해보자. 의사들이 사용하는 EHR^{Electronic Health Record, 전자건강기록}에 맞는 도움말이나 임상 지원을 제공하기 위해 챗봇을 구축하려 한다. 첫 번째로 해야 하는 일은 이게 사용자에게 정말 필요한 니즈인지 이해하는 것이다. 그 사용자들에 대해 무엇을 알고 있는가?

사용자, 환경, 과업을 이해하기

먼저 사용자를 이해하기 위해 현재 EHR을 어떻게 사용하고 있는지 인터뷰를 실시한다. 인터뷰를 통해 사용자가 EHR과 상호작용하는 방식과 관련된 사용자의 정신 모델^{mental model}을 파악할 수 있다. 또한, 사용자들이 이미 수행하고 있는 일상의 과업들에 AI가 원활하게 통합되는 방법, 적용 단계를 설정하는 데 도움이 되는 워크플로^{workflow, 작업 흐름}가 식별된다. 더욱이 이 연구는 EHR 시스템에서 AI가 더욱 유익한 기회가 될 수 있는 기존 EHR의 불편점들과 비효율성을 발견하게 될 것이다.

이해를 돕기 위한 리서치 영역 예시:

– 데이터 세트의 출처는 어디인가?

- 원칙적으로는, 실제 활동을 숨기고 관찰한다. 사용자가 수행하는 과업들을 관찰하고 다양한 정보 소스와 수동적인 작업을 중점으로 작업 흐름을 포착한다.

- 사용자가 시스템을 탐색하고 상호작용하는 방법을 확인한다.

- 사용자가 받은 도움의 유형에 주목한다.

– 다양한 사용자들은 누구인가? 모두 같은 일에 같은 방식으로 도움을 필요로 하거나 원하던가?

소수의 사용자로부터 너무 많은 영향을 받지 않으려 하는 경우에는 정성적 인터뷰와 관찰을 기반으로 설문 조사를 발전시킨 방법론을 사용할 수 있는데, 이 방법으로 사용자가 EHR 챗봇에게서 가장 잘 지원받을 수 있는 방법에 대한 자세한 정보를 얻을 수 있다. 설문 조사는 사용자의 특성, EHR에서 도움이 필요한 지점, 도움이 환영받는 정황 등에 대한 데이터를 수집한다. 종종 사용자에 관련된 정량적 데이터를 취하고 다변수 통계 방법을 사용해 유사한 특성을 가진 그룹들을 식별하곤 한다. 이 그룹들은 페르소나의 기초를 형성하며, 페르소나를 구체화하기 위해 해당 그룹에 속하는 사람들과 더 자세히 인터뷰를 진행한다. 이 모든 과정에서 사용자의 지식, 기술, 전문 지식, 행동 습관을 파악해 사용자에게 서비스를 제공하기 위한 애플리케이션을 개발하는 가장 좋은 방법을 도출해내는 데 중점을 둔다.

이런 인터뷰를 진행한 후 제안된 챗봇이라고 하더라도 제안된 구성이 가장 좋은 솔루션은 아닐 수 있으며 사용자들이 다른 방식으로 더 잘 도움을 받을 수 있다는 사실을 발견할 수도 있다.

다음으로 사용 맥락, 환경의 이해 단계로 이동한다. EHR은 검사실, 병원, 접수처, 가정 등 다양한 환경에서 사용된다. 각 상황에서 사용자가 무슨 일을 하는지 아는 것은 챗봇이 제공할 맥락별 서비스의 종류를 파악하는 데 중요하다. 챗봇이 모든 상황에서 모든 사용자에게 동일한 도움을 제공한다면 그다지 유용하지 않을 것이다. 환경 정보를 얻는 건 사용자에 대한 정보를 얻을 때와 같은 인터뷰에서 수행될 수 있다. 환경에 대해 어떻게 느끼는지 알기 위해선 앞의 질문지에 몇 가지 질문들을 더 포함시킨 다음 실제 사용 환경에서 사용자를 관찰하는 것이 좋다. 사용자들이 애플리케이션과 모든 지원 자료들, 절차들을 맥락에 맞게 사용하는 방법을 확인하는 일은 요구사항들을 문서화하기에 앞서 선행돼야 한다. 즉, 클리닉에 가서 많은 대표 사용자가 애플리케이션을 사용하는 (그리고 좌절감을 느끼는) 모습을 지켜봐야 한다.

마지막으로 사용자들과 그들의 환경 정보를 수집하는 동안 사람들이 수행하는 특정 과업 데이터를 수집할 수 있다. 각 그룹의 EHR 사용 목표가 무엇인지 알고 환경에 대해 학습한 다음, 이들을 지원하기 위한 프로세스 내 다양한 단계를 식별할 수 있다.

이 모든 것의 기본은 AI 모델이 (아마도 수천 건의 사례를 기반으로 해서) 앞으로 일어날 인터렉션 시퀀스(예: 보여지는 화면들), 사용자 입력, 오류 메시지 등을 알고 있는 것이다. AI 모델은 사용자들이 지능형 봇의 지원이 필요한 지점을 추론할 수 있다. 이러한 추론은 방향적으로 정확할 수 있지만 사용자들로부터 수집한 지식에 의해서만 구체화될 수 있다. 그리고 이 모델들을 완성하려면 입출력과 관련된 크라우드 소싱을 통한 튜닝이 필요할 수 있다. (자세한 내용은 다음 섹션에서 설명한다.)

UCD 프로세스 적용하기

사용자, 환경, 과업에 대한 이해가 선행됐다면 디자인을 시작할 준비가 됐다. 디자인은 인터렉션 모델interaction model, 제어 방식control, 객체object를 중심으로 개략적인 수준rough level에서 시작해야 한다. 목적은 사용자의 행동을 모니터링해 사용자를 돕고 문제가 감지되면 조언/지원을 제공하는 것임을 상기하자. 그리고 챗봇이 사용자를 트리거하고 중요한 정보로 행동을 중단시켜야 할 때 또는 사용자들이 결정을 내려야 할 때를 특별히 주의해서 디자인하라. 챗봇이 상호작용하는 시점과 방법을 정의하는 '원칙'을 설정하라.

사용자가 EHR 같은 애플리케이션에서 중요한 과업을 하는 동안 주의를 산만하게 하면 사용자가 중요한 정보를 입력하는 걸 잊을 수 있으므로 이런 디자인 작업은 매우 까다롭고 위험 가능성이 잠재된 일이다.

디자인 팀은 종이나 간단한 디지털 프로토타입(예: 파워포인트 사용)를 통해 컨셉들을 살펴본다. 여기선 디자인, 테스트, 수정, 테스트 주기가 반복적으로 진행된다. 디자인은 전형적인 과업들을 수행하는 대표 사용자들과 함께 하는 사용성 테스트를 거친다. 사용자들에게 챗봇 인터페이스가 행동에 반응하는 방식을 경험할 수 있는 기회를 제공하는 일은 챗봇의 동작을 지속적으로 개선하는 데 필수적이다.

여기서 주목해서 봐야 할 중요한 점은 지금까지의 알고리듬이 건전하고 기본 AI가 적절하다고 가정한다는 것이다. 사용자 테스트가 진행되는 동안 챗봇과 상호작용하는 경험을 테스트해야 할 뿐 아니라 AI 기반 콘텐츠 테스트도 수행해야 한다. 여기서 요점은 디자인 사이클이 시작되면 사용자 경험의 모든 측면이 고려돼야 한다는 것이다. 사용자 테스트는 비용이 적게 드는 방식으로 빠르게 시작되며 종종 대규모의 공식 사용자 테스트로 끝나곤 한다.

불쌍한 클리피? 아니다!

개빈: 마이크로소프트는 MS 오피스 프로그램을 보다 친숙하게 사용할 수 있게 하기 위해 1990년대 중반 클리피[22]를 출시했습니다. 클리피엔 사용자에게 도움이 필요한지 감지하는 규칙 기반 엔진이 있었어요.

로버트: 하지만 그 캐릭터는 작업을 방해하고 캐릭터에 반응하게 만들어 많은 사람으로부터 금방 미움을 받았습니다. 그런데 이제는 그게 핵심입니다. 사람들은 클리피에 대한 향수를 가지고 있어요!

개빈: 흥미로운 점은 성가신 경험에도 불구하고 다른 측면이 있다는 거에요. 마이크로소프트는 자신들의 리서치 결과를 무시했습니다. 많은 여성 사용자는 클리피가 너무 남성적인 캐릭터라고 생각했거든요. 이뿐만 아니라 그 캐릭터는 기이하기까지 했습니다.[23] 문제는 남성 사용자들은 이런 감정을 느끼지 않았지만 여성 사용자들은 느꼈다는 거에요.

로버트: 클리피는 잘못 의인화된 에이전트였어요. 쉽게 타깃 사용자를 지원하거나 관계를 구축할 수 없었어요. 클리피는 최근에 마이크로소프트 팀즈^{Microsoft Teams}에 몇 년 간 재등장했지만 단시간에 퇴장했습니다![24]

개빈: 네, 클리피는 사용자를 괴롭히지 않는 방법의 본보기 사례가 됐지요. 너무나 많은 잘못된 결정으로 인해서요!

요점	사용자 리서치(user research)를 통해 잠재적 문제를 식별하고 문제를 해결하기 위해 코스 수정을 허용할 수 있다.

---

22   Clippy. MS 오피스에 내장된 MS 오피스 도우미 캐릭터 - 옮긴이

23   Clippy might never have existed if Microsoft had listened to women(마이크로소프트가 여성 사용자들의 말을 들었다면 클리피는 존재하지 않았을 수도 있다). Perkins, Chris. June 25, 2015. https://mashable.com/2015/06/25/clippy-male-design/. Retrieved May 15, 2020.

24   Microsoft resurrects Clippy and then brutally kills him off again(마이크로소프트는 클리피를 부활시키고, 잔인하게도 그를 다시 죽인다). Warren, Tom. March 22, 2019. www.theverge.com/2019/3/22/18276923/microsoft-clippy-microsoftteams-stickers-removal. Retrieved May 15, 2020.

이와 같은 개발 과정에서 성공의 척도를 마련하는 것은 다소 어려울 수 있다. 하지만 분명한 점은 목록에서 유용성과 사용성 척도가 높다는 것이다. 오늘날 많은 애플리케이션 사례에서 이러한 현상을 볼 수 있다. 사용자들은 많은 상호작용을 거친 후 서비스 품질에 어떤 별점을 줄 것인지 질문을 받는다. 또한 다른 객관적인 척도로도 적용할 수 있다. 예를 들어 사용자 어시스턴트를 테스트하는 경우, 챗봇과 상호작용을 한 후 성공한 횟수가 증가했는지 여부를 측정할 수도 있다. 성공적으로 디자인했는지 확인하고 상세 프로그래밍을 진행할 수 있을지 알 수 있도록 이러한 척도를 설정하는 것은 매우 중요하다.

UX가 더 제공할 수 있는 건 무엇인가? 더 나은 데이터 세트!

UX의 이점과 AI를 위한 UCD 프로세스에 대해 많은 이야기를 했다. 그러나 UX가 AI에 도움이 될 수 있는 또다른 방법이 있어 소개하고자 한다.

사용자 경험은 심리학 안의 다양한 분야에서 비롯된다. 심리학과 사용자 경험이 AI에 가져올 중요한 한 가지는 더 나은 데이터를 수집하기 위한 일련의 역량이 키워진다는 점이다.

AI에 더 나은 데이터 세트 제공하기

앞서 4장에서 논의했듯이 AI의 가장 큰 약점은 올바른 데이터를 얻기 어렵다는 것이다. 많은 UX 연구원들은 인간의 과업 데이터를 수집하고 측정하는 리서치 방법론에 대해 교육을 받는다. UX 연구원들은 AI 알고리듬에 통합시키기 위한 인간 행동 데이터 세트를 수집, 분석, 사용하는 과정에서 AI 연구원들을 지원할 수 있다. 이 업무들이 수행되는 프로세스에 대해 살펴보자.

목표 확인하기

첫 과제는 AI 연구원들에게 정말로 필요한 것이 무엇인지 이해하는 일이다. 목표는 무엇인가? 좋은 샘플 사례는 어떤 건가? 사례 간 가변성은 얼마나 허용되는가? 핵심 사례는 무엇이며 극단적인 사례는 무엇인가? 예를 들어 미소를 짓고 있는 사람들의 사진 1만 장을 얻고 싶다면 '미소'의 객관적 정의가 존재하는가? 찡그린 표정의 미소도 가능한가? 이가 보이게 웃는지, 이가 안보이게 웃는지? 대상의 연령대는 어떻게 되는가? 성별? 민족? 수염이 있거나 깨끗하게 면도를 한 상태인지? 다른 머리 스타일? 등등. 주제에 해당되는지, 아닌지의 여부는 모두 AI 연구원들이 명확하게 정의하고 모든 당사자가 동의해야 하는 전제 요건이다.

데이터 수집하기

다음으로 데이터 수집에 필요한 계획을 세운다. UX 연구원들의 강점은 사람을 대상으로 하는 대규모 리서치 프로그램들을 구성하고 수행할 수 있다는 점이다. 대량의 행동 데이터를 직접 대면하고 효율적이며 효과적으로 수집하는 방법은 AI 연구원들의 전문 분야가 아니다. 대조적으로 사용자 리서치의 대부분은 편향되지 않는 데이터를 얻는 데 필요한 조건을 설정하는 것이다. 샘플을 모집하고 시설을 확보하며 정보에 입각해 동의를 구하고 참가자들을 교육시키며 데이터를 수집, 저장, 전송할 수 있어야 한다. 이뿐만 아니라 UX 연구원들은 또한 필요한 모든 메타 데이터를 수집하고 추가적인 지원을 위해 해당 데이터를 예제에 첨부할 수도 있다. UX 연구원들은 데이터를 수집하며 분류하는 작업을 수행한다. 이러한 유형의 분석을 지원하는 많은 도구와 정성적 코딩을 포함하는 스킬셋^{skillset}에서 입증됐다.

추가 태그 지정하기

초기 데이터 수집이 이뤄진 후에는 지금까지 수집된 데이터를 더욱 늘리기 위해 아마존 메커티컬 터크[Amazon Mechanical Turk][25] 같은 크라우드 소싱 프로그램을 구성하고 실행해야 할 수 있다. 예를 들어 누군가가 시끄러운 커피 숍에서 디카페인, 탈지유, 엑스트라-핫, 트리플-샷 라떼 주문법의 음성 샘플을 수집한다면 각 샘플에 대해 관심을 가질 만한 몇 가지 속성이 있을 수 있다. 이러한 경우 여러 리서치 연구원들이나 코더들을 참여시켜 각 샘플을 검토하고 기록하며 명확성과 완전성을 판단할 수 있다. 코더들은 다음으로 정결한 코딩을 위해 관찰된 특이점들을 밝혀내야 한다.

현실 세계에서 데이터 수집하기

로버트: 최근에 대표 사용자들이 동료와 대화하는 일반적인 방식으로 모바일 기기에 음성 명령을 하게 하는 연구를 수행했습니다.

개빈: 저희는 온라인 설문 조사로 천명 이상의 사람들을 샘플링한 후 시나리오를 제공했고, 그들은 휴대폰에 명령을 내렸습니다. 모든 종류의 억양을 다루고 있었기 때문에 음성 인식이 어려웠어요.

로버트: 게다가 주변 소음도 많았습니다. 다음으로, 사람들이 말한 것을 텍스트로 변환해야 했는데요. 정말 좋은 콘텐츠와 음성 캡처 결과도 많았지만 횡설수설한 음성도 있었습니다. 그러나 그게 현실이겠죠.

개빈: 결국 AI 알고리듬에 좋은 데이터를 넣어 주기 위해 녹음 내용을 듣고 음성을 텍스트로 변환하는 코더가 수십 명 존재했습니다. 힘든 작업이지만, AI 엔진이 미래에 올바르게 작동하도록 만드는 데 필요했습니다.

---

25 엠터크(MTurk)에서 일하는 '크라우드워커(Crowdworker)'들 또는 '터커(Turker)'들은 아직은 기계들이 할 수 없는 작업을 수행한다. 엠터크(MTurk)의 유스케이스들을 살펴보면, 머신 데이터 세트를 지원하는 터커들이 할 수 있는 아주 다양한 작업이 존재함을 알 수 있다. 전 세계적으로 5십만명의 터커가 일하고 있다. AI에 겐 인간이 필요하다.

리서치가 잘 계획되고 수행된다면 AI 알고리듬을 훈련시키는 데 사용되는 기존 데이터베이스에 존재할 수 있는 한계로부터 알고리듬을 보호하는 데 도움이 될 수 있다. 커스텀 데이터 세트$^{custom\ dataset}$를 사용하면 결론에 이르지 못할 정도로 결정적이지 않거나 쓸모 없거나 잘못된 데이터, 이런 제약이 금방 명확하게 드러나지 않을 수 있는 데이터의 사용을 피할 수 있다. UX 연구원들은 ML 과학자들이 AI 알고리듬의 훈련과 테스트를 위해 정결한 데이터 세트를 수집하는 데 도움을 줄 수 있는 위치에 있다.

한편 점점 증가 추세를 보이고 있는, AI를 반대하는 사람들은 AI가 편향된 데이터로 훈련을 받았다는 점을 지적한다. 이 주제는 앞서 내용에서 다뤘다. 데이터가 수집되는 샘플을 제어함으로써 데이터 세트의 편향을 피할 수 있다. 우리는 일상적인 활동을 하는 사람들에 대한 비디오를 수집하려는 회사를 위해 대규모 연구(n = 5000)를 진행한 적이 있다. 주요 기준 중 하나는 얼굴 인식 알고리듬이 더 나은 데이터를 기반으로 더 정확한 출력값으로 훈련될 수 있도록 연령, 성별, 민족 등 인구의 대표 표본을 확보하는 것이었다.

AI, 어디로 가고 있는가?

이유 찾기

AI와 UX가 꽤 많은 여정을 함께 해왔다는 것을 암시하면서 '호빗의 이야기$^{Hobbit's\ tale}$'로 책을 열었다. 과장된 기대와 침체기로 가득한 AI 분야, 실은 AI의 미래는 무궁무진하다. 그리 멀지 않은 미래에 AI가 거의 모든 산업에 통합돼 더 나은 건강을 가져오고 재미없거나 위험한 직업으로부터의 해방되며 이 세계가 상상 그 이상으로 발전하는 것을 목격하게 될 것이다. 그리고 맥락, 상호작용, 신뢰 관점에서의 AI-UX 원칙을 구체적으로 개선해 나가기 위해 사용자 경험에 더 많은 관심을 기울이면 성공을 더 쉽게 이뤄낼 거라고, 실패를 피할 수 있을 거라고 믿는다. AI 제품은 기술에만 집중할 필요가 없다. 해결책으로 AI 발전의 수혜자인 인간을 핵심으로 하는 UCD 프로세스를 사용할 것을 제안한다. 그리고 여기에 덧붙여, 한 가지 더 제안하며 마치고자 한다. 목적이 명확한 AI 제품을 만들자. 디자인을 더 큰 성공으로 이끌어줄 AI의 목적, 존재 이유가 무엇인지 찾아보라.

이유 찾기

개빈: 저는 UCSF에서 뇌파를 연구하는 리서치를 했습니다. 저는 사람들의 머리에 전극을 부착하고 참가자가 '삑~' 소리를 들었을 때 또는 검지 손가락을 들 때 뇌의 전기 자극을 기록했지요.

로버트: 당신이 기초 연구를 했군요!

개빈: 맞아요. 그때가 1991년이었죠. 한 리서치 세션에서 만난 참가자가 생각나는데요. 그 참가자가 실험을 마치고 떠날 때 저와 악수를 하면서 "이 리서치로 치료법을 찾을 수 있기를 진심으로 바랍니다."라고 말했어요. 저는 미소를 지으며 "저도 그랬으면 좋겠어요."라고 말했죠. 그 참가자가 떠났을 때 제 마음은 참 참담했습니다.

그는 HIV+ 환자였고 당시 레트로바이러스retrovirus 치료는 여전히 실험적인 것이었습니다. 저는 10년 후 스물 한 살의 반짝이는 눈을 가진, 이 활기 넘치는 사람이 에이즈에 걸렸을 것이고 아마도 치료법이 발견되기 전에 죽을 거라고 생각했습니다.

로버트: 당신은 기초 연구를 하고 있었어요. 그의 뇌파 활동을 비교해 '삐' 소리를 들었을 때 알츠하이머 환자 또는 알코올 중독 환자와 유사한지 확인했지요.

개빈: 아니면 집게 손가락을 들었을 때요...

로버트: 여전히 이 세 가지 질병에 대한 치료법은 찾지 못했고 이게 거의 30년 전의 일이네요.

개빈: 그날은 제가 목적을 잃은 날이라고 할 수 있어요. 저는 리서치가 저에게 더 직접적인 영향을 미치길 바라면서 UX 리서치로 분야를 옮겼습니다.

10년 정도 시간이 흘렀습니다. 저는 환자와 함께 자동 주사 장치의 프로토타입을 연구하고 있었어요. 그 환자는 자신의 병으로 인해 관절이 심하게 유착됐기 때문에 연구를 잠시 멈추고 일어나야 했죠. 세션이 끝날 때 그녀는 이전의 HIV 환자처럼 저와 악수를 하지 않았습니다. 그녀는 저를 안아줬습니다.

로버트: 그래요? 저는 이전에 연구 세션에서 포옹을 받아본 적이 없었어요!

개빈: 저도 놀랐습니다! 그녀는 저를 쳐다보며 말했죠. "제가 왜 이러는지 이해가 안 가시죠?" 저는 고개를 끄덕였습니다. 그녀는 계속 말을 이어갔습니다. "제 손을 보세요. 저는 물건을 잡는 게 무척 힘듭니다. 지금 저는 이 약을 다시 정리해야 해요. 그 과정은 너무 복잡해서 모든 약을 식탁에 올려야 해요. 저는 한 약물을 주사기에 넣고 다른 약물과 정확한 양을 혼합해야 합니다. 그리고 기다렸다가 주사를 놓습니다. 다시 말하지만, 제 손은 제 맘대로 움직이지 않아요. 하지만 이 치료는 병의 진행을 멈추게 해요. 저에게는 기적의 약이지요."

저는 말했습니다. "제 연구의 목적은 이 자동 주사 장치가 당신에게 어떻게 작동하는지 이해하는 겁니다. 당신이 안전하고 효과적인 복용량을 주사할 수 있도록 당신의 기대에 부합하는 경험을 어떻게 만들지 알아내고 싶습니다."

그녀가 답변했습니다. "제가 이 새로운 장치를 처음으로 올바르게 사용할 수 있을까요? 화장실에 들어가서 금새 끝낼 수 있을까요?"

저는 말했습니다. "그럼요, 틀림없이 그럴거에요."

그녀는 고개를 절레절레 저으며 말했습니다. "당신은 여전히 이해를 못하고 있군요. 아시다시피, 지금의 과정은 너무 복잡해서 부엌 식탁에서 약을 만드는 시간이 오래 걸립니다. 그리고 5살 난 딸은 앞에 앉아서 엄마가 기적의 약을 복용하려고 고군분투하는 걸 지켜보고 있습니다. 이제 이 장치를 사용하면 저는 화장실에서 조심스럽게 약을 주사할 수 있습니다."

그녀가 말했습니다. "당신은 그저 저 같은 사람들을 위해 장치를 안전하고 효과적으로 만든 게 아닙니다. 당신은 딸이 엄마를 보는 방식을 바꿔 놓고 있어요! 내 딸은 엄마가 약으로 고군분투하고 살기 위해 주사를 맞는 걸 볼 필요가 없는 겁니다."

로버트: 와우. 제품이 제 역할을 잘 수행하고 평가되면, 그 이유는 상상한 것보다 더 클수 있군요. 환자를 위한 이 장치의 목적은 강력합니다.

개빈, 제 목적을 찾았어요. 기업들도 또한 제품 안에서 목적을 발견하고, 이를 통해 더 나은 디자인을 추진할 수 있어야 하겠습니다.

요점	제품 사용 환경이 사용자 경험에 어떤 영향을 미치는지 잘 이해해야 한다. 누가 영향을 받는지? 사용자 혜택을 증대시킬 수 있는 사용 상황을 식별하라. 여기서 제품의 목적을 찾을 수 있다. 이게 바로 제품 팀이 기술에 대한 과장된 기대에 빠지지 않고 매력적인 경험을 디자인하도록 만드는 '이유'다.

사람과 AI의 공생 관계의 깊은 인식을 바탕으로 제품이 디자인될 수 있길 바란다. AI가 과정을 알 수 없는 블랙박스가 아니라 강점과 약점을 더 투명하게 드러내기를 바란다. UX가 도움이 될 수 있다. AI를 개발하는 과정에서 사용자와 사용자의 목표를 직접적으로 포함해야 하고 사용 환경을 더욱 잘 인식해야 하며 과업들을 설명해야 한다. 사용자 중심의 AI 제품이 그렇지 않은 제품보다 더 성공적일 것이라 믿는다. 기억하자.

"AI가 사람을 위해 작동하지 않으면, 그건 작동하지 않는 것과 다르지 않다."

찾아보기

T

U

V

에이콘출판의 기틀을 마련하신 故 정완재 선생님 (1935-2004)

AI & UX
인공지능에 사용자 경험이 필요한 이유

발 행 | 2022년 1월 28일

지은이 | 개빈 루 · 로버트 슈마허 주니어
옮긴이 | 송 유 미

펴낸이 | 권 성 준
편집장 | 황 영 주
편 집 | 조 유 나
　　　　김 진 아
디자인 | 윤 서 빈

에이콘출판주식회사
서울특별시 양천구 국회대로 287 (목동)
전화 02-2653-7600, 팩스 02-2653-0433
www.acornpub.co.kr / editor@acornpub.co.kr

책값은 뒤표지에 있습니다.